탈경계의 신학

시카고에서 띄우는 신학 노트

탈경계의 신학

시카고에서 띄우는 신학 노트

이상철 지음

동연

■ 추천의 글 1

신학을 다시 재미있는 학문으로

제자가 출간하는 책의 추천사를 쓰는 것은 정말 흐뭇한 일입니다. 게다가 책 내용이 선생의 글보다 더 나으면 기쁨은 배가됩니다. 이상철 목사가 머리말에서 밝히듯 이 책은 이 목사가 시카고에서 유학하면서 느꼈던 단상과 떠올랐던 생각들을 한국에 있는 '제3시대그리스도교연구소'가 간행하는 웹진 〈제3시대〉에 기고한 것들을 다시 모은 글모음집입니다.

그러나 단상이라고 해서 글의 깊이가 없거나, 글모음이라고 해서 일관된 맥락이 없는 것은 아닙니다. 아마도 '탈경계'가 중심을 흐르는 언어일 텐데, 이것은 시대와 통하지 못하는 신학으로 하여금 자신의 경계를 넘어서라는 촉구처럼 들립니다. 특히 오랫동안 근본주의 신학의 풍토에 젖어 있는 한국 교회와 신학계가 귀 기울일 대목입니다.

신학이 이미 자신의 경계를 넘어서 다른 학문과의 대화를 통해 서로를 풍요롭게 만드는 활발한 운동이 일어나는 미국 시카고의 신학풍토를 소개한다는 점에서 '신학 노트'라고 이름 붙인 것 같은데, 과문한

탓이지만 제겐 단순한 노트처럼 보이지 않습니다. 이 목사가 다루는 인물들도 그렇고, 이 목사의 글쓰기 방식도 톡톡 튀는 재미를 더한 것이 오히려 좋습니다.

저는 신학의 탈경계, 탈영토가 신학 고유의 언어를 완전히 포기하는 것을 의미한다고 생각하지 않습니다. 인문학적 언어와 담론을 그대로 복사하는 것도 신학의 탈경계는 아닙니다. 신학 언어가 소통 능력을 상실할 만큼 시대가 급변하고 있는 현실, 신학은 교회를 섬기는 학문이기 때문에 신학자가 세상 문제에 관심할 필요가 없다고 생각하는 신학자가 아주 없는 것이 아닌 한국의 현실, 교회도 못 바꾸는 무력한, 그러나 이른바 전문성의 게토에 파묻힌 신학의 현실에서는 신학의 탈경계가 시급하게 요청됩니다. 그러나 신학 언어가 인문학적 상상력을 더욱 풍성하게 하고, 인문학적 문제에 대한 하나의 응답이 될 수도 있다는 것을 역설적으로 알랭 바디유, 슬라보예 지젝 같은 철학자들이 보여주고 있습니다.

탈경계는 대화에서 시작합니다. 이상철 목사의 이 책은 신학과 인문학의 대화를 시작할 수 있도록 우리에게 도전할 것입니다. 신학이 자꾸만 재미없는 학문으로 전락하는 것이 안타까웠는데 신학을 다시 재미있는 학문으로 바꾸는 기쁨을 준 이상철 목사에게 감사하지 않을 수 없습니다.

채수일(한신대학교 총장, 한국기독교학회 회장)

■ 추천의 글 2

신학이 인문학의 핵심부로 다시 등장하길…

　　　　　　　　　　신학이 시대와 통해야 한다는 주장은 자유주의 신학이 남겨준 유산 중에 하나다. 그러나 오늘까지 그 주장이 계속되는 것을 보면, 그게 어려운 작업일 수도 있고 아니면 그런 주장이 무시당한 것일 수도 있다. 이상철의 글을 통해 우리는 그 작업이 중요한 이유를 또다시 깨닫게 된다. 여기서 보게 되는 신학과 시대의 만남은 시간과 공간이 잘 혼합되어 있는 현대 사회의 지적 지형학의 모습을 띤다. 그가 얘기하는 근대, 탈근대, 혹은 포스트모던과 같은 용어는 개념으로 남아 있지 않고, 현 시대의 사건들을 통해 그리고 영화의 예를 통해 우리 시대를 이해하는 실제적인 도구가 된다. 그런 용어들이 설명이 아니라 선언만 해주었던 많은 예들을 기억하는 사람에게, 그의 글은 신선하고 창의적이다.

　　이 책은 '신학 노트'라는 표현을 부제로 담고 있다. 그동안의 공부와 생각의 산물이라는 의미일 것이다. 따라서 이 책은 많은 주제를 담고 있다. 그러나 어느 하나 현실의 사건에 생각의 동기를 두지 않은 것이 없다. 그의 생각은 데리다와 지젝에서 라캉, 그리고 광화문 광장에서 천안함 사건까지…… 멈출 줄 모른다. 여기서 우리에게 보여주는 것은 자신의 생각만이 아니라 신학을 하는 자세에서 그 방법까지 포함한다. 타 학문에 열려 있는 자세와 시대의 사건과 고민 속에서 신학을 하는 방식이 그것이다. 자유로운 상상력과 학문 간의 대화가 그것이다. 이를 통해 그가 추구하는 건 신학의 '탈영토화'다. 기존 신학의 영역이라 소유권을 주장했던 것들로부터 벗어날 때 비로소 이 시대의 세상을 새롭게 만날 수 있다는 의미다. 그러나 이 작업을 통해 얻을 수 있는 건 바로 신학의 본질이라 할 수 있다. 이상철이 이 책을 통해 보여주는 신학의 본질은 무엇인가? 쉽지만 망각하게 되는, 모든 학문을 아우를 수 있는 신학의 포용성과 자신감 그리고 약한 자의 존재를 잊지 않는 신학의 복음성 등이다.

특히 이 책에서 볼 수 있는 현대 철학의 다양한 발전에 대한 이해와 그에 대한 신학적이고 윤리적인 고찰은, 저자의 학문적 관심을 잘 담아낸 매우 큰 의미가 있는 작업이다. 따로 소개는 많이 되었어도, 현대 철학의 종교성에 대한 신학적 분석은 흔치 않은 현대 상황에서 이 책이 큰 역할을 할 것으로 기대한다. 그리고 이상철과 같은 학자들의 노력으로 신학이 인문학의 핵심적인 부분으로 다시 등장하는 날을 기대해본다.

서보명(시카고 신학대학원 교수, 《대학의 몰락》 저자)

■ 머리말

왜, 탈경계의 신학인가?

이 책은 필자가 지난 6년간 시카고에서 유학하며 느꼈던 단상과 공부하면서 떠올랐던 생각들을 토대로 '제3시대그리스도교연구소'에서 운영하는 웹진 〈제3시대〉에 지난 3년간 한 달에 한 편씩 기고했던 원고를 수정 보완한 결과물이다. 나는 이 책의 출판을 위해 작업하기 전까지는 으레 책을 집필할 때 머리말을 제일 먼저 쓸 것이라 생각했다. 하지만 머리말은 책의 처음 작업이 아니라, 제일 마지막 방점이라는 사실을 이제야 깨닫는다.

머리말을 쓰고 있는 지금 이 책에 있는 단편적인 글들을 하나로 엮을 수 있는 키워드가 무엇일까 고민해보지만 막상 떠오르는 단어가 없다. 비록 내용상으로는 일관되게 흐르는 맥락이 없다손 치더라도, 책의 막바지에 다다른 이때에 이 책에 투신하여 글을 썼던 필자로서 의당 지니고 있어야 할 최소한의 심리적 상태 내지, 이 책에 임하는 필자의 심기에 대해서는 설명할 수 있어야 할 것 같아 한동안 곰곰이 생각하던 차에 '탈경계'라는 말이 떠올랐다. 요즘 많이 쓰이는 용어다. 탈경계의 문화, 탈경계의 사회학, 탈경계의 인문학, 탈경계의 예술 등등……. 그렇다면, '탈경계의 신학'도 가능하지 않을까? 길이 끝나는 곳에서 여행이 시작된다고 누가 그랬던가. 이제야 비로소 이 책의 출발점에 선 느낌이다.

미국 신학의 지형도■

본격적으로 '탈경계의 신학'에 대한 생각을 나누기에 앞서 21세기 초 미국 신학계의 동향과 필자가 유학하고 있는 시카고의 신학적 분위기를 언급할 필요를 느낀다. 왜냐하면, '탈경계 신학'이라는 말이 현재 미국 신학계의 전반적 흐름과 고투를 상징적으로 대변하고 있는 용어일 수 있기에 그렇다.

작금의 미국 신학계 흐름을 간략히 정리하자면, 전 시대의 보혁구도에서 탈피하여 주류Mainline 진영과 복음주의Evangelical 진영으로 재편된 채,• 전 시대보다는 양자의 신학적 입장이 서로에 대해 좀 더 개방적이고, 호환 가능한 구도로 전환되었다는 점이다. 근본주의

■ 좀 더 자세히 시카고에 있는 신학교들에 대한 안내를 원하는 분들은 한신대학교 신학대학원에서 발행하는 계간지인 《세계와 선교》 195호(2008년 봄호, 90-95)와 196호(2008년 여름호, 82-89)에 기고했던 필자의 졸고 「세계 신학교 동향: 미국신학의 광맥, 시카고 지역 신학교 소개」를 참조하기 바란다. 미국 신학의 동향과 시카고의 신학적 분위기, 그리고 시카고에 있는 진보적 신학교들의 현황과 분야별 강한 전공, 그리고 교수들에 대한 정보가 실려 있다. 아울러 위의 '미국 신학의 지형도'와 관련된 부분은 이미 게재되었던 《세계와 선교》 원고 내용을 토대로 했음을 밝힌다.

오독의 소지가 있어 약간의 설명을 덧붙인다. '주류'라고 옮긴 메인라인(Mainline)은 장(場)의 논리에 따라 그 해석이 다르다. 현실 교회 분석에 메인라인이라는 용어를 사용할 경우, 그때의 주류 교회란 현재 교계에서 막강한(?) 영향력을 행사하는 집단, 교단, 목회자들을 지칭한다고 볼 수 있다. 현대 기독교에서 실세를 행사하는 힘들이 대부분 복음주의(Evangelical) 진영에 속한 세력이라고 할 때, 현실 교회 분석에 있어 메인라인 진영과 복음주의 진영은 동류항이 된다. 하지만, 미국 내 아카데믹한 신학 세팅에서는 말하는 메인라인은 그 의미가 다르다. 쉽게 말하면, 미국 신학계의 메인라인은 성서학적으로는 역사 비평에 기반한 비평학적 전통에서 문학 비평, 그리고 요 근래는 해체주의 비평으로까지 그 영역을 넓혀나가고 있고, 신학적으로는 종교다원주의를 넘어선 지 이미 오래며, 다문화, 다민족, 다종교 상황에 바탕한 차이와 다름, 즉 타자성에 대한 신학적 연구에 노력을 경주하고 있다. 실천신학 역시 이러한 성서적·신학적 해석에 바탕한 구체적 방안이 무엇인지를 놓고 고민한다. 현실 미국 교회 역시 많이 보수적이지만, 미국 신학의 키(Key)는 여전히 메인라인이 쥐고 있다는 말이다. 이는 한국의 신학 상황과 대비되는 대목이다. 흔히 한국 기독교를 한기총과 KNCC 라인으로 나눈다고 볼 때, 한기총 측의 교세가 KNCC 진영보다 훨씬 크고, 따라서 그들의 목소리가 한국 신학의 주류라고 생각하기 쉽지만, 미국은 교계에서는 보수적 교회들이 목소리가 더 크고 막강할지라도, 신학 논의의 장에서 복음주의 진영은 메인라인 진영에 상대가 되지 않고, 또 알아서 그 자리를 양보한다. 본문에서 사용된 주류(Mainline) 진영과 복음주의 진영에 대한 구분은 다분히 이러한 미국 신학계의 학문적 세팅을 염두에 둔 용어 사용이다. 자칫, 이 문장이 한국 교회의 주류가 보수적이고 근본적인 진영이라, 미국 신학계의 주류 역시 보수적·근본적 신학이라 잘못 판단할 수 있기에 그것이 아님을, 오히려 그것과 정반대임을 말하고자 이 메모를 덧붙인다.

Fundamental 진영도 존재하는데 그 부분은 이 글에서는 다루지 않기로 한다. 미국 내 학문적 영역의 장에서 논의의 주체가 되지 못하기 때문이다.

특이할 만한 사실은 복음주의 진영의 놀라운 진화라 할 수 있다. 즉 전 시대 보수주의 진영이 지녔던 경직되고 편파적인 대상에 대한 인식의 틀이 많이 무너지고 유연해졌다는 말이다. 단적인 예로 보수와 진보의 경계를 가름했던 과학과 종교의 문제, 타 종교와의 대화 문제, 인종과 문화에 대한 개방도 등에 있어 복음주의 진영은 메인라인 진영 못지않은 열린 태도를 보이고 있다. 이러한 경계의 허물어짐의 결과인지는 몰라도 메인라인 진영 신학교에서 박사 과정을 밟고 있는 상당수의 학생들이 석사 과정 때 복음주의 진영에서 신학수업을 받은 학생들이라는 사실은 미국 신학계의 섞임을 단적으로 드러내는 현상이라 할 만하다.

그러나 이렇듯 경계가 허물어진 것처럼 보이는 양 진영 사이에도 2%의 차이는 상존한다. 그 차이란 누가 얼마만큼 더 미시적인가? 하는 문제다. 달리 표현하면 누가 더 소수자에 대한 구분을 조밀하고 치열하게 해내고 그에 반응하는가? 예를 들어, 성과 인종, 계급의 문제, 문화와 종교의 문제, 요 근래 예민하게 논의되는 동성애 문제에 이르기까지 그동안 주류 담론에 소외되고 외면당했던 약자들의 아픔을 날카롭게 분석해내고 신학적 진단과 예단을 해낼 수 있는 기민함의 차이가 여전히 남아 있는 그 2%라 할 수 있다. 그런 의미에서 메인라인 진영에 속한 신학교들은 여전히 복음주의 진영의 학교들에 비하면 이러한 이슈들에 더 적극적이고 도전적이라 하겠다.•

> 미국에는 1천 개가 넘는 신학교와 종교 관련 학과가 있다고 한다. 그중 대부분은 복음주의 혹은 근본주의 계열의 학교들이다. 반면, 메인라인 진영에 속한 학교들은 손으로 꼽는다. 한국에서 활동하고 있는 진보 진영에 속한 신학자 중 미국에서 유학한 대부분의 학자들은 메인라인 진영에 속한 학교들에서 신학 수업을 받았다고 볼 수 있다. 참고로 미국에 있는 박사 학위를 수여하는 메인라인 진영에 속한다고 할 수 있는 학교들은 다음과 같다. (제가 미처 몰라 누락된 학교도 있을 수 있으니 이것이 절대적인 것이라고는 생각하지 마십시오.) - 동부: 하버드, 예일, 프린스턴, 뉴욕 유니언 신학교, 드루, 보스턴 / 중부: 시카고, 게렛 신학교, 시카고 신학교, 시카고 루터란 신학교 / 서부: GTU, 클레어몬트 / 남부: 에모리, 듀크, 벤더빌트, SMU / 가톨릭 계열: 보스턴 칼리지, 노트르담, 로욜라.

미국 신학의 광맥, 시카고

시카고는 미국에서도 대표적인 다인종, 다문화, 다종교 사회다. 시카고 경제의 3D 업종은 (불법) 멕시코 이주노동자들과 흑인들에 의해 굴러가고 있고, 한국인을 비롯한 수많은 아시아 이민자들은 택시 운전이나 세탁소, 음식점, 슈퍼마켓 등지에서 고된 일상을 책임진다. 그 밖의 세계 각국에서 온 이민자들이 저마다의 영역에서 자리를 잡고 각자의 특성을 발휘하며 협력과 경쟁을 통해 시카고는 지금껏 발전해왔고 앞으로도 그럴 것이다.

이런 이유로 당연히 각 인종별, 국가별 문화적 특색이 형형색색으로 분포된다. 뿐만 아니라 시카고는 종교적인 분포도 다양하여, 그리스도교는 말할 것도 없고, 운전을 하다 보면 이슬람 사원(모스크)을 보는 것도 다반사다. 또한 백인들 중에는 적지 않은 수가 유대교를 신봉하여 금요일 오후에 가족들끼리 유대교 회당으로 걸어가는 모습도 어렵지 않게 볼 수 있다. 아울러, 시카고는 미국에서도 대표적인 흑인 인권 운동의 도시이자, 동성애 옹호의 목소리가 강한 도시 중 하나다. 마틴 루터 킹-제시 잭슨 목사로 이어지는 흑인 인권 운동의 계보가 시카고로 이어져 내려오고 있고, 각종 게이와 레즈비언 단체들이 저마다의 목소리를 내면서 레인보우를 형성하고 있는 곳이 또한 시카고다.

시카고의 신학은 이러한 사회적 풍토와 맥을 같이 하고 있다. 시카고에 있는 신학교들은 저마다 실천신학 분야에서 도시 목회Urban Ministry를 모토로, 다원화되고 세계화된 도시 시카고에서 발생하는 문제들에 적극적으로 대처하고 있다. 이민신학, 세계화 시대의 도시 빈민을 위한 복지신학, 다원화된 시대에 걸맞은 예배 예전 발굴과 회중의 효율적 조직화를 위한 여러 실험들에서 그와 같은 성과들을 목도할 수 있다.

특별히 이웃 종교에 대한 이해와 대화를 위한 노력은 아주 구체적이다. 이슬람권 학생들을 신학교에서 장학금을 주어 유치하여, 코란과 성경, 예수와 마호메트 등의 과목을 개설하기도 하고, 유대교 랍비를 신학교 교수로 임용하여 아브라함을 믿음의 조상으로 하는 3대 종교간(이슬람, 유대교, 그리스도교) 분쟁에 대한 연구와 대화 모색을 위한 노력을 경주하기도 한다.

그런가 하면, 시카고 신학교 내의 LGBTQ 센터는 동성애 신학Queer theology 담론 생산에 있어 중요한 역할을 담당하고 있으며, 시카이를 통칭해서 '회중 목회'(congregation ministry)라 부른다. 이 개념은 교회 운영과 관리, 목회자와 교인 사이의 다이내믹을 둘러싼 갈등 해소와 관련해서 한국 교계에 통상 리더십(leadership) 분야라 알려진 것과 혼동이 될 수도 있다. 리더십 분야가 근본주의 진영의 목회 스타일, 즉 목회자와 교인 간의 수직적 관계를 강조하고 지탱하는 전략적 목회전술의 개발에 초점을 맞추는 반면, 회중 목회 분야는 기본적으로 시카고와 같은 다인종, 다문화, 다종교 상황을 전제한다. 미국 내에서 양자는 지역적으로나 이념적으로도 뚜렷한 대비를 보인다. 리더십 분야는 미국 남부 바이블벨트라 불리는 지역들에서 발전하는데, 이는 부시로 상징되는 미국 기독교 우파에게 신앙적 토대를 제공한다. 반면, 회중 목회 분야는 이와는 반대 진영에 있는 입장을 대변한다. 다원화된 사회 속에서 전 시대의 획일적 리더십과 이를 바탕한 교회 운영이 아닌, 각각의 개체들, 즉 다양한 교회 회중들의 움직임과 전통과 발상이 무언가에 의해 통제되고 조정되는 것이 아니라, 그 모두가 다 살아 움직이는 교회를 위한 모색과 연구가 바로 요즘 미국 메인라인 진영 실천신학 분야의 새로운 이름인 회중 목회인 것이다.

고 루터란 신학교 내에는 미국에서도 과학과 종교 간 대화에 있어 그 권위를 인정받는 자이곤Zygon 센터가 있다. 이 밖에도 시카고에는 신학과 인접 학문, 신학과 사회적 이슈들을 연결하는 다양한 센터들이 산재한다. 이러한 영향으로 시카고 신학계는 장르와 경계를 넘나드는 대화와 공방으로 일 년 내내 떠들썩하다.

종합하면, 시카고의 신학은 학제 간 연구Interdisciplinary Studies로 요약될 수 있다. 시카고가 지닌 다인종, 다문화, 다종교의 상황 속에서 시카고 신학은 이러한 시대적 질문에 대해 철저한 제 학문 간 연대와 제휴를 통해 신학적으로 다양한 빛깔과 무늬를 연출하고 있다는 말이다. 지금부터 언급하고자 하는 '탈경계의 신학'을 위한 단초는 위에서 언급한 시카고의 신학적 토양과 깊은 연관이 있다.

왜, 탈경계의 신학인가?

신학이라는 말이 처음 사용되기 시작했을 때부터 이미 신학은 시대를 전제하고 시대의 문제와 도전에 대처하고 응전하면서 지금까지 이어져왔다. 이 책의 제목으로 사용한 '탈경계의 신학'은 "신학, 시대와 통하라!"는 신학적 전제에 대한 현대적 각론 내지는 현대적 버전이라 할 수 있다. 왜냐하면 '탈경계'라는 말이 21세기를 살아가는 현대인들이 대면하고 있는 당대의식이기에 그렇다.

국가와 민족, 그리고 이념을 중심으로 움직이던 세계질서는 20세기 말에 밀어닥친 현실 사회주의의 패망과 함께 종말을 고했고, 바야흐로 현재의 세계는 자본의 전 지구화라는 보다 간교하고 유령과도 같은 지배질서로 대체됐다. 유령과도 같다고 표현한 이유는 그 권력의 배후와 실체가 뚜렷하게 드러나지는 않지만, 전前 시대의 권력의 양태보다 훨씬 광범위한 범위에서 막강한 영향력을 행사하고 있기 때문이다. 지구화와 세계화라는 슬로건을 걸고 전개되는 신자유주의라는 유령의 첫 번째 강령은 경제적 자유주의에 입각한 무역 장벽의 철폐였지만, 그것은 단순히 재화와 자본의 유통을 가로막는 국경의 해체만을 의미하지 않는다. 삶의 전 영역에서의 개방과 해체를 의미하고 그 틈을 타고 유입되는 모든 낯선 것에 대한 열림과 환대가 이 시대의 미덕이고 윤리라 가르친다.

한국 또한 이러한 흐름으로부터 자유롭지 못하여, 강력한 단일민족문화 전통 속에서 형성되었던 경계와 질서들이 해체되고 재편되는 급격한 변화를 맞고 있다. 실례로 2009년 통계에 따르면 우리나라에 거주하는 외국인이 110만 명이 넘어섰다고 한다. 이는 전체 인구의 2%가 넘는 수치로 전년대비 약 25% 증가한 것이라 한다. 학자들은 2050년이 되면 전체 인구의 1/10이 외국인이 될 것이라 예상한다. 십여 년 전부터 시작되었던 외국인 노동자 문제는 말할 것도 없고, 요 근래는 동남아 일대에서 한국의 농촌으로 시집온 처녀들이 정착하여 한국 남성과의 사이에서 2세들이 태어나면서 다문화 가정의 문제가 수면 위로 부상하고 있다. 이제 우리 사회도 다인종, 다문화 그리고 그에 따르는 다종교 사회로 진입하고 있는 것이다.

이렇듯, 시대는 우리에게 세계가 겪고 있는 변화와 진통에 대한 올바른 인식과 그에 걸맞은 적극적 해명, 그리고 해방을 위한 새로운 전략과 리듬을 요구하고 있다. 그리하여 우리로 하여금 수많은 경계와 차이와 다양성들에 대한 환대의 방식을 숙고케 함과 동시에, 한편으로 우리 사회 속에 여전히 상존하고 있는 다름에 대한 차별과 배제와 폭력에 대해서는 분노하라고 가르친다. '탈경계의 신학'은 이러한 시대적 요청에 대한 응답이라 할 수 있다.

역사의 진행과정에서 시대를 향한 신학의 답변은 늘 어색했고 어눌했고 위험했다. 하지만 그런 이유 때문에 자기만의 자리, 자기만의 언어를 고집하려 했다면 신학은 이미 예전에 폐기되었을 것이다. 로마 교황청의 교권주의를 넘어 종교개혁을 감행한 마틴 루터, 히틀러의 광기와 맞섰던 고백교회와 본회퍼, 흑인 차별이라는 무너질 것 같지 않았던 장벽을 돌파한 마틴 루터 킹 목사, 체제로부터 버림받고 이용만 당하는 타자, 즉 민중을 신학의 전면으로 내세웠던 민중신학 등 세계 기독교 역사를 돌아보면 시대의 장벽과 경계에 막혀 신음하던 시절, 신학은 늘 그렇게 위험한 상상과 무모한 도발을 감행해왔다. '탈경계의 신학'은 그리스도교 역사에서 등장했던 자랑스런 변혁지향적 전통을 지지하면서, 신학의 전통 주제인 신과 인간, 그리고 세계에 대한 문제를 다인종, 다문화, 다종교를 특징으로 하는 현대 사회 속에서 어떻게 다시 묻고 대답할 수 있을지에 주목한다. 이를 통해 교회 안에만 갇혀 있었던 신학의 외연이 확장되어 신학의 탈영토화(대중지향적, 현장지향적, 소수자지향적, 학제간 연구)를 선도할 수 있는 새로운 시선의 발견과 그 과정에서 원활한 소통의 통로가 되는 것을 꿈꾼다.

하지만, '탈경계의 신학'은 '탈경계'라는 말 속에 숨어 있는 정치-경제적 음모와는 과감한 결별을 시도한다. 신자유주의 체제 속에서 전개되는 자본의 법칙처럼 탈경계적인 성격을 지니는 것이 또 있을까? 오직 부의 축적을 위해서라면 자본은 모든 경계를 무너뜨린다. 그것이 이념이든, 신앙이든, 역사든…… 자본은 그것들 안에 저장되어 있었던 기억과 상처들을 모두 깔끔히 지우고는 자본의 원활한 유통을 막는 또 다른 경계를 찾아 경쾌히 돌아다닌다. 이렇듯 자본에 의해, 자본의 이름으로 자행되는 탈경계는 새로운 형태의 제국이라 할 만하다. 역사상 등장했던 제국의 모습이 무엇이었나? 모든 경계를 무너뜨렸던 세력들 아니었나? 화폐를 통일하고, 언어를 통일하고, 사상을 통일하고, 급기야는 종교까지 통일한다. 자본은 21세기형 제국이다. '탈경계의 신학'은 21세기형 제국이라 할 수 있는 자본의 입을 통해 선포되고 선전되는 '탈경계'에 대해서는 저항한다. 그것이야말로 이 시대의 가장 강력한 경계이자 한계이기에 그렇다. 그러므로, '탈경계의 신학'은 '탈경계'에 대한 옹호와, '탈경계'에 대한 배반을 동시에 함축하고 있다는 점에서 이중적이고 변증법적이다.

'탈경계의 신학'을 위한
방법론

필자는 기독교 윤리를 전공하고 있다. 다른 여타의 학문들과는 달리 윤리학이 궁극적으로 향하는 지점은 인간의 행위이고, 윤리학은 바로 그 행위의 분석을 위한 종합적인 학문이다. 윤리적 행위가 종합적이려면 윤리적 판단 기준에 대한 명확한 이해를 전제로 한다. 여러 가지 윤리적 판단 기준이 있겠지만, 기독교 윤리학에서 말하는 윤리적 판단의 궁극적 목표는 이 땅 위에서 이루어져가는 하나님 나라다. 그 과정에서 우리는 여러 가지 신학이론들의 안내를 받아야 한다. 하지만, 이러한 (교의학적인) 공부가 현실에서의 행위 준칙으로 바로 이어져서는 안 된다. 왜냐하면 현실의 질서와 운동의 법칙은 다양한 제 학문 간 교류와 협력을 통해 형성되기 때문이다. 소박한 교리적인 접근으로는 현대 사회에서 발생하는 복잡다단한 현상에 다가갈 수 없다. 바로 그 접점에 기독교 윤리학이 위치한다.

그러므로, 다원화된 사회 속에서 하나님의 뜻과 행위를 묻는 기독교 윤리학, 즉 현대 세계 속에서 올바른 판단의 기준과 행위의 준칙을 묻는 기독교 윤리학은 인문 사회과학적 현실 인식과 대안을 다양한 신학적 사고들에 연결하여 대결할 줄 알아야 한다. 그 과정을 거친 후에야 비로소 이데올로기(혹은 교회)의 위선과 폭압을 넘어서고, 우리 의식, 무의식에 영토화되어 우리를 지배하는 온갖 (신학적인 그리고 이념적인) 우상과 맞설 수 있는 기독교 윤리학으로 바로 설 수 있다.

소제목을 '탈경계의 신학을 위한 방법론'이라고 붙였는데, 그보다는 '탈경계의 신학에 걸맞은 글쓰기'라는 표현이 더 적합하지 않을까 싶다. 필자의 글쓰기는 다분히 위에서 언급한 기독교 윤리학이 목표로 하는 학문적 지향점을 겨냥한다. 올바른 기독교 윤리적 판단을 위한 기준은 내게 있어 신학과 인문학적 상상력과의 만남을 통해 그 체적을 넓혀왔고, 그에 걸맞은 구체적 행위로의 결단은 세계 기독교 역사 안에 간직되어 있는 해방을 향한 전통들과 맞닿아 있다. 이러한 전체적인 틀 속에서 이 책에서는 윤리적 판단의 지경 확대를 위해 현대에 논의되고 있는 다양한 인문학적 상상력이 어떻게 당대의 문화와 사건 속에서 만나고, 그것이 최종적으로 어떻게 신학과 합류할 수 있을지에 주목했다.

이는 미국 진보 신학계의 일반적 방법론이라 할 수 있는 구성신학 constructive theology으로부터 영감을 받은 바 크다. 신학이 지나친 교리 논쟁과 법리 논쟁에만 몰두하여 그들만의 리그가 되어가는 상황과 이론에 대한 설명과 각주가 가득 차야 신학이라고 평가받는 풍조에 맞서, 구성신학은 개인의 내러티브를 기본으로 그것이 어떻게 다종의·다성의 목소리와 어울리며 '신학함doing theology'으로 모아져 가는지에 주목한다. 개체 발생은 개통 발생을 반복한다. 우리의 피부, 머리카락, 장기의 어느 조직을 검사해도 그것은 나만의 DNA을 갖는다. 마찬가지로 구성신학은 우리 각각의 내러티브 역시 놀라우리만큼 그분의 섭리 안에서 작동되고 유지되고 있다는 강한 믿음을 역설적으로 전제한다. 그리하여 구성신학은 엄한 교리적 잣대로 신학/앙을 단죄하는 근본주의 신학/앙을 향해 과도한 신학적 설명과 신학적 단죄를 그만 중단하고, 이제부터는 각각의 걸어온 경험과 역사와 신앙, 그리고 신학을 풀어놓고 나지막한 목소리로 함께 대화에 동참할 것을 권유한다.

'탈경계의 신학'은 내 나름의 구성신학이다. 그것은 궁극적으로 '다인종, 다문화, 다종교'로 특징지어지는 현대 사회의 다양한 지적 흐름 속에서 '어떻게 신학이 이 시대를 가로지를 수 있을까?'에 대한 필자 나름의 물음이자 고민이다. 그리하여 최종적으로 기독교가 개독교로 전락한 우리 사회의 서글픈 현실 속에서 교리 안에 갇혀버린 신학의 폐쇄성을 폭로하고, 물신에 취한 교회를 향해서는 시장 논리와의 의식적 결렬로 나설 것을 요구하며, 신학과 교회 전통에 대한 몰이해를 바탕으로 그리스도교 공격에 매진하는 세력에 대해서는 진지하게 대화의 테이블로 나설 것을 제안한다.

포스트모던 시대의
욕망과 윤리

'탈경계의 신학'에 대한 방법론을 언급하는 끝자락에서 모더니즘와 포스트모더니즘 사이의 상관성에 대한 필자의 단견을 밝히는 것은 이 책 전체의 기조를 가늠한다는 측면에서 중요하다.

'탈경계의 신학'은 모더니즘와 포스트모더니즘 사이에 벌어졌던(벌어지고 있는) 지난한 논쟁의 싸움판에서 신학이 내놓을 수 있는 카드가 되기를 지향하기 때문이다. 포스트모더니즘에 대한 견해는 사람들마다 그 의견이 다르지만, 필자가 보기에 그것은 20세기 마지막 유산이자, 21세기를 열어젖힌 시작이다. 하지만, 포스트모더니즘은 완성된 그 무엇이 아니다. 그것은 말 그대로 무엇인가의 뒤에 오는, 그래서 앞으로 도래할 무엇인가를 예감케 하는 전조 내지 암시, 그리고 과정이라고 해야 옳다.

    모더니즘과 포스트모더니즘 논쟁에서 되풀이되는 질문들이 있다. 근대란 무엇인가? 탈근대는 근대의 무엇을 비판하는가? 그리고 포스트모더니즘이 지향하는 근대 너머의 지향점은 어디이고, 또 무엇인가? 더 근본적으로는 포스트모더니즘은 근대의 배반인가? 아니면 보완인가? 이렇듯, 근대와 탈근대 논쟁 사이에는 다양한 층위의 담론들이 존재한다. '탈경계의 신학'은 근대와 탈근대 논쟁이 그려놓은 지적 지형 위에서 그들의 소명에 대한 응답을 신학적으로 예단하는 작업이라고 해도 무방하다. 그러기 위해서는 내 나름의 지도가 있어야 했고, 그 일환으로 탈근대적 사고에 결정적인 영향을 끼쳤다고 평가받는 19세기에 등장했던 천재적 사상가들에 대한 이해가 먼저 선행되어야 했다. 20세기 자체라고 해도 무방한 맑스, 서구 형이상학을 붕괴시킨 니체, 의식이 아닌 무의식을 끄집어낸 프로이트가 그들이다. 물론 그 이전에 근대적 사유의 시작과 끝이라 할 수 있는 칸트와 헤겔에 대한 이해는 필수적이었다. 이 책에서는 그들에 대한 흔적이 곳곳에 산만이 흩뿌려져 있다.

이들에 대한 전 이해를 바탕으로 필자가 이 책에서 추구하고자 했던 것은 결국 이것이 아닐까 싶다. '욕망'과 '윤리'. 얼핏 서로 어울릴 것 같지 않은 양자의 조합은 21세기 새로운 지적 전통으로 어느새 우리 곁에 자리 잡아, 의식하는 주체에서 욕망하는 주체로의 이월을 선언했고 그에 걸맞은 새로운 윤리적 강령을 우리에게 요구한다. 라깡은 상상계와 상징계의 서로 다른 욕망의 구조를 이야기하고, 푸코는 권력과 지식의 차원에서 욕망의 구조를 해부한다. 레비나스는 이러한 욕망을 비껴가는 타자의 윤리를 거론하고, 데리다는 차연과 해체, 그리고 정의를 논한다. 그리고 마지막으로 지젝에 와서 그것은 '이데올로기와 욕망'으로 종합되어 현대 사상계를 뜨겁게 달구고 있다. 이 책은 이러한 '욕망'과 '윤리'를 둘러싼 다양한 논의와 대립과 차이 들이 어떻게 신학적 대화로 합류할 수 있을지에 대한 보고서이다.

이 책은 체계적인 이론서가 아니다. 앞서 언급했듯이 지난 3년간 '제3시대그리스도교연구소'가 운영하는 웹진 〈제3시대〉를 통해 발표한 필자의 졸고를 다듬고 수정한 결과물이다. 수정하고 다듬었다고는 하나, 아직 영글지 않은 내 생각의 단초들이고 걸음마이다. 혹 책의 제목이 《탈경계의 신학》이라 '탈경계의 신학이 무엇인가?'에 대한 사전적 의미 내지 그에 대한 신학적 각주를 기대했던 사람들이나, '탈경계의 신학'이라는 말에서 어떤 새로운 조류나 선언을 기대했던 사람들에게는 이 책은 실망스러운 결과물이 될 것이다.

내 처지에서 다양한 인문학적 전통과 신학과의 접속을 도모하는 가운데, 주류 신학계 속으로 영토화되지 않고 탈주하는 외침과 몸부림에 주목했다는 점에서 '탈경계'이고, 이것이 신학의 외연을 확대시킬 수 있다는 기대 섞인 전망에서 책 제목을 최종적으로 《탈경계의 신학》이라 이름 붙였지만, 지금 다시 한번 책의 목차를 훑어보면서 드는 생각은 각각의 내용들이 오늘 탈고를 하는 것으로 끝나는 것이 아니라, 앞으로 필자가 투신하고픈 신학적 과제들로 남겨진 채 저 앞으로 미끄러져가고 있다는 점이다. 그러므로 이 책은 앞으로 필자가 그려나갈 학문적 궤적을 암시하는 지형도 내지 밑그림이자, 내 스스로가 상정한 신학적 논란의 제목들이라 할 수 있다.

여기에까지 생각이 이르니 더욱 이 책을 독자들에게 내놓기가 부끄럽다. 학문적 완성도 면에서 많이 부족하기 때문일 것이다. 그래서 책의 부제에 '신학 노트'라는 꼬리표를 달았다. 비록 지금은 '노트'라고 이름 붙여진 소박한 결실이지만, 이 책의 출판을 계기로 내 안에서 '탈경계의 신학'에 대한 보다 집요하고 구체적인 모색이 일어나고, 아울러 단순한 신학적 구호의 나열이 아니라 삶과 신앙의 차원으로 번져나갈 수 있는 방안까지를 포괄하는 '탈경계의 신학'으로 진화하기를 소망한다.

2011년 겨울 시카고에서
이상철 쓰다

■ **차례**

추천의 글
신학을 다시 재미있는 학문으로 채수일 • 4
신학이 인문학의 핵심부로 다시 등장하길… 서보명 • 6

머리말
왜, 탈경계의 신학인가? • 8

|제I부| 단편들: 근대와 탈근대 사이에서

01_ **근대와 탈근대 사이에서** • 30
　　칸트와 헤겔, 그리고 맑스 잔혹사 • 30 | 근대를 규명하라 • 31 |
　　우리가 맞게 가고 있는 걸까? • 33 | 악에 대한 단상 • 35

02_ **나의 한국 방문 답사기: 거리의 몰락, 기억의 종말 그리고 MB** • 36
　　로버트 태권V, 광화문 사거리에서 길을 잃다? • 37 | 거리의 몰락, 기억의 종말 • 40 |
　　다시 보자, MB! • 41

03_ **현대 기술문명을 둘러싼 타락과 상승의 변증법** • 44
　　배우 임청하에 대한 회상 • 44 | 장자莊子가 말하는 기술技術과 도道 • 46 |
　　프랑크푸르트 학파의 근대성 비판 • 48 | 상승에서 하강으로 • 53

04_ **악의 평범성Banality에 대한 보고서** • 54
　　뉴스를 전해드리겠습니다 • 54 | 한나 아렌트의 취재기 • 55 |
　　영화 〈살인의 추억〉 중에서 • 58 | 예루살렘의 아이히만 • 60 |
　　내 안의 아이히만 • 61 | 전체는 광기다 • 63

05_ **난민難民, Refugee** • 64
　　미국에서 인간을 분류하는 몇 가지 방법에 관하여… • 67 |
　　우리에게 난민은 누구인가? • 68 | 신자유주의와 난민 • 70 |
　　대한민국과 난민 • 73 | 에필로그: 국경의 밤 • 75

|제II부| 타자論: 타자와 욕망의 서사학

01_ 중세 교회의 타자 포비아Phobia • 78
  자, 이제 타자다! • 78 | 너희가 중세를 아느냐? • 80 |
  펠라기우스와 움베르토 에코의 《장미의 이름》 • 82 | 무너지는 중세, 도래하는 근대 • 86

02_ 칸트와 다른 헤겔 속 숨어 있는 2인치 • 87
  은희경《새의 선물》에 빛지다 • 87 | 주인과 노예의 변증법 • 89 |
  헤겔의 유산: 신, 욕망, 이성 그리고 타자 • 92

03_ 프로이트, "내 안에 나 있다!" • 95
  욕망 혹은 그것의 좌절과 얽힌 욕구불만에 관한 에세이 • 95 |
  프로이트 길라잡이 • 96 | 오이디푸스 콤플렉스, 그리고 라깡을 향하여 • 99

04_ 라깡에게는 뭔가 특별한 것이 있다 • 102
  For Lacan: "그대가 곁에 있어도 나는 그대가 그립다" • 102 |
  라깡이 어쨌다구? - 차이들의 놀이Play of difference • 104 | 욕망desire in 상징계 • 108 |
  향유jouissance in 실재계 • 109

05_ 한국 땅에서 라깡적으로 윤리하기 • 113
  라깡으로 〈트루먼 쇼〉 읽기 • 113 | 라깡, 칸트에 反하다 • 115 |
  한국 땅에서 라깡적으로 윤리하기 • 118

|제III부| 자기의 윤리: 니체를 넘고 푸코를 지나

01_ 영화 〈박쥐〉를 통해 바라본 근대와 탈근대의 지정학 • 122
  왜, 뱀파이어인가? • 122 | 소년, 뱀파이어를 읽다 • 125 |
  뱀파이어를 통한 해석, 그리고 상상 • 127

02_ 니체, 서구 기독교 윤리에 대한 전복 • 129
  비극悲劇의 탄생 • 130 | 이성理性의 탄생 • 132 | 도덕의 계보학 • 135 |
  21세기 윤리를 향한 짜라투스트라의 제안 • 138

03_ 포스트모더니즘 日: "주체여, 안녕히!" • 140
  포스트모던 윤리의 지형 • 140 | 포스트모더니즘, 니체에 기대다! • 143 |
  Episode: 내가 '주체로 서기'까지 • 145

04_ 푸코 日: "주체여, 다시 한번!" • 148
  한국 땅에서 윤리적으로 산다는 것에 대한 울화 • 148 | 푸코, 주체를 베다 • 149 |
  미학美學의 윤리와 만날 때 • 154 | 자기의 윤리란? • 156

|제IV부| 타자의 윤리: 레비나스를 중심으로

01_ 레비나스, 서구 신학을 쏘다 • 160
  자기의 윤리 Vs. 타자의 윤리 • 160 | 레비나스와 라깡 • 162 |
  서구 신학은 어떻게 전체성을 옹호했나? • 164

02_ '타자의 얼굴'에는 무엇이 있나? • 169
  간략한 윤리학사, 그리고 레비나스의 위치 • 169 |
  타자의 얼굴 – '예수의 비유'를 중심으로 • 173 | 제1철학으로서의 윤리학 • 175

03_ 본회퍼와 레비나스: 타자를 향한 서로 다른 포물선 • 178
  레비나스에 대한 유감 • 178 | 본회퍼의 기독교 윤리 • 180 | 타자를 위한 존재 • 182

04_ 다시 쓰는 기독교 윤리: 타자에서 타자들로 • 186
  왜, 복수적 윤리인가? • 186 | 레비나스에 대한 도전 • 189 |
  다시 쓰는 기독교 윤리 • 192

|제V부| 메멘토 모리, "죽음을 기억하라!"

01_ 죽음의 고고학考古學 • 196
  대통령의 자살 • 196 | 나는 무엇을 말하고자 하는가? • 198 |
  플라톤의 영혼론과 초대교회의 '몸 soma' 개념 • 200 |
  아리스토텔레스, 플라톤을 넘어서 or 플라톤의 또 다른 각주? • 204

02_ 중세, 죽음이 편재했던 시기 • 208
  죽음의 무도 • 208 | 춤춰라! 어디서든지 신나게 멋지게 춤춰라 • 209 |
  중세, 죽음이 편재했던 시기 • 212

03_ 하이데거를 위하여 – 87년 6월, 그 개시開示의 기억 • 214
  근대의 탄생, 그리고 와해 • 214 | 하이데거, 패러다임의 전환 • 216 |
  Episode: 1987년 6월 • 218 | 하이데거의 죽음 이해 • 222

04_ 레비나스, 하이데거를 넘어서 • 224
  여전한 '빛의 폭력者', 하이데거 • 225 | 레비나스의 죽음 이해 • 226 |
  Episode: 아우슈비츠에서 들려온 목소리 • 230 | 레비나스의 제안 • 232

05_ 자살공화국, "아~ 대한민국!" • 234
  자살공화국 • 234 | '불가리스~'를 기억하시나요? • 236 |
  참을 수 없는 존재의 버거움 • 238 | 메멘토 모리, "죽음을 기억하라!" • 241

|제VI부| 신학, 해체론과 만나다

01_ '데리다로 신학하기'를 위한 말걸기 • 244
  시카고 통신: 여기는 시카고… • 244 | 혜자, 장자에게 길을 묻다 • 248 |
  시대의 질문, 신학의 대응 • 251 | 신학, 데리다를 초대하다 • 254

  ■ **보론**補論. 데리다의 '메시아적인 것'에 관한 변명 • 258
  미국 진보 신학계의 핫 이슈: 좌파적 철학자들과 바울의 만남 • 258 |
  오고 간 대화들: 데리다의 '메시아적인 것'을 둘러싼 공방 • 263

02_ 자크 데리다 특별 기고: 천안함 침몰을 둘러싼 해체론적 독법 • 270
  해체론, 비어 있는 중심을 꿈꾸다 • 270 | 나는 왜 해체론으로 세상을 읽는가? • 273 |
  오바마, 너마저도! • 277

03_ 지젝으로 천안함 읽기: 천안함 침몰과 이라크 침공, 그 기묘한 상동성 • 280
  한국의 천안함 침몰 발표 • 280 | 미국의 이라크 침공 발표 • 281 |
  지젝에 묻다, 과연 실재는 존재하는가? • 283 | 지젝이 지닌 비범함 • 286

04_ 해체론적 성서 읽기는 가능한가? • 290
  해체론에 대한 농담, 거짓말 그리고 진실 • 290 |
  '빛나는' 예수의 족보 안에 스며 있는 '부정한' 것들 • 294 | 칼의 왕, 솔로몬 • 296 |
  그 재판장에서는 무슨 일이 있었나? • 298 | 해체론이 노리는 것 • 301

에필로그
신학 여정에서 만난 사람들 • 302

참고문헌 • 311

단편들: 근대와 탈근대 사이에서

제 I 부

01.

근대와
탈근대　사이에서

칸트와 헤겔,
그리고 맑스 잔혹사

　　　　　　　　얼마 전 보도에서 서울대 철학과 백종현 교수가 《판단력 비판》 번역을 끝으로 칸트의 3대 비판서 번역을 완료했다는 소식을 접했다. 1980년대 말, 혁명의 기운이 잦아들던 그 시기에 선배들 손에 이끌려 최재희 선생이 번역한 칸트의 《순수이성비판》, 임석진 선생이 번역한 헤겔의 《정신현상학》, 김수행 선생이 번역한 마르크스의 《자본론》을 어깨너머로 읽으며 비장하게(혹은 우울하게) 칸트와 헤겔과 마르크스를 접했던 세대로서 칸트가 새롭게 번역되었다는 말을 들으니 어떻게 번역되었는지 궁금해진다.
　　그 당시는 한자로 쓰여 있었던 책 제목과 번역자들의 이름이 우선 나를 짓눌렀고, 온갖 암호와 같은 불친절한 개념어들이 주는 압박이 나로 하여금 칸트와 헤겔을, 그리고 마르크스를 허공에 떠 있게 만들었다. 사실 돌이켜보건데 그때는 누군가를 혹은 무엇인가를 누구인지도 모르고 무엇인지도 모른 채 쫓아만 다녔던 시절이기도 했다. 물론 지금도 크게 다르지는 않지만……. 칸트의 비판서들이 새롭게 번역된 것을 계기로 경쾌하고 발랄하게 칸트가 한국의 청년 학도들에게 읽히기를 바라고, 아울러 헤겔과 마르크스도 새롭게 번역되어 다시 읽히기를 기대해본다.

근대를
규명하라

임마누엘 칸트Immanuel Kant(1724-1804)는 전근대와 근대, 그리고 탈근대 논의를 접할 때 우리가 제일 먼저 맞닥뜨리는 인물이다. 물론 '근대가 무엇인가?'에 대한 많은 논란이 있는 것이 사실이다. 인식론적인 맥락에서는 '선험적 주체의 탄생'을 근대의 출발점이라 말할 수 있고, 경제학적으로는 '자본주의와 그에 반하는 사회주의의 탄생'을 또 다른 근대의 한 축으로 상정하기도 한다. 정치적으로는 '민족국가와 제국주의의 등장', 지리학적으로는 '지리상의 발견(노출)에 따른 공간의 확장(수탈)', 물리학적으로는 '뉴턴의 고전물리학 이론' 등…… 이렇듯 근대를 규정하는 편차가 다양한 까닭에 근대와 탈근대를 둘러싼 논의들은 상당 경우 사전 논의 과정에서 일정의 조율이 필요하다.

칸트는 근대적 주체를 정의하면서 '선험적 주체'를 이야기한다.

선험적이라는 말은 '경험을 초월한다'는 의미로 영어로는 'trancendental'이라 쓴다. 인간의 인식은 다분히 경험에서 비롯된다. 하지만, 칸트는 인간의 인식이 잡다한 경험의 다발이 아니라, 그 경험을 가능케 하는 '선험적 조건'이 있어야 한다고 본다. 그러면서 《순수이성비판》 초반부 '선험적 감성론'에서 '시간'과 '공간'에 대한 설명을 하면서 근대적 주체의 첫 단추를 열어나간다. 즉 시간과 공간에 대한 설정과 이해와 정복이 근대적 인간의 첫 출발점인 셈이다.

근대적 시간과 공간에 대한 이해는 다른 각도에서도 충분히 하나의 맥으로 엮을 수 있다. 뉴턴의 고전물리학에 등장하는 가속도의 법칙, 힘의 법칙에서 시간은 절대적 위치를 부여받는다. 시간에 대한 절대성이 근대적 패러다임의 핵심으로 등장하고 있는 셈이다. 지리상의 발견에서 비롯된 서구 세계 공간의 확장(or 서구가 아닌 세계의 공간적 노출)은 결론적으로 치열한 식민지 경쟁(비서구의 착취 과정)을 통해 서구 유럽의 막대한 부 축적을 야기했고, 이를 계기로 서구 사회는 급속도로 민족국가화, 제국주의화되어간다. 이는 자본주의의 등장과 발전, 그에 반하는 사회주의와의 대결로 이어지면서 20세기 말까지 지속되게 되는데, 이 모두가 근대적 '시간'과 '공간'에 대한 이해와 정복의 신화를 밑바탕으로 하고 있다.

"나의 표상이 너희의 진리다." 원래는 쇼펜하우어의 말인데, 후에 히틀러가 독일 인민들을 향해 나치 정권의 정당성을 강변하면서 써먹었던 문구다. 이 말은 이렇게 바꿔 쓸 수 있다. "나의 공간과 나의 시간이 너희의 절대적 표준이다." 이런 확신은 비단 히틀러만의 화법은 아닐 것이다. 근대적 인간 일반이 지닐 수 있는 미덕(?)이고 특징이다. 임마누엘 레비나스는 이러한 절대성에 대해 'Totality'(전체성)라 비난하면서 'Face of the Other'(타자의 얼굴)을 이야기하고, 데리다는 그러한 서구 인식론의 'Deconstruction'(해체)을 주장하며, 푸코는 이 가열참을 '광기의 역사'■라 쏘아붙인다.

우리가
맞게 가고 있는 걸까?

시카고에는 몇몇 특색 있는 신학교들이 있다. 특별히 종교와 과학Religion & Science 분야의 최고 연구기관이자 정기적으로 기관지를 발행하는 'Zygon Center for Religion and Science'■■(줄여서 그냥 자이곤Zygon이라 부름)가 시카고 루터란 신학교 내에 있다. 자이곤의 운영자이자 미국 내 '종교와 과학' 분야의 대부가 바로 필립 헤프터Philip Hefner다. 시카고에서 석사 과정을 수학하면서 헤프너 교수가 개설하는 종교와 과학, 윤리와 과학Ethics & Science 두 과목을 수강한

■ 푸코가 1961년에 출판한《광기의 역사》는 그의 박사 학위 논문으로 근대가 어떻게 그 구성원들을 통제하고 길들이느냐에 주목한다. 푸코에 따르면 광기는 자연 현상이 아니라 문명 현상이다. 근대의 합리주의는 지식 권력을 형성하여 그때까지 다른 사람들과 별다른 불화 없이 살았던 거지, 부랑자, 난봉꾼, 히피, 동성애자 들을 정신병자나 비정상인으로 취급하여 격리하기 시작한다. 이러한 인간의 몸에 대한 통제는 자연스럽게 인간 의식의 통제로까지 확장된다. 푸코는 근대인들의 지녔다는 자율적인 자기 통제란 인간의 몸과 의식을 권력이 요구하는 일정한 틀에 맞추는 것으로 파악한다. 한마디로 알아서 기는 사람이 근대적 인간상의 완성이고, 그런 맞춤형 인간으로 제조해가는 과정에서 벌어지는 체제의 모든 폭력과 왜곡을 푸코는 광기라고 표현한 것이다.

■■ '과학과 종교'에 관심이 있는 독자들을 위해 자이곤 웹사이트를 첨부한다. 관심 있으신 분들을 참고하시길. http://zygoncenter.org.

적이 있다. 천문학자, 물리학자, 분자생물학자, 진화생물학자 등 시카고에 있는 과학 분야의 교수들을 초빙하여, 이야기를 듣고 신학적 질문과 대답을 듣는 시간이었는데, 사실 내용의 대부분을 이해하지 못했다. 과학 용어와 과학적 상식의 부족이 나로 하여금 수업에 몰입하고 집중하는 것을 방해했기 때문이다.

종강이 얼마 남지 않았던 시간이었는데, 그날 주제가 양자물리학 중에서, 뉴턴의 고전물리학에 타격을 주었던 하이젠베르크의 '불확정성의 원리'에 대한 부분이었다. 전자 현미경상에서 원자의 속도를 재려고 빛을 취하는 순간 빛을 비추는 조작 때문에 원자의 위치가 불안정해진다는 것, 즉 우리가 지금 보고 있는 원자의 위치가 사실은 그 위치가 아니었다는 것이다. 빛을 취하는 순간 원자의 속도와 위치에 왜곡이 가해진다는 것이다.

결론적으로 전자 현미경상에서 어떤 원자의 시간(속도)과 공간(위치)을 동시에 정확히 파악할 수 없다는 내용이었다. 시간과 공간에 대한 정복을 자신했던 근대적 주체에게 '불확정의 원리'는 많은 것을 시사하면서, 곧바로 근대적 절대시간과 절대공간에 입각한 우리의 인식과 삶에 의혹을 제기한다. 혹 우리 욕망의 위치, 우리 탐욕의 속도가 우리가 거하는 물적·정신적 공간에로의 정확한 안내를 방해하고 있지는 않은지?

레비나스는 이 절대성에 기인한 사고와 행위에 다음과 같은 판정을 내린다: "우리가 가고자 하는 길은 단일성unity으로 녹아들지 않는 다원주의이다. 그리고 할 수만 있다면 파르메니데스와 결별하고자 한다."■ 데리다는 한 걸음 더 나아가 절대성에 기반한 서구 정신을 '빛의 폭력'이라 규정하며 다음과 같은 사망선고를 내린다: "우리를 여전히 자신의 법으로 속박하는 그리스 아버지를 죽여야 한다."■■

악에 대한 단상

개념적으로 정의되는 '악'과 실제 현실에서 작동하는 '악' 사이에는 상당한 괴리가 있다. 통상 우리는 개념적으로 '선'의 반대말을 '악'으로 상정하지만, 개념은 현실에서의 그것을 반영하기에는 너무나 미약하다. 오히려 악은 우리의 구체적 현실에서 동일성, 즉 '절대'라는 이름으로 나타난다고 봐야 옳다. 그것이 종교Religion적 절대성이든, 이념Ideology적 절대성이든, 인종Race적 절대성이든, 아니면 요즘 퀴어Queer 이론에서 문제 삼는 성Sexuality에 대한 절대성이든…… 인류가 저질렀던 모든 학살과 전쟁과 광기는 이런 절대의 이름으로 정당화되고 유전되어 지금도 작동하고 있다. 결국 근대와 탈근대를 둘러싼 논의의 쟁점은 이 '절대'를 둘러싼 담론의 장이 아닐는지.

■ Jacques Derrida, "Violence and Metaphysics: An Essay on the Thought of Emmanuel Levinas", in *Writing and Difference*, translated by Alan Bass (Chicago: University of Chicago, 1978), 89.
■■ Ibid.

02.

나의 한국 방문 답사기:
거리의 몰락,
기억의 종말
그리고 MB

지난(2009년) 7월 한 달간 한국을 방문했다. 2년 만에 찾은 조국은 정권이 바뀌어 있었다. 용산에서는 사람들이 불타 죽어갔으며, 전 정권의 대통령은 현 정권의 표적수사에 심한 모멸감과 자괴감에 빠져 자살했다고 누군가 내게 귀띔해주었다. 내가 한국에 체류하고 있던 기간에도 방송법이 국회에서 한바탕 볼거리를 제공하며 통과됐고, 쌍용자동차 사태는 파국을 향해 달려가고 있었다.

자살한 전직 대통령의 분향소가 설치되어 있었다는 덕수궁 대한문 앞에도 가보고, 용산참사가 일어났던 그 서글픈 건물에도 가봤는데 사람들은 모여 있지 않았다. 옛날 같았으면 이 정도의 매머드급 사건들이 줄줄이 터졌더라면 뭔 일이 일어나도 벌써 일어났을 텐데. 너무나도 고요하고 아무 일 없었다. 그래, 우리는 이제 그렇게 아무 일 벌이지 않아도 꾸역꾸역 살 수 있게 되었다. 잘된 일이다. 하지만 한번 물어나 보자, 그동안 무엇이 달라진 걸까? 내가 서울에 와서 던졌던 첫 번째 질문이었다.

로보트 태권V,
광화문 사거리에서 길을 잃다?

과연, 서울은 달라져 있었다. 말로만 들었던, 현 대통령의 서울시장 시절 업적이라는 청계천을 잠시 둘러보고 찾은 인사동은 현대와 고전이 조화된 어울림으로 많은 사람들을 빨아들이고 있었다. 아니, 고전과 현대 그 어느 것 하나 살아남지 않은 동떨어짐으로 사람들을 토해내고 있다는 말이 더 적절한 표현인지 모르겠다. 이제는 세계화된 거리 인사동, 그곳 스타벅스 매장 간판은 영어가 아닌 한국말로 쓰여 있었다. [스 타 벅 스 커 피]라고 말이다. 전통을 고수하려는 그 피맺힌 절규와 숭고함에 하마터면 눈물이 날 뻔했다.

인사동을 끼고 있었던 피맛골은 도심정비사업 때문인지 정리 중이었고, 창경궁부터 시작해서 인사동 윗길을 지나 광화문으로 이르는 고즈넉한 그 길도 공사 중이었다. 광화문 사거리는 무슨 광장을 조성한다는 팻말이 크게 붙어 있었는데 머지않아 완공된다고 한다. 지금쯤이면 완성이 되었으려나. 광화문광장 조성공사를 보며 광장 콤플렉스에 걸려 있는 현 정권의 마스터베이션 같다는 생각이 스쳐지나가는 것은 왜일까? 이렇듯 내가 살짝 돌아본 서울은 온통 파헤쳐져 있었다. 도시 전체는 뉴타운 열풍으로, 대학은 경쟁력 있는 대학을 모토로,• 거리거리는 세계화된 도시에 걸맞게 요소요소에 스타벅스와 멀티플렉스 극장

02.
나의 한국 방문 답사기: 거리의 몰락, 기억의 종말 그리고 MB

을 배치시키며 발 빠르게 공사 중이거나 그 변신을 완성해가고 있었다.

　서울을 돌아보고 제주도로 내려갔다. 부모님이 그 섬에 계시기 때문이다. 나는 제주에서 초등학교 2학년까지 다니다가 3학년이 되던 해에 서울로 올라왔다. 30년 만에 찾은 제주도 역시 변해 있었다. 관광코스를 개발하고, 해안을 따라 도로를 조성하며, 한라산 산간에 골프장을 건설하여 관광객들의 욕구를 충족시키려고 야단이었다. 그럼에도 불구하고 제주 도심은 30년 전과 비교할 때 별다른 변화가 없었다. 내가 초

> 시카고 신학대학원에서 신학과 철학을 가르치고 있는 서보명 교수의 책《대학의 몰락》(서울: 도서출판 동연, 2011)은 신자유주의 체제 속에서 대학이 본연의 임무를 망각하고 직업연수원으로 전락해가는 대학의 현주소에 대한 냉철한 비판을 담고 있다. 이 책은 서구 사회에서 발전되어왔던 대학의 역사를 마치 나무의 나이테를 들여다보듯 생생히 전해줌과 동시에, 신자유주의 원칙에 따라 전개되는 미국 대학의 변천과 한국 대학의 타락을 맞물려 보여주면서 신자유주의가 지닌 파괴적 본성을 폭로한다. 서 교수는 이 책에서 단순히, 대학이 몰락했다고 선언하지도 또 그것에 대해 탄식하지도 않는다. 그보다는 '마치 협곡을 지나듯 서구 대학의 역사를 굽이쳐 가면서 오늘의 대학을 진단하고, 시대의 변화에 맞춰 (혹은 대항하여) 올바른 대학을 구현하려 했던 사람들의 음성을 통해 앞으로의 대학이 어떤 방향으로 나아가야 할지 독자들과 함께 고민한다. 그 과정을 통해 독자들은 현재의 대학이 지닌 문제들을 다시 새롭게 발견할 수 있고, 아울러 '대학의 몰락'을, 아니 신자유주의 체제 속에서 전개되는 '삶의 몰락'을 처방할 해법을 조심스레 예측할 수 있을 것이다.

등학교 1학년이었는지 2학년이었는지 확실히 기억은 나지 않는데, 김청기 감독의 〈로버트 태권V〉를 보러 갔던 극장이 여전히 남루한 채 보존되어 있었다. 그날 〈로보트 태권V〉를 보고 하늘을 날아서 집으로 왔던 기억이 지금도 또렷하다. 표준전과와 동아전과를 사러 갔던 동네 어귀 '남문서점'도 그대로였다. 지금 생각해보면 그 당시는 자식들에게 표준전과나 동아전과 한 권 사주는 것으로 부모님들의 1년 사교육비 지출이 끝이 났던 말도 안 되는 세상이었다.

　　동네 아이들과 저녁을 먹고 나서 '무궁화 꽃이 피었습니다' 놀이를 했었는데, 술래가 손등에 이마를 대고 주문을 외우던 건물 대문 위엔 '제주소방공사'라는 간판이 붙어 있었다. 그곳은 아직도 영업 중이었다. 아버지에게 '제주소방공사' 끝에 붙어 있는 '공사'가 '한국방송공사' 끝에 붙어 있는 '공사'와 같은 것이냐고 물었던 기억이 난다. 뭐라고 설명해주셨는데…… 내가 이해하기에는 어려웠다. 아버지가 나를 가끔 데리고 갔던 다방이 도심 한가운데 있었다. 아버지는 그곳에서 친구 분과 계란이 떠 있는 쌍화차나 다방커피를 드셨고, 내게는 따뜻하게 데운 우유를 시켜주셨다. 난 그곳에 있었던 커다란 어항 속 금붕어 보는 것을 좋아했다. 여행 기간 중 밤길 제주를 걷다가 발견한 불이 켜져 있는 30년 전 그 다방의 간판이 왜 그리도 나의 마음을 환하게 하던지. 다음 날 나는 다시 서울로 올라왔다.

거리의 몰락,
기억의 종말

처음 질문으로 돌아간다. 조국의 무엇이 달라진 걸까? 2년 만에, 아니 미국으로 유학 간 지 5년 만에 찾은 서울의 무엇이 달라진 걸까? 거리가 달라졌다. 동네가 변해 있었다. 정권이 바뀐 것보다 내가 놀던 동네와 내가 활보했던 거리가 달라졌다는 것이 내게는 더 어색했다. 무작정 '그때 그 거리를 기억하십니까? 그때가 좋았죠'라고 말할 수는 없다. 더 큰 거리로 나가야 하고, 더 큰 세상으로 진출해야 한다. 그래서 많은 것을 보고 느끼고 배워야 한다. 그럼에도 불구하고 왜 이리 씁쓸한 걸까?

거리와 동네가 사라지고 달라진다는 것은 이름이 없어지고 기억이 상실되는 것을 의미한다. 사람들은 이제 예전 거리의 이름과 옛날 동네어귀에서 벌어졌던 사건들을 회상하는 것에 대해 낯설어하고 불편해한다. 그곳이 사라졌기 때문이다. 한바탕 싸움을 치르고 미끄러져 들어가 앉은 피맛골에서 가쁜 숨을 몰아쉬며 그날의 전과를 과장하며 마시던 막걸리와 석쇠 위에서 구워지던 고등어를 이제는 그 거리에서 먹을 수 없다.

인사동의 혹은 신촌의 어느 선술집에서 김광석이나 해바라기가 불렀던 노래들을 낮게 읊조리는데, 한 친구가 "지금이 그런 사랑타령이나 하는 노래를 부를 때냐? 너 같은 쁘띠 부르주아는 아무 필요가 없다"며 나를 몰아친다. 나도 열 받아 "변혁에 참여하는 사람은 사랑을 하면 안 되냐. 혁명이 식어버린 심장을 가진 사람들의 전유물이라면 난 기꺼이 빠지겠다"며 고래고래 티격태격 각자의 진정성을 알아달라고 우겨대던 철없었지만 치열했던 그 시절! 그때의 거리와 그 당시 동네가 사라져버렸다. 그곳에서 함께 놀던 사람들까지도. 그래서 불안하다.

혹시, MB가 민중들이 지니는 기억의 메커니즘을 하나씩 알아가고 있는 것은 아닐까? 해마다 4월과 5월 그리고 6월이 되면, 거리와 광장에서 출렁이며 메아리쳐졌던 민중들의 율동과 함성 안에 감추어져 있는 봉기의 기억과 그 기억의 반복이라는 메커니즘을 말이다. 그것이 지니는 파괴력을 성실히 학습한 후 그것에 대처하는 자세를 MB가 이미 터득한 것은 아닐까? 그리하여 그가 우선적으로 민중들이 지닌 기억의 연쇄고리를 하나씩 절단하기로 작정을 했고, 그 잘려나간 지면을 잘 다지고 정리하여 새로운 기억의 공간을 만들어가고 있는 것이라면? 새롭게 조성된 광장과 거리에서 제한적으로 뛰어놀게 하고, 폼 나게 단장된 동네에서 세계 시민이 되어 촌티 내지 말고 세련되게 그 문화를 향유하라고 다독이고 있다면 말이다.

다시 보자, MB!

점점 발전하는 터미네이터나 에이리언처럼 MB정권은 많은 실험과 시행착오와 학습을 거쳐 이제는 자유자재로 변신하는 트랜스포머와 같이 진화한 정권일지도 모른다는 불길한 예감이 한국 방문 기간 내내 스멀스멀 올라와 기분이 엿 같았다. 한국에 오기 전까지는 MB정권을 향해 실소와 비웃음, 경멸에 찬 발언을 주저하지 않았는데, 한 달 가까이 그가 다스리는 땅을 밟으면서 그의 진정성을 느끼며 그가 결코 호락호락한 상대가 아님을 깨닫는다.

　노무현 전 대통령이 원칙과 소신을 강조했다는데, MB는 노무현보다 훨씬 더 자신의 원칙과 소신에 철저하다. 노무현이 걸어갔던 절차적 민주주의와 문화적 행보와 경제적·외교적 측면 간의 행보가 갈지자였다면, MB는 정치·경제·문화적 정책 어느 것 하나 흔들림 없이 수미일관하다. 그 누가 뭐라고 하든 전혀 동요가 없다. 그런 의미에서 MB는 노무현보다 훨씬 더 자신의 입장과 계급과 상식을 배반치 않는 뚝심과 배짱이 있는 대한민국의 대통령이다. 나는 MB의 일관성과 진정성을 의심하지는 않는다. 그는 무슨 일이 있어도 쭉 그렇게 갈 것이다. 그의 지난날과 철학이 그것을 보증한다.

　걱정이 되는 부분이 있다면 그가 던지는 미끼들이다. 우리의 숨겨진 욕망을 깨우고 부추기는 그래서 우리로 하여금 입질하게 하는 그 미끼들 말이다. 그것은 뉴타운으로, 영어 강국으로, 초일류 국가로, 대운하로 기표를 달리하며 계속 이어질 것이다. 마치 아담과 하와를 유혹하는 뱀과 같다. 우리의 '이드Id'와 '에고ego'의 가치를 존중해주는 MB의 속삭임 앞에, 당신의 리비도에 충실해도 괜찮다고, 국가가 그것을 보장하겠다고, 그러니 당신의 욕구를 구태여 '슈퍼에고(초자아)'를 작동하여 다스리려 하지 말라고 단호하게 말해주는 MB의 당찬 선언 앞에 우리가 모두 못 이기는 척하면서 넘어가고 있는 것은 아닌지?

　이제는 우리를 멈춰 서게 했고 모이게 했던 '민주'와 '통일', 우리를 춤추게 하고 고함지르게 했던 '평등'과 '인권', 우리를 울게 하고 웃게 했던 '정의'와 '자유'라는 강력한 '슈퍼에고'가 더 이상 우리를 지배하지 못한다. 그 하나하나의 기억이 서려 있는 우리의 거리와 광장과 동네를 MB가 집요하게 파헤치고 뒤엎어 고쳐놨기 때문이다. 그리고 그 공사들은 지금도 진행 중이고 앞으로도 계속 지속될 것이다. 사람들의 욕망의 눈덩이를 끊임없이 증폭시켜야 한다는 압박이 MB정권을 유령처럼 감싸고 있기 때문이다.

뉴타운이라는 환상을 심어주어 사람들의 '이드'를 한껏 부풀리고, '영어공교육'이다 '특목고'다 하면서 자식들을 볼모로 부모로서의 '에고'에 어떻게 하면 충실할지를 고민하게 한다. 차라리 표준전과와 동아전과 하나로 자녀 교육이 모두 해결되던 우리 부모 세대가 더 행복했는지 모르겠다. 세계화된 경제시스템 아래에서 전통적인 고용정책과 경제운영은 시대에 뒤떨어지는 것이다. 기업마다 구조조정하고 비정규직을 늘리면서 노동시장을 탄력적으로 운영해야 경제가 살아난다. 그러니 언제 잘릴지 모른다. 미리미리 자기 앞길, 자기 밥벌이 잘 챙기고 미래를 위해 긴 안목으로 계획을 잘 세워야 한다. 잠시 한눈팔면 낭떠러지로 떨어진다. 그러니 열심히 뺑이 처라. 그래야 살아남는다. 명심하란다. 그것이 이 시대의 정언명법임을!

다시 시카고로 돌아왔다. 악몽에서 깨어난 느낌이다. 이명박이 다스리는 땅에 내가 없다는 안도감과 이명박이 다스리는 땅을 내가 떠나 있다는 면목 없음이 널을 뛰는 요즘이다. 몇 년 후 내가 돌아갈 때쯤이면 서울은 어떻게 변해 있을까? '로보트 태권V'는 지구를 잘 지키고 있을까? 제주에 있는 '남문서점'과 '제주소방공사'는 무사할까? 우리가 정말 대단한 놈을 만난 것일까? 별것 아닌데 내가 너무 오버하나? 어쨌든, 두 눈 똑바로 뜨자.

03.

현대 기술문명을 둘러싼
타락과 상승의 변증법

배우 임청하에 대한 회상

　　　　　　　지금은 홍콩 영화의 열기가 사그라졌지만, 90년대 내내 홍콩 영화의 파워는 한류 열풍의 원조격이라 해도 과언이 아닐 정도로 막강했다. 장르상의 특성으로 홍콩 영화를 분류할 때, 80년대 중·후반이 '영웅본색' 류의 홍콩판 조폭 영화들이 르네상스를 이뤘던 시대라면, 90년대 후반은 중국으로 할양되는 홍콩 젊은이들의 잿빛미래를 감각적 영상으로 담아냈던 왕가위 감독 시대라 할 만하다. 그 사이에 끼어 있는 90년대 전반기의 홍콩 영화를 화려하게 수놓았던 장르가 바로 현란한 액션과 장대한 스케일을 자랑하는 무술 사극이었다.
　　보통 이런 영화의 플롯은 단순하다. 영화의 배경이 되는 공간은 철저히 신분과 계급에 따라 잘 분할되어 있고, 그 속에 등장하는 인물들은 각각의 영토에 속한 채 제 신분에 맡는 과제를 할당받는다. 이 모든 질서에 반역하는 영웅이 등장하면서 영화의 내용은 본격적으로 전개된다. 중간중간 극의 긴장을 높이려고 영웅을 추종하는 인물을 등장시켜 주인공을 위해 숭고하게 죽는 장면을 연출해 관객들로 하여금 주인공이 가졌다는 대의에 대한 궁금증보다는 우리의 식어버린 가슴에는 없는 의리, 충성 뭐 그런 중세적인 것들에 대한 향수를 자아내게 한다. 모든 역경을 물리치고 영웅은 마침내 만천하에 대의를 선포한 후 어디론가 홀연히 사라지는 것이 그 영화들의 끝이었다.

필자가 당시 중국 무술사극에 매료되었던 이유는 위에서 언급한 무술영화가 지니는 장르상의 관습 때문이 아니었다. 전적으로 배우 '임청하' 때문이었다. 얼음장과 같은 차가움과 중성적 매력까지 지녔던 임청하는 80년대 학생운동권(주로 PD계열 남학생들)의 영웅이었던 로자 룩셈브르그의 서늘한 관능미를 연상시키며 나로 하여금 그녀의 열렬한 마니아가 되게 하였다. 내가 임청하를 처음 만났던 영화가 바로 〈신용문객잔〉(이혜민 감독, 1992)이다. 이 영화는 임청하, 장만옥, 양가휘 등 90년대 홍콩 영화의 전성기를 이끌었던 배우들이 함께 등장하여 화제를 모았던 영화였고, 이후 등장하는 무술 사극 열기에 기름을 부었던 영화라는 측면에서 기억에 남을 만하다. 사막 한가운데 위치한 용문여관을 무대로 극의 스토리가 전개되는데, 오랜 시간이 흐른 지금 강렬하게 남아 있는 이 영화에 대한 기억은 서로 다른 매력을 지녔던 임청하의 서늘함도 아니고, 장만옥의 농염했던 백치미도 아니다. 그것은 바로 용문여관의 주방장이 지녔던 기술, 특별히 양의 각을 뜨던 얼치기 주방장의 현란한 칼솜씨다.

영화 〈신용문객잔〉

장자莊子가 말하는
기술技術과 도道

영화 〈신용문객잔〉을 보고 몇 년 후에 나는 철학과에서 개설되었던 《장자》 강독에 참여한 바 있다. 함께 책을 읽던 중 《장자》, '양생주'에 등장하는 포정이 소 잡는 이야기를 만나고는, 불현듯 잊고 지냈던 용문여관의 주방장이 떠올라 비디오 가게에서 테이프를 빌려 주방장이 양을 잡는 장면만 몇 번이나 돌려봤던 기억이 있다. 백정 포정이 문혜군을 위해 소를 잡은 일이 있었다. 손, 발, 무릎, 어깨를 모두 이용하여 소를 잡았는데, 뼈와 살을 발라낼 때의 칼 쓰는 소리가 마치 옛 선인들의 음악소리 같았고, 그 동작 역시 한 치의 오차도 없이 절도에 맞았다고 한다. 이를 본 문혜군이 물었다.

"참 훌륭하다. 기술技術이 어찌 이런 경지에 이를 수 있을까?" 요리사가 칼을 내려놓고 대답했습니다. "제가 귀히 여기는 것은 도道입니다. 기술을 넘어선 것입니다. 제가 처음 소를 잡을 때는 눈에 보이는 것이 온통 소뿐이었습니다. 삼 년이 지나자 통째인 소가 보이지 않게 되었습니다. 지금은 신神으로 대할 뿐, 눈으로 보지 않습니다."■

위의 예는, 동양적 사유의 중요한 특징이라 할 수 있는 '도'가 어떻게 기술에서 시작해서 '도'의 경지로 상승하는지를 보여준다. 처음에는 소를 봐도 보는 것이 아니었는데, 3년이 지나자 비로소 소 전체가 눈 안에 들어왔다고 포정은 고백하고 있다. 그리고 이제는 소를 눈이 아닌 마음으로 보고, 손을 놀릴 때도 눈의 감각이 아닌 마음으로 놀린다고 말한다. 확실히 서양의 영육 이원론과는 다른 사유다. 물론 물적 축적에 따른 질적 승화를 언급하는 변증법적 논리학이 영과 육의 갈등을 해소할 수 있는 서양적 해법으로 제시될 수도 있을 것이다. 하지만, 서양적 사고는 몸이 점차 대상과 합일되는 과정에서 마음의 테두리(범주)를 해체하고, 사물을 향해 여과 없이 투신해가는 동양적 합일의 개념과는 그 발상이 다른 듯하다.

■ 장자, 《장자》, 오강남 풀이 (서울: 현암사, 1999), 146.

프랑크푸르트 학파의
근대성 비판

지금까지 동양적 전통에서 기술이 도의 경지로까지 승화되고 있음을, 우리는 《장자》 '양생주'에 등장하는 포정의 이야기를 통해 확인했다. 이에 반해, 서구 정신사에서 기술은 어떤 함의를 지니는가? 근대는 인간의 전 영역을 합리화하는 데 성공한 시기였다. 인간과 자연의 관계가 합리화되면서 기술과 과학이 발전했고, 인간과 사회의 관계가 합리화되면서는 봉건제가 물러가고 자유와 평등을 특징으로 하는 민주주의가 사회 운영의 기본원리로 등장했다. 인간은 최종적으로 신과 인간의 관계마저 합리화시키는 데 성공한다. 비신화화와 비종교화를 언급하고는 마침내 신의 죽음을 선언하기에 이른다.

자본주의는 이러한 근대가 선물한 명절날 종합선물세트와 같다. 생산물의 확대를 위해 과학과 기술이 사용되고, 생산관계의 개선(노동력 확보)을 위해 근대는 봉건제로부터의 인간 해방을 선포한다. 숭고한 시민의식으로 알려진, 시민의 피와 투쟁으로 쟁취되었다는 자유와 평등은 어쩌면 자본주의의 생존방식인 소비를 대중화하기 위한 기초 작업이자 나이와 성별 제한에 따른 노동력 감소를 해소하기 위한 전략이었는지 모른다. '자유'와 '평등'이라는 구호는 정확히 말하면 소비의 자유와 노동의 평등을 염두에 둔 자본의 고도한 전략이 아니었을까? 이 모든 진화 과정을 거쳐 21세기 현재, '필요'와 '쾌락'만을 추구하는 우리의 탐욕은 세계화 시대의 중요한 덕목이자 대표적인 시민의식으로 버젓이 자리 잡았다.

소비에 대한 미덕을 찬양하고 향락에 대한 동경을 부추기기 위해 자본은 마침내 신마저도 자본의 리듬과 율동에 따라 춤추게 하였다. 그리하여 이드를 따라 사는 우리의 삶은 신에 의해 긍정이 되었고, 청빈과 절제를 미덕으로 삼았던 그리스도교의 생활양식은 번영 신학과 왜곡된 청부론으로 변질되어 교회 전체로 번져나가고 있다. 돌이켜보니 이 모두가 자본의, 자본에 의한, 자본을 위한 술책들이 아니었나 싶다.

이러한 근대(성)의 프로젝트에 대해 조밀한 분석을 시도한 집단이 있었으니, 흔히 '비판이론Critical Theory'으로 알려진 프랑크푸르트 학파다. 그들에게 있어 근대란 봉건적 틀 속에 갇혀 있던 인간에게 자유와 평등을 선사한 해방자임과 동시에, 인간을 주인과 노예의 싸움판으로 몰아넣어 생존경쟁의 난투극으로 빠지게 한 교활한 난봉꾼으로서의 이중성을 지닌다. 포스트모더니즘 계열의 사람들이 이러한 근대성 자체를 의심하며 근본적인 회의를 드러냈던 것에 반해, 비판이론가들은 근대적 사유가 잉태한 문제는 다른 어떤 것이 아니라 바로 근대적 통찰 자체로 풀어야 한다고 믿었다. 이성에 의한 이성의 자기 방어 내지는 이성의 이성에 의한 자기 극복인 셈이다. 하버마스는 이를 가리켜 '학습과정의 불가역성'■이라 표현하였다.

기본적으로 맑스의 세례를 받은 이 그룹의 대표적 인물들로는《계

■ J. Habermans, *Der philosophische Diskurs der Moderne*,《현대성의 철학적 담론》, 이진우 역 (서울: 문예출판사, 1994), 64-67; 프랑스를 중심으로 포스트모더니즘에 대한 논의가 확산되자 이성을 옹호하는 입장에서 하버마스는 포스트모더니즘 사상가들을 비판하는《현대성의 철학적 담론》을 출판했다. 이 책에서 그는 니체에서 출발해 하이데거를 거쳐 데리다, 푸코 등으로 이어지는 포스트모더니즘의 계보학을 비판적으로 거슬러 올라가며 "지금의 과제는 현대의 극복이 아니라 현대의 완성"이라고 말한다. 그것이 하버마스가 말하는 "'현대성'은 미완의 기획"이다.

몽의 변증법》으로 유명한 아도르노와 호르크하이머가 있고, 21세기 기술복제 시대의 미학이론에 영향을 끼치고 있는 발터 벤야민, 맑스와 정신분석을 연결하고자 했던 마르쿠제 등이 1세대를 대표하는 학자들이라 할 만하다. 지금은 나이가 들어 비교적 덜 활동적이지만, 현존하는 철학자 중 가장 잘 팔리는 위르겐 하버마스는 프랑크푸르트 학파의 2세대를 대표한다고 볼 수 있다.

프랑크푸르트 학파가 그들의 논지를 끌어오기 위해 사용했던 '비판이론'은 관념주의에 대한 비판이기도 하지만, 본질적으로는 자본주의 시대 물화의 원인이라 할 수 있는 '실증주의positivism'에 대한 비판이다.■ 호르크하이머와 아도르노의 《계몽의 변증법》은 이러한 분명한 목적의식을 갖고 기획되었다. 우선 그들은 두 종류의 이성에 대해 논한다. 하나는 봉건제의 압제와 굴레에서 인간을 해방시키는 역할을 담당하는 반성적 이성이고, 다른 하나는 도구적 이성으로 자연에 대한 기술적 조작과 통제를 그 목적으로 한다: "이성은 스스로를 보편적 주체로 서게 함과 동시에…… 이성은 자기 보존을 위해 세계를 제어하는 계산적 측면도 갖는다."■■ 도구적 이성의 견지에서 보자면, 자연(대상)은 오로지 '얼마만큼 인간에게 쓸모 있는가?'로 평가된다. 계몽의 변증법 저자들은 이를 전체주의적 논리라고 꼬집는다.■■■

■ "부르주아 사회는 동일성에 의해 지배된다. 그것은 다름을 추상적인 양으로 환원시킴으로써 비교 가능한 것으로 만든다. 계몽에 있어 수나 궁극적 일자로 환원될 수 없는 것은 환상이 된다. 근대 실증주의는 그것을 문학이라고 하여 지워버린다." – M. Horkheimer and T. Adorno, *Dialectic of Enlightenment* (New York: Herder and Herder, 1972), 7.
■■ Ibid., 83-84.

도구적 이성이 말하는 전체주의적 논리는 타자를 전유함으로써 자기를 실현하는, 차이와 다름을 인정하지 않는 동일성의 논리다. 이는 자본주의의 발생과 발전, 그리고 성숙의 과정을 지탱하는 뼈대와도 같은 역할을 하였다. 궁극적으로 자본주의는 대상에 대한 끝없는 착취를 통해 자기 존재가 증명되는 원칙이다. 대상에 대한 착취와 다음 착취대상을 향한 이동은 환유적 연결고리로 이어져 있다: "원숭이 엉덩이는 빨갛고, 빨간 것은 사과이고, 사과는 맛있고, 맛있는 건 바나나, 바나나는 길어, 긴 건 기차, 기차는 빨라, 빠른 것은 비행기"이다. 이 문장에서 의미란 없다. 단지 문장이 끊이지 않고 대상이 바뀐 채 계속 이어지는 것이 의미라면 굳이 의미일까? 자본주의는, 맛있는 건 바나나–긴 건 기차–빠른 것은 비행기로 환유적 연결고리를 따라 의미가 계속 미끄러져가듯, 그 착취의 대상이 자연이건, 인간의 노동력이건, 인간의 감정과 꿈까지도, 하물며 반자본주의적이어서 진보적이라고 불리는 것들까지도 자기 증식의 욕망 안으로 빨아들이는 강력한 의지이며 삶의 방식이다.

이러한 근대의 프로젝트에서 기술은 산업혁명을 거치면서 자본주의의 맹아들이 싹틀 수 있도록 하는 토양을 제공했고, 산업혁명 이후 자본의 급작스런 팽창을 위한 사회적 인프라 구축을 가능케 했으며, 현대에 이르러 기술은 인간이 욕망하는 모든 것을 구현하는 마법사와 같

■■■ "계몽사상의 경우, 계산과 효용의 원칙에 들어맞지 않는 것은 무엇이든 의문시된다. …… 그에 대한 정신적 저항은 단지 그 힘을 강화시킬 뿐이다. …… 또한 이 같은 신화에 반박하기 위한 목적으로 저항세력이 어떤 신화를 제시할 경우, 이러한 신화조차 계몽적 이성의 용해적 합리성의 원칙에 굴복하고 만다. 계몽주의는 전체주의적인 것이다." – Ibid., 6.

은 역할을 하고 있다. 그리하여 현재의 기술은 급기야는 원본과 복제의 경계를 무너뜨렸고, 오히려 복제가 원본을 대신하는 경지에까지 이르렀다고 평가된다. 영화 〈블레이드 러너〉(리틀리 스콧 감독, 1982)에서 "인간보다 더 인간적인" 리플리컨트replicant(복제자) 생산을 모토로 탄생한 타이렐사의 복제인간 레이첼처럼 말이다(그녀는 다른 복제인간과는 달리 어릴 때 기억이 입력되어 있어서 자신이 진짜 인간이라 믿는다). 이렇듯 기술이 발전할수록 진짜와 가짜의 구별이 더 모호해지고, 나를 나라고 부를 수 있는 근거조차 검증받아야 하는 시대, 이를 가리켜 보드리야르는 '시뮬라크르 세계'■라 칭했다. 문제는 인간의 행복을 위해 고안된 기술이 이제는 인간을 향하고 있다는 점이다. 우리 자신에게서 고안된 것들이 그 칼날을 우리에게로 향한 채 다가오는 전혀 새롭고 낯설고 불안한 경험과 인류는 최초로 대면하고 있다.■■

- ■ Jen Baudrillard, *Simulations* (New York: Semiotext, 1983), 2. 보드리야르가 말하는 '시뮬라크르' 세계로 나가는 단계는 이렇다. 복제가 원본을 베끼는 단계에서 복제와 원본이 같아지는 단계, 마침내 복제가 원본을 대신하는 단계에까지 이른다. 이렇게 원본보다 더 원본 같은 짝퉁이 지배하는 세계를 '시뮬라크르' 라 부른다. 이에 대해 전통 형이상학의 가치였던 이데아(원본, 원형)의 파괴와 숭고함의 훼손으로 평가할 수도 있겠지만, 발터 벤야민은 "기술복제시대의 예술작품"에서 오히려 아우라의 붕괴를 옹호한다. 이 대목에서 벤야민은 데리다와 만난다. 벤야민이 말하는 '아우라의 붕괴' 와 데리다의 해체론은 전통에 대한 회의와 원본에 대한 의심을 통해 새로운 이데아와 숭고함으로 나갈 수 있다고 제안한다. 데리다의 해체론은 이 책의 VI부(신학, 해체론과 만나다)에서 다시 다룰 것이다.
- ■■ 한스 요나스는 기술문명에 대한 윤리적 논의를 하면서 "공포의 발견술"을 언급한다: "완전히 새로운 양태의 권력과 이러한 권력을 창출할 수 있는 가능한 양식들을 예속시킬 수 있는 선과 악의 규범에 관해서 전통 윤리학은 아무것도 제시해 주지 못한다. 우리가 고도의 기술과 함께 들어서게 된 집단적 실천의 처녀지는 윤리 이론의 관점에서 보면 아직 아무도 살지 않는 미개지이다. …… 무엇이 윤리의 나침반으로 가능할 수 있는가? 미래에 있을 수 있는 심상치 않은 상황의 변화, 위험이 미칠 수 있는 전 지구적 범위, 그리고 인간의 몰락 과정에 대한 징조를 통해서 새로운 윤리적 원리들이 발견될 수 있다. 나는 이것을 '공포의 발견술' 이라고 명명한다." - 한스 요나스, 《책임의 원칙》, 이진우 역 (서울: 서광사, 1994), 5-6.

상승에서
하강으로

　　　　　　　　새의 깃털을 모아 밀랍으로 붙인 뒤 날개를 만들어 태양을 향해 비상하는 이카루스처럼, 인간은 한쪽에는 최첨단의 테크놀로지로, 다른 한편에는 자본의 논리로부터 흘러나오는 욕망이라는 날개를 달고 태양을 향해 비상하고 있다. 다이달로스가 너무 높이 날면 태양이 밀랍을 녹여 떨어질 것이라고 경고했으나 이카루스는 계속 태양을 향해 고도를 높인다. 신화에 따르면 이카루스는 태양을 향해 비상하는 것에 도취되었다고 말하지만…… 글쎄? 점점 태양에 가까이 다가가면서 이카루스도 불안해하지 않았을까? 문제는 불안이 시작되고 그 불안으로 인해 영혼이 잠식되어감에도 불구하고 우리의 비상을 멈출 수 없다는 점이다.

　　현대 기술문명의 현재와 미래가, 전 지구적으로 걸쳐 있는 자본에 의한 패권적 질서가 이카루스의 그것과 같은 것이라면, 그냥 이 비상을 멈추고 하강하는 것이 낫지 않을까? 물론 자본의 달콤한 논리와 기술의 뱀 같은 속삭임이 추락하는 우리를 그냥 놔두지는 않겠지만, 그래도…… 에잇! 그냥 눈 질끈 감고 추락해버리자!! 그리고 나서 우리가 무엇을 다시 시작할 수 있을지를 도모하는 것이 차라리 낫지 않을까? 이 불쾌와 고통의 반복강박을 계속 되풀이하는 것보다는 말이다. 누가 알겠는가? 우리의 하강이 시작되는 바로 그 지점에서부터 '새 하늘과 새 땅'이 펼쳐질는지…….

04.

악의
평범성 Banality에
대한
보고서 ■

**뉴스를
전해드리겠습니다**

얼마 전 우연찮게 TV를 켰는데 CNN에서 교황 베네딕토 16세가 (2010년 1월 17일) 로마에 있는 한 유대교 회당을 방문했다는 뉴스가 흘러나왔다. 기사는 교황의 이번 유대교 회당 방문이 1986년에 있었던 요한 바오로 2세에 이어 역사상 두 번째 방문이었다는 사실과 (독일 출신인) 교황 베네딕토 16세와 유대 종교지도자들 사이의 만남이 시종일관 화기애애한 분위기 속에서 진행되었고, 앞으로 양자 간의 관계를 돈독히 하자는 데 공감했다는 보도, 그리고 마지막으로 교황

■ 한나 아렌트의 저서 《예루살렘의 아이히만》은 "악의 평범성에 대한 보고서"라는 부제가 달려 있다. 졸고의 제목은 그 부제를 그대로 인용한 것임을 밝힌다.

이 관객(?)들의 열렬한 환영을 받았다는 사실을 빠뜨리지 않으며 마무리되었다. 표면상 별 특이한 사실 없이 무난해 보이는 이 뉴스는 다음과 같은 사실을 숨기고 있었다.

교황은 2차 대전 당시 나치에 의해 처형당했던 로마의 유대인들이 거주했던 장소와 1982년 유대교 회당에서 자행된 극렬 팔레스타인 해방론자의 테러로 생명을 잃은 두 살 난 아이가 죽었던 장소를 둘러보고는 다음과 같은 연설을 했다고 한다: "로마 교황청은 전쟁 기간 나치로부터 유대인들을 구하기 위해 드러나지는 않았지만 물밑에서 여러 조치를 취하며, 조용하면서도 하지만 용기 있게 행동했었다"고 말이다. 교황의 이런 발언에 대해 유대교 회당의 대표 랍비는 다음과 같은 말로 응수했다고 전한다: "침묵은 심판을 피할 수 없다." 이 뉴스를 접하면서 문득 한나 아렌트Hannah Arendt의 《예루살렘의 아이히만》이 떠오르는 것은 왜일까?

한나 아렌트의
취재기

2년 전 발터 벤야민을 다루는 세미나에 참여한 적이 있다. 벤야민은 신비한 매력을 지닌 인물이다. 아도르노와 호르크하이머와 함께 프랑크푸르트 학파 1세대를 대표하는 벤야민은 역사적 유물론과 신학의 조화(혹은 긴장)를 파헤쳤던 유물론적인 신학자(혹은 신학적 유물론자)였고,■ 이는 후에 데리다의 해체주의적 종교론에도 영감을 주어 유명한 데리다의 신학 명제인 "The Messianic without messianism"■■을 낳게끔 한 산파 역할을 한다. 벤야민은 또한 인테넷 시대를 예감이라도 한 듯 기술복제(시뮬라크르) 시대에 발생하는 예술 작품의 아우라 파괴를 옹호하면서 아도르노의 예술론에 정면으로 반기를 들었던 미학자이기도 하다.■■■

  미국 진보 신학계와 철학계에서 벤야민 원전을 연구하는 학도들에게 있어 그의 단편을 모아놓은 두 권의 책은 필수적이다. 피터 데메츠Peter Demetz가 책임 편집에 참여한 *Reflections*와 한나 아렌트의 서문으로 유명한 *Illuminations*가 그것이다. 한나 아렌트는 이례적으로 60페이지에 가까운 *Illuminations* 서문을 통해 벤야민의 극적인 삶과 전복적이고 일탈적인 사상의 궤적을 너무나 아름답고 시적인 문장으로 그려내고 있다. 필자의 벤야민 입문은 한나 아렌트가 제시해준 벤야민 지도地圖에 영향을 받았다. 나의 베냐민 읽기에 있어 한나 아렌트의 벤야민이 먼저인지, 아니면 벤야민 텍스트가 먼저인지 모를 정도니 말이다(사실 이런 독해는 그다지 바람직하지는 않지만). 어쨌든 내 지식의 창에 벤야민이라는 통로가 놓이게 된 것은 한나 아렌트 공로다.

- 이에 대한 글을 참조하려면 다음의 벤야민 단편에 주목하라. "Theological-Political Fragment" in *Reflections*, Edited by Peter Demez (New York: Haroucrt Brace Jovanovich, 1978); "Theses on the Philosophy of History" in *Illuminations*, with an introduction by Hannah Arendt (New York: Schocken Books, 1968).
- ■■ Jacques Derrida, "Faith and Knowledge" in *Acts of Religion*, Edited and with an introduction by Gil Anidjar (New York: Routledge, 2002), 56.
- ■■■ 하이데거와 아도르노로 이어지는 (예술작품에 있어 아우라의 보존이라는) 미학전통에 반기를 들었던 벤야민의 예술관이 드러난 대표적 글쓰기가 바로 "기술복제 시대의 예술작품"이다. "The Work of Art in The Age of Mechanical Reproduction" in *Illuminations*, with an introduction by Hannah Arendt (New York: Schocken Books, 1968).

한나 아렌트의 젊은 시절(왼쪽)
1961년 예루살렘 법정 피고인석에 있는 아이히만. 신변보호를 위해 피고인석은 유리관으로 특수 제작되었다.(오른쪽)

한나 아렌트가 쓴 책 중에(그녀의 책은 난해하고 무겁기로 유명하다) 그나마 대중들에게 많이 소개됐고 가장 쉽게 쓰인 책이 바로 "악의 평범성에 대한 보고서"라는 부제가 붙어 있는 《예루살렘의 아이히만》이다. 2차 대전 전범으로 나치의 유대인 학살을 총괄했다는 혐의를 진 아이히만Adolf Otto Eichmann(1906-1962)이 남미에서 이스라엘의 비밀경찰에 체포되어 재판을 받게 되는데, 《예루살렘의 아이히만》은 그의 재판 과정을 지켜보았던 아렌트가 자신의 목격담과 생각을 엮어서 출판한 책이다.

수백만 명의 유대인을 가스실로 보냈던 아이히만의 얼굴을 본 아렌트는 "악의 얼굴이 이토록 평범하다니"라는 유명한 말을 남긴다. 실례로 어느 간수와 아이히만 간에 있었던 아래의 에피소드는 악의 일상

04.
악의 평범성에 대한 보고서

성, 평범성 대하여 우리에게 많은 것을 시사한다. 한 간수가 혹 불안과 초조에 빠져 있을지도 모르는 아이히만의 심리적 안정을 위해 소설책 한 권을 전했다고 한다. 그 소설은 어린 소녀에 대한 중년 남자의 성애를 다루는 책이었다. 아마도 그 간수는 아이히만 같은 희대의 살인마는 평범한 내용의 책이 아니라, 약간은 도착적이고 짜릿한 무언인가를 즐겨 찾을 것이라 생각했나 보다. 〈양들의 침묵〉에 나오는 안소니 홉킨스가 연기했던 렉터 박사와 같은 그런 이미지 말이다. 하지만 그와 정반대로 아이히만은 그 책을 간수에게 돌려주며 '아주 비윤리적인 책'이라고 하면서 불쾌한 심정을 드러내 보였다고 한다.

영화
〈살인의 추억〉 중에서

2003년에 개봉했던 봉준호 감독의 〈살인의 추억〉은 1980년대 온 국민을 공포에 떨게 했던 화성 연쇄살인 사건을 소재로 했던 영화로 탄탄한 시나리오와 배우들의 열연, 감독의 섬세한 미장센으로 많은 관객을 불러 모았던 작품이다. 나는 그 영화의 마지막 장면을 지금도 잊을 수 없다. 화성 연쇄살인 사건은 미제의 사건으로 남겨진 채 시간이 흘렀고, 어느 화창한 오후, 그 당시 사건을 담당했던 형사(송강호)가 우연히 화성 연쇄살인 사건이 일어났던 인근을 걷다가 당시 시체가 최초로 발견됐던 장소인 논두렁 하수구에 이른다. 형사 송강호가 구부정한 자세로 하수구를 보고 있을 때 한 소녀가 지나가면서 형사에게 묻는다.

소녀 아저씨 거기 뭐 있어요?

형사 아아니, 그냥 함 봤다.

소녀 …… 되게 신기하다.

형사 뭐가?

소녀 얼마 전에도 어떤 아저씨가 그 맨홀 끝 들여다보구 있었는데 그때 두 물어봤었거든요 거기 뭐 있는지…….

형사 …… 그래서?

소녀 음…… 뭐랬더라. 아! 예전에 여기서 한 짓이 생각나 진짜 오랜만에 함 와봤다 뭐 그랬는데.

형사 …… 그 아저씨 얼굴 봤어? 어떻게 생겼어?

소녀 뭐 뻔한 얼굴인데, 그냥…… 평범해요.

영화는 형사 송강호가 소녀의 이야기를 듣고 말없이 있다가 화면을 굳은 얼굴로 정면응시하면서 끝이 난다(그때 송강호의 표정 연기가 압권이다). 결론적으로, 감독은 그 살인범이 우리 같은 평범한 사람들 중에 섞여 지금도 살고 있음을 말하고 싶었던 것 같다. 재판장에서 아이히만을 대면했던 아렌트와 아이히만에게 소설책을 주었다는 그 간수가 아이히만의 평범함 앞에 오히려 아연실색했던 것처럼, 영화를 보던 관객들은 〈살인의 추억〉 마지막 장면에서 그와 비슷한 충격으로 빠져드는 것을 경험한다.

예루살렘의
아이히만

　　　　　　　　아이히만은 일반인들이 생각하듯 잔혹한 악마도 아니었고, 별 이상스럽고 변태스러운 사람도 아니었다. 대부분의 사람과 마찬가지로 아이히만 역시 성실히 일하면서 승진을 꿈꾸었던 평범한 독일인이었고, 그냥 평생 조직에서 시키는 대로 열심히 자신에게 부여된 일에 최선을 다했을 뿐이다. 그는 성실하고 근면하며 원칙에 충실했던 표준적인 독일인 그 이상도 이하도 아니었다. 이토록 아이히만 같은 모범적인 독일 시민들이 집단적으로 학살의 공범자들로 연루되어 있는 것이라면?

　　동사무소에서 성실히 근무했던 말단 공무원은 나라에서 시키는 대로 자전거 타고 집집마다 돌아다니면서 예비군 훈련통지서를 돌리듯 유대인들에게 소집통지서를 성심껏 전달했을 것이고, 유대인들을 아우슈비츠로 실어 나를 기차의 운행 시간을 주로 야간에 편재하기 위해 많은 역무원들이 전면적으로 기차의 운행 시간과 배차 간격을 조정하느라 밤잠을 설쳤을 것이다. 한꺼번에 수십, 수백만 벌의 죄수복을 만드는 공장에선 나라에서 요즘 같은 불경기에 우리를 위해 일자리를 창출해줬으니 얼마나 감사한 일이냐며, 그러니 더욱 열심히 일하자고 다짐했으리라. 살인가스를 만드는 사람들은 국가에서 내려온 화학식에 맞춰 그것이 무엇인지도 모른 채 일정한 비율로 원소들을 섞었을 뿐이다. 죽은 유대인들의 시체에서 짜낸 기름으로 비누를 만드는 공장에서는 그 기름이 무엇인지도 모른 채, 나라에서 원자재를 무상으로 제공해주었으니 우리 열심히 값싸고 좋은 비누를 만들어 국민 위생 증진에 공헌

하자며 두 주먹 불끈 쥐었겠지. 그들 모두 하루하루 성실히 근면하게 살아온 죄밖에 없다. 관료 사회의 믿음직한 성원으로 집단의 원리에 충실했던 것이 죄인가?

나치 정권하의 독일 인민들은 칸트의 후예답게 의무론적 윤리에 충실했고, 의무론적 윤리의 최정점에 있는 선의지에 맞게 행동했다. 불행이라면 그 집단의 정점에 히틀러가 있었다는 점, 그리고 선의지가 교묘하게 히틀러로 치환됐다는 점이다. 나치는 그 음모를 대중들이 파악하지 못하도록 사회를 분절화시켰고, 분절된 개인들을 전체의 틀에 가두어 전체(선의지)와 개인(도덕적 주체) 간의 네트워크에만 몰두하게끔 유도했다. 반면, 분절된 개인과 개인끼리의 소통은 모든 공권력을 동원하여 불가능하게 만들었다. 그 결과를 하나하나 살펴보면 나름 선량한 시민들이 집단이라는 이름으로 행해지는 모든 일에 주저함이 없이 동원되도록 길들여졌던 것이다. 그 대표적 표본이 아이히만이다.■

내 안의
아이히만

그는 나치가 자기에게 부과한 일만 숙지했지 그

■ 슬라보예 지젝은 전체주의의 폐단에 대해 다음과 같이 적고 있다: "선에 대한 과도한 집착은 그 자체로 '최고의 악(the greatest Evil)'이 될 수도 있다. 진정한 악은 일종의 '광신적인 독단주의(fanatical dogmatism)'이며, 특별히 그것은 '최고선(the supreme Good)'이란 이름으로 자행된다." - Slavoj Zizek, *The Sublime Object of Ideology* (New York: Verso, 1989), 27.

집단의 의도가 무엇을 향하고 있는지에는 관심이 없었다. 왜냐하면, 나치는 선 그 자체였기에 그에게는 숙고의 대상이 아니었기 때문이다. 그리하여 아이히만은 자신에게 부여됐던 집단의 명령이 유대인(타자)에게 어떤 영향을 미칠지 전혀 성찰하지 못한 채, 오로지 나치의 명대로 정직하게 자신의 길을 걸어갈 수 있었던 것이다. 한나 아렌트는 이러한 상태를 무사유sheer thoughtlessness라 명명했다. 결국, 아렌트에게 있어 사유란 '타자에 대한 관심과 배려'(레비나스)이고, '타인을 수단이 아닌 목적으로 대하라'(칸트)는 명령이며, 타자의 입장에 서서 생각하고 판단할 수 있는 능력인 셈이다.

그렇다면 오늘날 아이히만이 저지른 악, 즉 '무사유'로 인해서 발생한 악은 우리 주변에서 일상적으로 일어날 가능성이 있다고 말할 수 있겠다. 다시 말해 누구든지 제2, 제3의 아이히만이 될 수 있다는 것이다. 취향과 전문화의 정도가 심한 현대 사회 속에서 개인은 자신의 분야(혹은 취향) 이외에서 일어나는 증상에 대해 무관심하다. 그리고 그렇게 파편화된 개인을 움직이는 현재의 유일한 원리는 오직 자본의 법칙뿐이다. 20세기를 들끓게 했던, 뜨거웠던 이념들은 모두 자본 안으로 흡수된 지 오래고, 대통령을 뽑을 때도, 대학 총장을 뽑을 때도, 배우자를 선택할 때도 모두 자본의 법칙에 순응할 수 있는지의 여부가 제1 관심사다. 나머지 평가 항목의 총량을 다 합하여도 자본의 원칙 한 종목을 넘지 못한다. 나치가 독일이라는 작은 공간에서 통용되었던 국가적 의지의 극대화였다면, 그로부터 70년이 지난 지금, 자본은 바야흐로 21세기 지구 전체를 지배하는 유일한 세계 시민의 의지이자 숭고함이다. 이런 이유로 우리는 자본의 명령 앞에, 아이히만이 히틀러의 명령 앞에서 그랬던 것처럼, 철저히 무사유한 상태가 되어 우리의 심장을 송두리째 바치고 있는 것은 아닌지.

전체는
광기다

"전체는 광기다"라고 푸코가 말했던가. 전체는 평균율에 의해 지배되는 공간이다. 평균율의 법칙 아래서는 특별한 것, 별난 것, 튀는 것은 제거당한다. 그 하나하나의 평범함을 모아 전체라는 깃발 아래로 몰아가는 기술이 근대적 통치술, 근대 정치학의 백미였는지도 모르겠다. 결국 한나 아렌트는 《예루살렘의 아이히만》을 통해 평범한 개인이 모인 '집단'은 언제든지 '악'으로 변할 위험에 노출되어 있다는 점을 말하고 싶었던 것 같다.

역사적으로 볼 때 '전체'는 자신의 의지를 극대화시켜야 한다는 강박에 항상 시달려왔다. 그리고 그것의 실현을 위해 때로는 에로스로 혹은 타나토스로 동력을 달리하며 자신의 욕동을 끊임없이 채찍질해왔다. 문제는 모든 집단의 모든 충만한 의지는 그것이 아무리 선하고 평범한 의도일지라도 극대화되면 광기로 변한다는 점이다. 인류 역사의 진행 과정에서 발생했던 수많은 죽음의 제목들을 기억해보라: 신의 이름으로, 국가의 이름으로, 민족의 이름으로, 순수의 이름으로…… 그리고 이제 자본의 이름으로! 악은 너무나도 아름답고 화려하게 다시 피어오르고 있다.

05.

난민

難民, Refugee

        J는 탈북자다. 나이는 25세, 신장은 162-3cm 정도로 남자치고는 작은 키이고, 턱뼈가 유달리 발달한 강인하고 초롱초롱한 눈매를 지닌 청년이다. 내가 그를 만난 것은 3년 전이었다. 우리 학교(시카고 신학대학원) 한인학생회 주관으로 채플실에서 예배를 드리는데, 초청강사로 그가 왔다. 북한의 실상과 탈북 과정 등을 이야기하면서, 북한 관련 필름을 보여줬는데 많은 미국 친구들이 적지 않은 충격을 받았던 것으로 기억된다. 나 또한 그랬다. 그 후로 나는 그를 우연찮게 두 번 더 만났고, 지금은 내가 몸담고 있는 이민교회 청년부 회원이 됐다.

        어느 정도 나에 대한 경계가 허물어지고 난 이후, 그는 지도를 펼쳐놓고 하나씩 자기 이야기를 풀어놓기 시작했다. 열세 살 때 두만강을 건너 중국을 떠돌아다녔다는 이야기, 그러다가 다시 엄마아빠가 보고 싶어 북한으로 들어가 시간을 보내다가, 도저히 못 참겠다 싶어 다시 북한을 탈출한 이야기, 중국을 다시 떠돌다가 어느 선교단체를 만나 그곳에서 5년간 기거하면서 주님을 영접했다는 이야기, 후에 중국 본토를 종단하여 황하를 건너고, 메콩 강을 지나 태국에서 망명 신청을 했다는 이야기, 태국에서 한국이나 미국으로 망명지를 정하는 과정에서 미국을 택했던 이야기…… 등등.

학창시절 지리시간이나 역사시간에 배웠던 나진, 선봉, 두만강, 연변, 북간도, 청도, 북경, 황하, 메콩 강 등등의 지역을 지도에 새기면서 자기 이야기를 하는 J를 보며 나는 무슨 영화를 보고 있는 듯한 착각에 빠졌었다. 그는 미국으로 망명에 성공했고, 망명하자마자 미국 영주권을 받았으며, 영주권 취득 후 5년 만인 올해 미국 시민권을 취득했다. 그래서 행복하단다.

미국 시민권자 J가 어느 날 내게 오더니……

J 목사님, 중국(연변)에 다녀오려구요…….
I 왜?
J 아버지를 보고 오려고 합니다.
I 어떻게?
J 브로커와 연결이 되어 북에 있는 아버지와 8년 만에 통화를 했습니다. 그리고 가서 보겠다고 말했습니다.
I 어디서 만나겠다는 건데?
J 브로커를 통해 아버지가 두만강을 건너 연길로 나오면 제가 기

다리고 있다가 만나는 겁니다.
I 그게 가능하니?
J 몇 가지 위험요소가 있지만 가능합니다. 돈이 좀 들지만…….
I 잡히면?
J 글쎄요~ 미국 시민권자인데…….
I "미국이? 너를? 웃기지마!"
J 그래도, 이제는 못 참겠습니다.
I 너는 그렇다 치고, 너의 아버지가 잡히면 어떡하니?
J …….
I 참아! 가지 마!
J 다녀오겠습니다.

그리고 J는 중국으로 갔고, 아버지는 못 만났고, 브로커는 연락이 두절이고, 돈만 날리고 다시 열흘 만에 미국으로 돌아왔다. 한 가지 소득이라면 두만강 건너에서 북녘 땅을 바라보며 그곳 사람들을 보고 온 것이 그나마 위안이란다. 그러면서, 내게 2009년 북한의 화폐개혁 후에 발행된 모든 북한의 지폐와 동전을 모은 화첩을 선물이라고 내밀었다. 두만강 변에서 판매하는 것을 사왔다고 했다. 김일성, 천리마 동상, 개선문, 김일성 생가…… 뭐 그런 그림들 위에 1000원, 2000원, 5000원이 새겨져 있었다. 이것을 갖고 있으면 국가보안법 위반인가? 하마터면 자기가 알고 있는 두만강 변 비밀 루트를 통해 북으로 건너갈 뻔했다는 말을 J는 마지막에 덧붙였다.

그는 그곳의 뭐가 그리 그리운 것일까? J가 알고 있다는 두만강

변 비밀 루트는 정말 안전할까? J는 어떻게 자신 안에 있는 조국에 대한 그리움과 증오를 동시에 품고 살아갈 수 있을까? 그날 들었던 생각이었고, 그 생각들 때문이었는지 그날 밤 나는 두만강 변 비밀 루트를 건너다 적발되는 악몽에 잠이 깼다.

**미국에서 인간을 분류하는
몇 가지 방법에 관하여…**

미국은 알다시피 다양한 이민자들로 구성된 나라다. (미국의 입장에서) 너무나 잡스러운 사람들이 국경을 넘어오기에, 그들은 나름대로 국경을 넘어오는 인간들에 대한 검열 시스템을 잘 갖추고 있다. 일단, 나 같은 유학생들에게는 F-1비자를, 합법적으로 일을 할 수 있는 사람들에게는 H비자를 제공한다. 전자가 학교에서 외부자의 신분을 보증하는 것이라면, 후자는 회사가 그(녀)의 신원을 입증하는 것이다. 이 밖에 종교인들에게는 R비자, 무슨 각종 연구원에게는 J비자, 그리고 여행객들에게는 여행비자를 발급한다.

이보다 나은 신분 상태는 영주권자이고, 영주권 취득 5년이 지나면 시민권을 신청할 수 있다. 미국 사회에 정착했다는 것은 영주권 이상의 신분 취득을 의미하고, 흔히 그린카드로 불리는 영주권 쟁취를 위한 갖가지 정보와 속임수와 탈법과 묘책이 횡행한다. 엄격히 말하면 영주권자와 시민권자는 이민자이고 그 외 나머지 신분을 유지하고 있는 사람들은 여행자라고 볼 수 있다. F-1, H, J비자 모두 미국 체류가 만료되는 기간이 명시되어 있기에 그렇다.

그리고, 미국 사회를 이루는 구성원을 언급할 때 빠뜨려서는 안 되는 계층이 불법체류자들이다. 이들은 엄연히 실재하나 카운트는 안 된 채, 미국 지하경제(3D 업종)의 상당 부분을 책임지고 있는 유령과도 같은 존재다. 세계 인구의 5-6%밖에 안 되는 미국이 세계 에너지의 35% 이상을 사용하고 있으니 얼마나 많은 손길과 쓰레기를 필요로 하겠는가? 보이지 않는 그 허드렛일들은 어김없이 멕시칸, 아시안 불법체류자들, 그 밖에 세계 곳곳에서 국경을 넘은 사람들의 자리다. 이민국은 불법체류자들이 어느 정도 포화 상태에 이르면 그들을 색출하여 추방한다. 데리다는 신자유주의 국가들에서 지하경제의 운용을 위해 암묵적으로 불법체류자를 허용하고, 선거 때가 되면 보수유권자들의 표심을 얻기 위해 그들을 내치는 증상을 일컬어 '갱신된 인종주의a renewed racism'■라 불렀다. 그렇다면, J와 같은 난민은 어떻게 분류될까?

우리에게
난민은 누구인가?

문득, 톰 행크스가 나왔던 〈터미널〉이라는 영화가 생각난다. 동유럽 크라코지아Krakozhia 출신의 젊은이가 뉴욕 JFK공항에서 입국을 거부당한다. 비행기를 타고 오는 도중에 쿠데타가 발생하여 조국이 없어진 것이다. 떠나온 곳이 없기에 입국을 거부당하고, 돌

- Jacques Derrida, *Ethics, Institutions, and the Right to Philosophy*, Trans. Peter Pericles Triphonias (Maryland: Rowman and Littlefield, 2002), 140.

아갈 나라도 없기에 미아가 되는 황당한 상황이 벌어진 것이다. 그에게 허락된 장소는 오직 공항 터미널 안이다. 기표가 제거된 인간의 운명을 낭만적이고 로맨틱하게 그리고 있지만, 실제 그 상황은 사회라는 상징계 속 질서에 기대어 사는 평범한 사람들에게는 죽음과도 같다.

    라깡에 따르면, 나의 나됨은 타자의 시선에 얼마나 충실하느냐로 결정된다. 타자의 시선에 예민하고 충실하다는 말은 나의 존재는 타자들과의 섞임과 어울림과 차이 속에서 비로소 그 진가가 드러난다는 말이다. 나의 기표가 타인들의 행렬에 뒤처지지 않고 충실히 따라갈 때, 비로소 타자는 나를 나로 받아들이고, 그때 비로소 '나는 나!' 라고 외칠 수 있다.

    이렇듯 현실의 세계는 무수한 기표들의 연쇄와 차이에 의해 운영되는 시스템이다. 이상철 혹은 한국인이라는 말에 무슨 의미가 있는 것이 아니라, 이상철은 철수와 영희가 아닌 이상철이어서, 한국인은 일본 사람, 중국 사람이 아니라는 차이, 그것이 한국인임을 증명하는 것이다. 톰 행크스와 J는 자신들을 다른 사람들과 구분하여 입증시켜줄 기표, 즉 크라코지아와 북한이라는 기표가 사라진, 빗금 그어진 주체, 즉 난민이다.

    영어로 '난민'에 해당하는 말이 refugee(: a person who has been forced to leave their country or home, because there is a war or for political, religious or social reasons)다. 국가의 강제에 의해 정치적 · 종교적 · 사회적 이유로 쫓김을 받은 사람, 혹은 정치적 · 종교적 · 사회적 자유를 찾아 도망친 사람, 아니면 도망쳐야 했던 사람들이다. 이들은 타국을 여행하다 다시 조국으로 언제든 돌아갈 수 있는 여행자와도 다르고, 자신이 태어난 조국을 등지고 떠났다는 점에서는 이민자와 비슷하나, 조국의 전복을 꿈꾼다는 점에서는 이민자와 다르다. 즉, 그들 난민은 나라 밖에 산다는 측면에서는 외부인이지만, 조국의 미래에 대한 꿈과 비전을 여전히 대망한다는 측면에서는 내부자다.

신자유주의와 난민

우리는 흔히 '난민' 하면 베트남 전쟁을 소재로 한 사진전이나 신문기사에 단골 메뉴로 등장하는 보트피플을 떠올린다. 그리고 우리는 동구 사회주의 몰락 이후 다시는 이런 냉전의 희생물인 난민은 발생하지 않으리라는 예상도 했었다. 하지만, 탈냉전 이후 오히려 난민 발생은 급속하게 증가하는 경향을 보이고 있다. 보스니아와 코소보 사태 등으로 대표되는 각 대륙에서 발생하는 민족 분규와 종교 분규로 인한 난민, 최근 들어서는 이상 기후와 천재지변으로 인한 환경 난민도 급속히 증가하고 있다고 한다.

무엇보다 난민이 발생하는 가장 큰 이유는 신자유주의 경제 시스템으로 인한 부작용이다. 신자유주의를 비판하는 대부분의 사람들이 지적하듯이, 전 지구적으로 전개되는 자본의 세계화 전략은 취향의 평균화, 기호의 표준화, 선택의 획일화를 낳았다. 21세기는 얼핏 개성과 개별을 찬양하는 것 같으나 오히려 개체를 자본의 운영이라는 전체성의 깃발 아래로 군집하게 만들었다.

예를 들면 이런 것이다. 여기 오리지널 구찌 가방이 있고, 그 주변에 짝퉁 A, 짝퉁 B, 짝퉁 C가 놓여 있다고 가정하자. 오리지널을 살 수 없는 사람은 짝퉁 C에서 짝퉁 B로, 그리고 짝퉁 A로 자신의 욕망을 키워나가며 오리지널을 향한 꿈을 키워나간다. 옛날에는 우주표 가방도 있었고, 쓰리세븐 가방도 있었는데, 이제 우리는 오직 명품으로 가방 선택의 기준을 표준화·평균화·획일화했다. 이것을 어떻게 설명할 수 있을까?

지젝은 유물론과 정신분석학을 같은 차원으로 이해하면서 이 물음에 답을 한다. 잉여 자본과 잉여 쾌락은 같은 원리여서, 자본주의가 자본의 잉여를 계속 산출하면서 작동되는 것처럼, 인간 정신 역시 욕망의 잉여를 계속 흐르게 함으로써 유지된다. 신자유주의는 물物에 대한 욕망의 메커니즘을 내재화한 변종 바이러스와 같다. 그리하여, 그동안 터부시돼왔고 은밀했던 물物에 대한 욕동을 더 이상 부끄럽지 않게, 손가락질당하지 않게 한다. 전에는 누군가 까놓고 돈과 물질에 대해 이야기하면 속물 취급을 받았다. 하지만, 오히려 지금은 그런 것을 감추고 숨기는 사람이 솔직하지 못하고 자신에게 충실하지 못한 사람이라 평가받는다. 나의 욕망을 끝없이 발현하여 그에 걸맞은 물적 토대를 확보하는 것이야말로 이 시대 최고의 미덕이고 경쟁력이다. 그렇기 때문에 우리는 무슨 공약이나 인물에 대한 검증 없이, 오직 '돈 벌게 해주겠다!'는 말만 믿고 이명박을 대통령으로 뽑을 수 있었다. 원칙과 명분, 소통…… 그런 것들이 무슨 소용이 있단 말인가?

또한 신자유주의는 전 시대의 다른 보수적 체제와는 다르게 자신에게 해가 되는 집단과 세력에 대해서도 너그럽다. 아니, 오히려 그 적대자들을 자신들의 뜰 안으로 초대한다. 요즘 장안의 화제가 되고 있는

〈나꼼수〉의 경우가 그렇다. 옛날 같았으면 상상도 할 수 없는 살아 있는 권력에 대한 신랄한 조롱과 멸시와 욕설 들을 통해, 〈나꼼수〉는 대중들로 하여금 현 정권에 대한 비판과 냉소적 거리두기를 제공하고 있는 듯하다. 하지만, 이것이 보수의 진화 혹은, 신자유주의적인 게임의 법칙이라면?

우리는 이러한 냉소에 너무나 익숙하다. 이명박이든, 조용기든, 한나라당이든, 조선일보이든, 한기총이든 우리는 그가 누구든 상관없이 그들의 몰상식과 파렴치와 무식함에 대해 득달같이 달려들어 그들을 조롱하며 엿을 먹인다. 하지만, 그것으로 끝이다. 마치 마스터베이션 같다. 지젝은 바로 이 점을 경계한다. 신자유주의라는 대타자는 그리 만만한 상대가 아니기 때문이다. 그들의 방정식 안에는 이미 대중들의 냉소와 그것의 적당한 사정射精까지 다 계산되어 있다. 〈나꼼수〉 정도의 냉소주의는 단지 우리에게 체제를 향한 배설의 욕구를 말초적으로 만족시키거나, 체제에 대한 무의식적 편견을 확인시켜줄 뿐, 아무것도 생산해내지 못할 수도 있다. 우리가 여전히 신자유주의와 아무런 대립 없이 부자가 되기 위해, 자기의 계급을 배반하며 자발적으로 그 체제에 참여하고 있다면 말이다. 그 대립을 진정 느끼지 못한다면 우리의 체제에 대한 냉소는 오히려 그 체제를 작동케 하고 강화시키는 기재에 불과하다.■

난민에 대한 이야기를 하다가 신자유주의를 거론하는 이유는 분

■ Slavoj Zizek, *The Sublime Object of Ideology* (New York: Verso, 1989), 28-30을 참조하라.

명하다. 세계화로 인한 경제적 불평등의 심화는 경제적·정치적·문화적 이해관계와 복잡하게 얽히면서, 오히려 냉전시대 때보다 더 확고한 전쟁의 구실을 제공하고 있다. 국익을 위해서라면 세계화된 시대의 세계 시민은 촌스럽게 정의나 평등 같은 전 시대의 유물에 연연하지 않고, 통 크게 주판알을 튕길 줄 알아야 한다. 더 이상 무슨 이념이나 신앙이 자본과 욕망의 잉여를 막을 수 있다고 생각하면 큰 오산이다.

그 결과 자원 확보를 위한 국지전이 일반화되고 이에 대한 최소한의 저항은 테러가 되며, 그 테러에 대한 응징으로 더 큰 군대가 동원되는 악순환이 벌어지고 있다. 그것의 정점이 바로 '테러와의 전쟁'으로 미화된 미국의 아프가니스탄과 이라크 침공이고, 그것의 완성이 빈 라덴과 후세인의 최후였다. 그리고 그 전쟁의 결과 유일하게 현재 드러나는 증상은 아프카니스탄에서 발생한 200만 명의 난민과 이라크에서 생겨난 150만 명의 난민이다. 이것이 바로 신자유주의와 난민 사이에서 발생하는 함수다. 그렇다면, 세계 시민들은 현재 이러한 난민들을 어떻게 받아들이고 있을까?

대한민국과 난민

OECD 30개 회원국의 인구에 견준 난민 비율은 1000명당 2명이다(2009년 기준). 스웨덴이 인구 1,000명당 8명으로 가장 높은 비율이고, 독일은 1,000명당 7명, 영국은 1,000명당 4명, 미국은 10,000명당 8명, 일본은 100,000명당 1명이라고 한다. 우리나라는

200,000명당 1명의 난민을 보호하고 있다. 단연, 최하위다. 독일에는 59만 8천 명, 미국에는 27만 5천 명, 영국에는 26만 9천 명, 스웨덴에는 8만 명, 네덜란드에는 7만 6천 명, 스위스에는 4만 6천 명, 아일랜드에는 1만 명, 룩셈부르크에는 3,200명의 난민이 살고 있다. 그렇다면, 우리나라는에? 268명!

한국은 1992년 난민협약 및 의정서에 가입한 이래로, 2000년도엔 유엔난민고등판무관사무소UNHCR 상임이사국에 선출되었다고 한다. 1990년대 이후 김영삼-김대중-노무현으로 이어지는, 아시아에서 드물다는 정치적 민주화 과정과 더불어 경제의 급격한 성장은 대한민국의 선호도와 신용도 상승으로 이어졌고, 2002년 월드컵과 김대중 대통령의 노벨 평화상 수상과 반기문 UN 총장 배출 등 어딘가 모르게 우리나라가 외국인들이 보기에 나이스했는지 난민 신청 건수가 꾸준히 증가해 2009년엔 난민 신청자 2491명에 이르렀다고 한다.

하지만, 다 개뿔이다. 앞서도 언급했듯이 2009년 한국의 인구 대비 난민 비율은 인구 20만 명당 1명으로 OECD 가입 국가 중 최하위다. 1992년에 난민협약과 의정서에 동의했음에도 불구하고 2001년에야 겨우 1명의 난민만을 인정했다. 2009년에 이르러 74명의 난민을 인정한 것을 법무부에서 홍보하면서 '진정한 호혜평등 어쩌구저쩌구~', '떠오르는 아시아의 허브! 미주알고주알~' 무슨 인천 공항 선전도 아니고……. 아니, 어쩌면 그들은 난민을 항공사업과 연계시키려 하는지도 모르겠다. 난민센터를 영종도에 짓는 것을 보면 말이다. 정말 기막힌 발상이다.

에필로그:
국경의 밤

아하, 무사히 건넜을까,
이 한밤에 남편은
두만강豆滿江을 탈없이 건넜을까?
저리 국경 강안江岸을 경비하는
외투外套 쓴 검은 순사巡査가
왔다— 갔다—
오르명 내리명 분주히 하는데
발각도 안되고 무사히 건넜을까?

학창시절 배웠던 김동환의 〈국경의 밤〉이라는 장편 서사시 중 첫 장이다. 그 당시 나는 이렇게 생각했다: 일제 강점기를 배경으로 한 이 시에서 두만강은 지금과 마찬가지로 여전히 건널 수 없는 강이고, 여전히 건너야 하는 강이라고······. 100년 동안 세상이 그토록 변했음에도 불구하고 두만강은 변함없이 그 모양 그 모습이다. 그래, 세상은, 그리고 우리는 여전히 아무것도 변하지 않은 채, 우리 앞에는 여전히 체제가 가로막아 놓은 강들이 수없이 많이 존재하고, 그 강을 어떻게 건널지를 놓고 여전히 갈등하며, 그 강 너머의 세계를 꿈꾼다. 블라블라~ 지금 돌이켜보니 참 순진하고 철없던 시절의 생각이었다.

얼마 전에는 생각을 바꿔 이렇게 생각한 적도 있었다: 우리가 그 두만강이었고, 외투 쓴 순사였고, 철조망이고, 폭압적인 체제였고 편협

한 이념이었다고. 그래서 우리를 넘어가는, 혹은 우리에게 넘어오는 그들에게 그토록 가혹했다고. 하지만, 이것도 좀 어딘가 '오바' 같다.

    요즘 나는 이렇게 생각한다: 2011년 두만강은 여전히 민족의 비극 내지 원죄의식을 지시하는 주인 기표임과 동시에, '세계에서 유일하게 남아 있는 이념 대결의 상징인 그곳에서 돈이 될 만한 것이 뭘까?'를 놓고 고민하는 욕망의 대타자일지도 모른다. 그러기에 얼마 전 바뀐 북한의 새로운 화폐가 국경에서 기념품으로 거래되는 현상이 일어나는 것이고, 탈북을 한 사람들 혹은 탈북을 시도하려는 애달픈 사람들을 놓고 온갖 상품이 뒤에서 거래되는 현상이 일어날 수 있는 것이다. 이렇듯 아직까지 건재한 이념의 장벽과 새롭게 빠른 속도로 번지는 욕망의 장벽을 뚫고 탈출은 계속되고 난민은 이어진다.

타자論: 타자와 욕망의 서사학

제Ⅱ부

01.

중세 교회의
타자
포비아 Phobia

자,
이제 타자다!

　　　　　　타자他者, the other에 대한 논의만큼 21세기에 유행처럼 번지는 담론이 있을까? 하지만, 타자에 대한 이론만큼 논란이 많은 경우도 드물어 타자에 대한 공부를 하는 사람들이나 그에 대한 책을 접하는 독자들 모두 왕왕(아니, 대부분) 혼란에 빠지는 경우를 목격한다. 나 역시 '타자에 대한 윤리'를 주제로 논문을 진행하고 있는데, 타자에 대한 사상적·신학적 의미를 논하기 이전에, '타자가 누구이고 무엇이냐?'는 첫 번째 질문에서부터 말문이 막힌다. 우리가 이런 문제에 봉착하는 이유는 타자에 대한 논의가 굉장히 복잡하고 길었던 사상사의 전개 과정을 함축하고 있기 때문이고, 더 근본적으로는 타자에 대한 논의가 주체에 대한 논의, 다시 말해 자기에 대한 이해와 맞닿아 있기에 그렇다. 타자의 반대말이 자아, 주체 아닌가? 자기를 어떻게 무엇으로 인식하느냐에 따라 타자에 대한 규정과 이해가 다르다. 저마다의 입장과 맥락에 따라 저마다의 주체가 성립하고 그에 대한 대립각으로 다종의 타자가 존재한다고 볼 때 타자에 대한 논의는 그야말로 타자적이다.

    본격적으로 '타자의 윤리'를 논하기 이전에, 이 장에서 사상사에 등장했던, 촘촘한 의미의 두께를 지닌 타자에 대한 굵직했던 흐름을 차례로 살펴보겠다. 우선, 이번 장에서는 근대 이전의 타자론에 대한 부분이다. 특별히 몰락하는 중세를 배경으로 한 움베르토 에코의 소설 《장미의 이름》을 통해 중세인들이 지녔던 타자에 대한 배제의 강도가 어느 정도였는지, 그리고 타자의 출현이 중세의 몰락과 근대의 도래라는 역사적 전환기에서 어떤 의미를 부여하는지를 엿볼 수 있을 것이다. 그 다음은 칸트와 헤겔을 중심으로 하는 근대의 타자론이고, 마지막은 프로이트와 라깡으로 이어지는 타자에 대한 정신분석학적 접근이 될 것이다. 하지만, 필자의 논의는 거칠고 매끄럽지 못하다. 그것이 거칠 수밖에 없는 이유는 필자가 지닌 '타자'에 대한 이해가 아직 과문하기에 그렇다. 비록 지금은 이처럼 남루하지만, 언젠가 너덜너덜 이곳저곳에 붙어 있는 '타자론'을 유려한 칼솜씨로 깔끔하게 발라낼 그날을 꿈꾸며 이제 타자에 대한 여행을 시작한다.

너희가
중세를 아느냐?

서구 기독교 발전 과정에서 여러 교리 논쟁이 있었지만 가장 중요한 핵심은 신과 인간의 연속성과 불연속성에 관한 해석을 둘러싼 싸움이 아니었나 싶다. 그것은 흔히 내재와 초월로 불리며 고대의 아리우스와 아타나시우스의 논쟁에서부터 20세기 바르트와 브루너의 자연신학 논쟁에 이르기까지 수많은 신학 논객들에 의해서 계속 이어져왔다. 이처럼 신의 내재와 초월에 대한 해석은 당대 신학의 최대 이슈였으며 앞으로도 마땅히 그러할 것이다.

중세 교회를 바라보는 이해의 창도 커다란 틀에서는 위의 도식으로 설명할 수 있겠지만, 실상은 초월적 신에 대한 일방적 독주가 중세 1000년을 내내 지배했다는 말이 옳다. 이 시기에는 세상과 유리된 전적 타자로서의 신에 대한 믿음과 순종만이 허락되었고, 체제(로마 교황청) 밖에서 제공되는 하나님에 대한 인식은 그것이 무엇이든 에일리언으로 취급되었다. 그리하여 중세인들에게 '타자'란 두려움, 죄악, 악마, 공포, 마녀, 처단 등등의 말로 대치되면서 중세 특유의 '타자 포비아Phobia(공포증)'를 낳았다.

타자에 대한 의식이 광기적으로 작동하고 합리적인 타자에 대한 접근이 지연됐던 이유를 좀 더 자세히 언급하면 중세인들이 지녔던 세계관에 기인한다. 기본적으로 그들은 세계를 아름답고 친근하고 낙천적으로 이해한다. 세계관이 이처럼 따뜻했던 이유는 두 가지 원인에서 비롯되는데, 하나가 공동체 자체의 안정성(폐쇄성)이다. 태어나고 성장하고 성인이 되어 결혼하고 자식을 낳고 늙고 죽음을 맞이하는 인생의 모든 회로가 근세 전까지는 모두 한 공간 안에서 이루어졌고 익숙한 구성원들 사이에서 발생했다. 이렇듯 끈적하고 친밀한 횡적 공동체인 가정과 사회와 교회, 그리고 국가는 종적으로 하늘과 맞닿아 있다.

단일한 공동체성이 첫 번째 특징이라면, 하늘(신)과 관계 맺는 무한에 대한 집단적 신뢰(믿음)가 중세 세계관의 두 번째 특징이었던 것이다. 근대 이전은 신과 인간 사이의 불연속성, 즉 무한에 대한 믿음이 당대를 지배했던 사회이고, 무한한 하나님이 스스로를 드러내는 방식인 계시(은혜)에 의해 인간은 신과 만났다. 이러한 메커니즘에 의해 중세의 (폐쇄적) 공동체는 안정적으로 유지될 수 있었고, 그 중심에는 어김없이 교회가 위치했다.

만일, 이런 안정된 시스템을 파괴하는 것(타자)이 등장하면 무차별한 숙청이 자행된다. 중세의 마녀사냥이 그 좋은 예이고, 특별히 무한한 하나님의 자기 현현 방식인 계시에 반反하는, 인간으로부터 하나님을 향해 나아가는 시도는 그것이 무엇이든 감시와 통제와 제재를 받았다. 이를 통틀어 '신비주의mysticism'라 부르고, 그것을 중세 교회는 이단이라 정죄했다. 근대 이전 타자는 바로 이단자였던 셈이다.

전적 타자인 하나님과 피조물 사이의 접속이 오로지 하나님의 은총에 기인한다는 믿음을 가진 사람들에게, 하나님을 더 이상 피조물들의 타자로 머물게 해서는 안 된다고 주장하며 인간 역시 하나님에게로 다가갈 수 있다고 주장하는 사람들이 얼마나 두렵고 위험한 존재로 다가왔겠는가? 이처럼 타자에 대한 억압과 배제가 사회 전체를 지배했던 사회가 중세였고, 중세의 위기는 이 공식에 균열이 가해지면서 도래하기 시작한다. 지금부터 다룰 《장미의 이름》은 중세 교회가 지녔던 타자

01.
중세 교회의 타자 포비아

규정의 메커니즘을 파악하기에 유용한 자료이고, 중세가 지녔던 타자에 대한 증오의 두께가 어느 정도였는지를 가늠케 해주는 흥미로운 해석이 될 것이다.

**펠라기우스와
움베르토 에코의 《장미의 이름》**

쟝자크 아노 감독에 의해 영화로도 만들어져 상영된 바 있는 움베르토 에코의 추리소설 《장미의 이름》. 이 책은 단순한 소설이기에 이전에, 중세 말 흔들리는 교회의 권위와 위기 속에서 이를 수호하려는 수구 기독교 세력이 처한 상황을 적나라하게 묘사하고 있다는 점에서 신학하는 우리에게 많은 생각할 거리를 제공한다.

   14세기 중세 교회가 상한가를 치고 십자군 원정의 실패 후 차차 몰락의 길로 접어들던 그 무렵, 한 수도원(베네딕트 수도원)에서 의문의 살인사건이 연달아 발생한다. 이에 윌리암 수사(영화에서는 숀 코너리가 배역을 맡음)가 사건의 해결을 위해 급파되면서 소설은 시작된다. 결론부터 말하자면, 범인은 수도원 도서관 사서로 40년 넘게 수도원을 장악했던 요르게 수도사였다. 왜, 요르게는 사람들을 하나씩 죽였을까? 그리고 죽임을 당했던 인물들이 넘었던 금단의 벽은 무엇이었나? 이 질문은 소설의 주제이면서도 동시에 중세가 당면했던 교회의 위기와 세계관의 붕괴를 바라보는 중세 교권주의자들의 초조와 불안을 단적으로 상징한다.

   우선, 사건의 시작이 베네딕트 수도원에서 벌어진 것이 흥미롭다.

베네딕트 수도원은 서방 교회 수도원 운동의 효시로 평가받고 있는데 생활의 특색이 켈틱Celtic 수도원의 그것과 유사했다. 켈틱 수도원은 영국의 웨일즈와 아일랜드에서 발달한 수도원 유형이었다. 그런데, 이 지역은 묘하게도 어거스틴과의 인간론 논쟁 이후 이단으로 몰린 펠라기우스가 숨어들어간 지역으로 알려져 있다.■

펠라기우스는 인간의 자유의지를 강조하고, 원죄 교리를 배격했다. 무엇보다 그에게 있어 은혜란 인간의 이성을 개발시켜서 그로 하여금 하나님의 뜻을 알게 하고, 자신의 능력으로 선택하고 행동할 수 있게 하는 것이었다. 은혜는 인간성의 한 부분이지, 인간 본성에 예외적으로 부가되는 것이 아니다. 하지만, 펠라기우스의 이러한 견해는 제국의 질서를 신의 질서로 등치시키기 위한 로마 제국의 기독교 국교화 정책에 반하는 발언이었고, 무엇보다 이제 막 형성되기 시작한 제도 기독교의 입장에서도 마땅히 제거해야 할 불온사상이었다.

이렇듯 교회사의 전개 과정에서 변방으로 내몰리고 이단으로 정죄당했던 펠라기우스가 자리 잡았던 곳에서 베네딕트 수도원의 전통이 시작된 것이다. 그들은 펠라기우스의 영향을 받은 탓인지 자연신학을 신봉했고, 창조의 선함과 긍정적인 면을 강조했다. 또한 그들은 세상을 이해하는 도구로서 학문을 장려했고, 창조의 선함을 믿기에 금욕생활을 유일한 목적으로 삼지도 않았으며, 피조세계의 건강함을 근거로 노동의 신성함도 이끌어낸다.

■ Philip Newell, *A Celtic Spirituality*, 《켈트 영성 이야기》, 정미현 역 (서울: 대한기독교서회, 2001) 중 1장 "창조의 선함에 귀 기울이기: 펠라기우스"를 참조하라.

사실, 펠라기우스와 어거스틴의 대결은 그 전 시대에 있었던 아리우스와 아타나시우스 논쟁, 중세로 넘어가서는 유명론과 실재론 논쟁으로 이어지며 등장했던 초월과 내재를 둘러싼 오래된 지적·신학적 전통의 연장선상에 위치한다. 그리고 양자 간의 풀리지 않을 것 같았던 긴장과 갈등은 토마스 아퀴나스로 대표되는 스콜라 철학에 와서 표면적으로 봉합되고 종합되었다. 스콜라 철학은 그간 교회사 전통에서 배제돼왔던 아리스토텔레스 철학에 영향을 받았다. 그들은 자연현상과 창조현상을 이해하는 도구로, 아울러 세상 속에 내재하는 하나님과의 만남을 위한 접촉점으로 인간 이성을 내세웠다. 그 후 억제돼왔던 인간 이성에 대한 새로운 발견이 점차 (교황청 입장에서 볼 때) 암세포처럼 번져나가기 시작하면서 1000년의 전통을 자랑하던 중세 교회는 서서히 몰락의 수순을 밟게 되는데······.■

소설 속 베네딕트 수도원에서 발생한 연쇄살인 사건은 수도원 내 도서관 깊숙한 곳에 숨겨져 있는 아리스토텔레스의 《시학》 제2권의 유일한 필사본을 둘러싼 비밀로부터 연유한다. 《시학》 제2권은 희극론, 즉 웃음을 다루고 있는 책이다. 살해당한 사람들은 "웃음은 예술이며 사람들의 마음이 열리는 세상의 문이다"라는 아리스토텔레스의 희극론의 내용을 알고 이에 접근했던 인물들이다. 그렇다면, 요르게는 왜 그들을 죽이면서까지 《시학》 제2권의 존재를 감추려 했을까? 이는 혹

■ 소설 속 요르게는 이런 아리스토텔레스에 대해 다음과 같은 말로 불편한 심기를 드러낸다: "창세기는 우주의 창조에 대해 모자람 없이 설명하고 있는데도 저 아리스토텔레스라는 철학자는 자연과학으로 우주를 음산하고 불결한 언어로 나타내고 있소." – 움베르토 에코, 《장미의 이름》, 이윤기 역 (서울: 열린책들, 1989), 533.

중세 세계 전체를 감싸고 있었던 신과 인간 사이의 불연속성, 즉 무한에 대한 믿음을 수호하기 위한 중세 교회의 최후 발악이 아니었을까?

요르게로 대표되는 중세 교회의 교권주의자들에게 있어 웃음이란 엄숙과 경건을 저해하는 요소며, 교회에 대한 권위와 두려움마저 소멸케 하는 위험인자다. 그리하여 필경에는 신적 계시의 위엄과 무한한 하나님에 대한 경외를 파괴시키는 역할을 할 것이기에 세상에 알려져서는 안 된다. 만약 이 사실이 만방에 알려졌을 경우 교회를 위협하는 많은 이단(타자)들이 창궐할 것이고 그 전에 미리 이것을 차단해야 한다.■ 요르게 수사는 몰락하는 중세 교회의 목소리를 대변하는 자로서 신과 인간 사이에 존재하는 무한의 관계를 유지시키기 위한 투쟁을 벌이며 온몸을 바쳐 잠재적 이단의 등장을 막고자 살인도 서슴지 않는다. 그러나 요르게의 발악은 이미 시작된 근대를 향한 역사의 수레바퀴를 돌이키기에는 너무 역부족이었다. 새로운 시대의 도래와 그에 따른 타자의 등장은 《시학》 제2권을 감추는 것만으로 멈춰 서지 않는다. 그야말로 손바닥으로 하늘을 가리는 격이다. 이미 전방위적으로 중세의 붕괴는 시작되고 있었고, 그것은 동시다발적으로 발생하는 타자의 출현을 의미했다.

■ 계속 요르게의 아리스토텔레스에 대한 소설 속 발언을 인용하면, "저 철학자(아리스토텔레스)의 일자일언은 이 세상의 형상을 바꾸어 놓았소. 이 서책(《시학》 2권)이 공공연한 해석의 대상이 되는 날, 우리는 하느님이 그어 놓으신 마지막 경계를 넘게 될 것이오." - Ibid.

무너지는 중세,
도래하는 근대

중세의 붕괴와 근대의 도래를 규정하는 여러 가지 입각점이 있다. 문화사적으로는 르네상스와 종교개혁으로부터 중세에 대한 균열과 근대를 여는 단초가 마련되었다고 주장할 수 있고, 경제적으로는 산업혁명에 따른 봉건 경제의 붕괴, 이에 따른 초기 자본주의의 등장을 거론하는 사람들도 있다. 정치적으로는 종교개혁의 후폭풍이라 할 수 있는, 수백 년간 진행된 각종 종교전쟁들로 인한 유럽 대륙의 국민국가화와 프랑스 대혁명의 발발로 야기된 고양된 시민의식을 들 수 있다. 이는 중세 교회와 봉건 영주의 전횡을 무너뜨리고 민주주의 태동과 발전의 토대가 되었다.

이 밖에도 각 분야별로 중세의 종말과 근대의 도래를 예감케 하는 여러 전조들을 거론할 수 있겠지만, 특별히 타자론의 관점에서 근대의 시작은 물리적으로는 지리상의 발견, 정신사적으로는 칸트와 헤겔로 이어지는 지적 전통에 기반한다. 지리상의 발견을 통한 횡적 세계의 확대는 안정적이고 폐쇄적 공동체였던 중세 사회에 틈을 내면서 다름에 대한 공포, 충격, 그를 대하는 자세, 대책 등을 한꺼번에 모색하게 만들었다. 상상해보라! 평온했던 우리 마을에 배를 타고 온 노란 머리 하얀 피부(검은 머리 검은 피부 혹 노란 피부)의 사람들이 등장한다면? 그 다름과 차이에 대한 해석, 타자를 하나로 엮어내는 방식, 타자에 대한 논의의 집대성, 내지 (당대 유럽식) 타자에 대한 해법의 완결판이 바로 헤겔 철학이었다.

02.

칸트와 다른
헤겔 속
숨어 있는 2인치

은희경
《새의 선물》에 빚지다

　　　　　　　　은희경의 《새의 선물》과 김형경의 《세월》을 이야기하면서 서른이었던 나는 당시 스물넷이었던 김희선을 만났다. 신춘문예 등단을 목표로 준비하고 있다고 허풍을 떠는 나, 그리고 은희경과 김형경을 자기와 함께 이야기하는 나를 바라보며 김희선은 내게 조금씩 마음이 열리기 시작했다고 그때를 회상한다. 그래서 지금도 죽기 전에 아내와의 약속을 지키기 위해서라도 신춘문예 등단을 해야겠다는 생각이 늘 마음 한구석에 빚진 마음으로 있다.
　　나와 내 아내 김희선을 연결시켜줬던 《새의 선물》(문학동네, 1995)은 은희경이라는 작가를 세상에 알린 작품이다. 이 책으로 은희경은 문학동네에서 수여하는 무슨 작가상을 받으며 화려하게 문단으로 진출했고, 15년이 지난 지금 은희경은 한국 문학의 얼굴이 되었다. 그 무렵 한국 문학계는 1990년대 이전 분단문학, 이념지향적 사회풍자적 작품으로 넘쳐나던 황금기(?)를 지나 사회주의 붕괴와 포스트모더니즘의 광풍으로 인한 정신적 공황에 시달리며 심한 가슴앓이를 하던 때였다. 몇몇 전 시대의 풍조와는 다른 도발적이고 그 당시로서는 실험적이고 신선한 작가들이 등장했고 은희경 역시 그중 하나였던 것으로 기억된다.

《새의 선물》은 성장소설이다. 1960년대 말 12세 소녀 진희와 진희와 함께 살아가는 외갓집 식구들, 그들과 함께 살아가는 이웃들의 삶과 일상을 12세 소녀의 시선으로, 하지만 전혀 12세 같지 않은 조숙함과 영악함으로 바라본 이 소설은 인간에 대한 진실, 사랑, 거짓, 풍자를 섬세하게 그리고 섬뜩하게 미장센한다. 갑자기 헤겔을 이야기하려는 지금 《새의 선물》에 등장하는 12세 소녀 진희가 떠오르는 것은 왜일까? 그것은 헤겔 철학의 체계가 마치 소설 속에 등장하는 12세 소녀가 사람들(타자)을 만나고 이해하고 종합하듯, 헤겔의 그것 역시 근대가 선사하는 온갖 타자적인 것들을 만나고 이해하고 종합하는 방식을 취하고 있다는 예감 때문이리라.

이 글의 주된 포인트는 《정신현상학》 중 제4장에서 헤겔이 언급하는 자기의식, 즉 타자를 통해 자신을 실현하고 보존하는 주체에 대한 주목이다. 이를 위해 필자는 프랑스 철학자 알렉산드르 꼬제브의 헤겔 해석에 기대어 근대적 사유에서 나타나는 주체와 타자의 관계를 추적해갈 것이다. 글의 후반에서는 이를 바탕으로 헤겔 철학의 현재성에 대한 논의를 간략하게 정리할 생각이고, 글의 시작은 칸트와는 다른 헤겔 철학의 독특성을 열거하는 것으로 문을 연다.

주인과 노예의 변증법

지난 장에서 살펴본 바와 같이 근대 이전까지 서양 철학의 전통적 입장은 유한과 무한, 주체와 대상, 존재와 사유의 관계가 빛과 계시에 의해 하나로 이어져 안정적인 구도를 띠었던 시기이고, 이러한 사회 속에 사는 인간은 기본적으로 낙관적이고 명료한 세계관을 지녔다. 근대란 유한한 존재와 무한한 사유를 이어주던 끈이 분리되는 전환점이라 할 수 있다. 영국의 경험론Empiricism으로부터 시작된 인간의 경험 너머의 것에 대한 의심은 칸트에 이르러 물자체Ding-an-sich, 物自體에 대한 판단 불가로 선포되었고, 이러한 인식의 전환은 빛의 차단, 계시의 실종, 교회의 추락, 세속화, 주체의 등장으로 명명되는 "중세의 몰락-근대의 도래"라는 도미노를 낳았다.

헤겔Georg Wilhelm Friedrich Hegel(1770-1831)은 근대가 이룩한 성과는 계승하고 좌절은 봉합하고자 했던 인물이다. 근대가 이룩한 성과라 함은 세계가 신적 계시에 의한 완벽한 세계가 아니라 불연속적이고 우발적이라는 것, 결론적으로 인간에 의해 세계가 재구성되는 것이라는 걸 선언했다는 점이고, 근대의 좌절이란 무한과 유한을 이어주던 빛의 몰락으로 인한 전체성의 상실이라 할 수 있을 것이다. 칸트로 대표되는 근대 철학이 빛과 어둠을 나누고 빛의 영역을 인식의 영역, 어둠의 영역을 우리가 파악할 수 없는 물자체, 즉 타자로 남겨둔 채 판단 중지를 선언했다면, 헤겔은 칸트가 남겨놓은 타자를 다시 정신 속으로 흡수하려 했다. 근대 철학이 떼어놓은 무한과 유한의 재결합을 다루는 책이 바로 헤겔의 《정신현상학》이다.

적절한 비유일는지는 모르겠지만, 칸트 철학을 수학적으로 비유하면 미분으로 비유할 수 있지 않을까 싶다. '순수이성비판-실천이성비판-판단력비판'으로 이어지는 칸트의 비판 철학은 인간 정신의 역할, 능력, 한계 등에 대한 조밀한 해부라 할 수 있다. 반면, 헤겔은 칸트가 미분해놓은 성과들을 적분하여 다시 하나로 엮어나간다. 그리하여, 헤겔은 인간 정신의 가장 낮은 단계라 할 수 있는 감각적 확신에서 오성, 자기의식, 불행한 의식, 이성, 도덕과 양심, 종교 등의 단계를 거치면서 어떻게 정신이 절대지에 이르는지, 즉 소박한 의식 수준에서 출발하여 어떻게 성숙한 의식에 이르는지를 설명해냈다.

헤겔을 처음 접했던 시절, 헤겔에 대한 주석서 중 기억에 남는 책을 꼽으라면 단연 프랑스 철학자 알렉산드르 꼬제브Alexandre Kojeve가 쓴 *Hegel*(《역사와 현실 변증법》, 설헌영 역, 한벗출판사, 1981)과 이폴리트 Jean Hyppolite의 《헤겔의 정신현상학 I, II》(이종철 역, 문예출판사, 1986)이다. 후자가 비교적 원전에 충실했던 해설서라면, 꼬제브의 책은 '주인과 노예의 변증법'을 해석의 출발점으로 삼은 독특한 헤겔 주석서다. 이러한 꼬제브의 헤겔 해석은 후에 등장하는 프랑스 철학자들의 헤겔 이해에 절대적 영향을 끼쳤고, 특별히 라깡의 욕망이론에 공헌했다고 평가받는다.■

꼬제브는 근대적 사유에서 획득되는 타자성이 근대성 전체에서 어떤 의미를 담고 있는지에 주목하면서, 헤겔이 '주인과 노예의 변증

■ 꼬제브의 헤겔 해석이 라깡에 끼친 영향에 대해서는 Mardan Sarup, *Jaques Lacan* (Toronto and Buffalo: University of Toronto Press, 1992), 31-34를 참조하라.

법'▪에서 말하고자 했던 것은 주체와 타자와의 관계였다고 밝힌다. 가령, 여기에 '나는 나!'라고 외치는 두 주체가 있다고 가정하자. 둘은 상호 인정을 위한 투쟁에 돌입한다. 그래서 싸움이 시작되고, 싸움이 끝나 승자와 패자가 가려지면 승자는 주인이 되고 패자는 노예가 된다. 승자인 주인은 노예를 죽이지 않는다. 왜냐하면, 주인의 목적은 단순히 타자를 정복하고 다스리는 것에 있지 않다. 타자인 노예로 하여금 주인에 의해 본인이 정복되었음을 인정케 하는 것이다.

결국, 헤겔은 타자가 주체 앞에서 거울로 존재하지 않는다면 결코 주체는 자신을 자각할 수 없으며, 주체로 인식할 수 없음을 말하고자 했던 것이다. 나는 나 자신을 고립 속에서 절대로 파악할 수 없다. 나는 타자를 내 앞에 무릎 꿇게 한 후, 그가 나를 인정하고 주인으로 바라보며 내 말에 귀 기울일 때 비로소 주체로 우뚝 설 수 있다. 주체란 타자와 분열된 주체이고 타자에 대한 욕망을 전제로 한 주체인 셈이다. 이렇듯 헤겔식 근대적 '자기의식'이란 타자에 대한 배제와 부정, 타자와의 투쟁, 타자로부터의 인정을 통해 획득되는 것이다.▪▪

▪ 헤겔은 주체를 타자와의 관계하에서 다음과 같이 규명한다: "주인은 물론 대자적 의식을 뜻하지만 그러나 이러한 의식을 결코 자기에 대한 개념만을 의미하는 것은 아니다. 오히려 이 의식은 하나의 또 다른 의식, 다시 말하면 스스로 자립적인 존재나 물성 일반과 종합, 연계되는 것을 자기의 본질로 삼는 그러한 의식에 의해서 스스로 매개된 자기확인자로서의 대자적 의식인 것이다." - 헤겔, 《정신현상학》, 임석진 역 (서울: 분도출판사, 1981), 264.
▪▪ Alexandre Kojeve, *Hegel*, 《역사와 현실 변증법》, 설헌영 역 (서울: 한벗출판사, 1981), 27-28.

헤겔의 유산:
신, 욕망, 이성 그리고 타자

1. 신神_ '주인과 노예의 변증법'의 관점에서 인간을 바라본다면, 인간은 이기적 욕망과 열정을 지닌 존재다. 그럼에도 불구하고 헤겔의 역사 발전 원리에 따르면 욕망으로 가득 찬 인간은 신의 섭리에 힘입어 신의 자기 현현 도구로 사용된다. 이를 통해 헤겔은 그리스도교의 신 개념을 수정한다. 칸트는 이론적 인식이 불가능하다는 이유로 신을 물자체의 영역으로 추방시켰으나, 헤겔에게 있어 신은 인간 세계와 동떨어진 저 높은 곳에 초월적으로 존재하지 않는다. 우리의 구체적 현실 속에서, 속물 같은 우리의 욕망과 삶 속에서 스스로를 드러내는 내재적인 신이다. 영원불변한 고정되어 있는 신이 아니라, 인간사(세계사)를 통해 인간의 역사와 함께 변화하는 동태적인 신으로 (헤겔에 의해) 신은 거듭난다.

2. 욕망/윤리_ 칸트의 윤리에 있어 욕망은 억압과 배제의 대상이었다. 왜냐하면 욕망은 실천이성(윤리)으로 환원할 수 없었던 이성의 타자였기 때문이다. 하지만 헤겔은 칸트와는 달리 욕망을 음지에서 양지로 끌어올렸다. 헤겔은 이기적 욕망을 오히려 삶을 구동시키는 주요 원인으로 보기에 욕망과 개인의 쾌락을 원천적으로 거부하는 칸트의 정언명법을 거부한다. 왜냐하면, 헤겔에게 있어 자기의식은 후에 보편적 자아의식, 즉 이성으로 나가기 위한 전 단계였고, 욕망은 이러한 헤겔 철학의 밑그림 속에서 일정 구간 헤겔의 법칙을 실현시키기 위한 동력으로 작동하고 있기 때문이다. 이와 같은 헤겔의 관점은 후에 하버마

스로 대표되는 담론윤리학, 즉 욕망과 개인 사이의 역학을 어떻게 공동체 내에 흡수해 일반화시킬 수 있는지에 대한 탐구, 달리 말해 원활한 의사소통(대화적 이성)에 입각해 합의를 추구하는 윤리 형성에 영향을 끼친다. 요약하면 이렇다: '주인과 노예의 변증법'에 드러난 욕망의 주체는 역사의 진행 과정에서 개별적 자아의식을 극복하고 보편적 자아의식으로 성장하여 공존의 윤리를 터득하게 된다. 이 모든 과정은 이성의 모든 타자적인 것을 변증법적으로 통합시키려 했던 헤겔 철학의 믿음 위에 서 있다.

3. 이성理性_ 우리는 헤겔에게서 근대적 이성의 이중성과 대면한다. 타자를 대상화함으로써 자기를 실현하는 주체의 논리가 첫 번째 근대성의 원리라면, 이성의 남용(무한신뢰)으로부터 야기된 근대성의 문제를 이성으로 해결하려 했던 것이 근대성의 두 번째 원리다. 근대성의 문제를 지목하는 학자들의 대안 역시 헤겔 철학의 이러한 이중성에 기반한다. 하버마스로 대표되는 이성옹호론자들은 후자에 기대어 근대성이 야기시킨 현대 사회의 문제들을 이성에 대한 신뢰를 바탕으로 풀어나가려 한다. 하지만 이들이 시도했던 이성에 의한 이성의 자기 극복은 결국 그들이 문제 삼았던 이성을 또다시 긍정해야만 하는 수행적 모순을 되풀이한다는 비난을 (포스트모던 계열 학자들로부터) 받는다. 반면, 포스트모더니즘 계열 사상가들은 근대적 인식론 자체에 대한 전면적 회의와 해체의 틀에서 문제에 접근한다. 주체의 동일성 안으로 타자를 끌어들이는 헤겔식 사유를 거부하고, 주체의 동일성 밖으로 미끄러져 나가는 타자에 주목하는 것이 탈근대적 사유라 할 수 있을 것이다.

4. 타자_ 헤겔의 타자론은 주체와 주체 사이의 상호인정투쟁에서부터 시작한다. 데카르트적인 주체가 자족적인 코기토를 상정하고, 칸트의 그것이 선험적 주체를 내세우며 타자와 무관한 주체를 말했다면, 헤겔에게 있어 주체란 타자와 상관없는 내적 사유 속에서 직관되는 그 무엇이 아니라, 나를 비추는 타자를 통해 비로소 주체성이 획득되는 존재다. 헤겔은 이렇듯 이기적 욕망뿐 아니라 모든 타자적인 것들을 절대정신에 이르는 과정으로 포섭한다. 소설《새의 선물》에서 열두 살 소녀 진희가 성장하면서 만나는 모든 타자적인 것을 섭취하면서 성인으로 되어가듯, 헤겔 역시 모든 이성의 타자를 자기 것으로 받아들이면서 절대정신을 향해 성장해간다. 그렇다고 볼 때, 헤겔 철학은 정신의 거대한 성장소설이라 할 수 있다. 이것이 바로 '주인과 노예의 변증법' 안에 감추어진 헤겔 철학의 함의가 아닐까 싶다. 이러한 헤겔의 타자론은 후에 라깡에게 영향을 끼쳐 라깡의 '거울 단계', 그리고 욕망이론을 전개하는 데 중요한 이론적 토대로 다시 인용된다.

03.

프로이트,
"내 안에 나 있다!"

**욕망 혹은 그것의 좌절과 얽힌
욕구불만에 관한 에세이**

1990년대 초반에 필자는 군 생활을 했다. 당시 대한민국 곳곳에 분포되어 있었던 군부대의 역 주변, 터미널 주변에는 어김없이 유흥가, 윤락가, 도박판이 점점이 분포했다. 내가 군복무를 했던 지방 소도시 역시 그랬다. 휴가 때 상경을 하려고 역 주변을 서성이다 보면 골목마다 짙은 화장을 한 여인네들이 손짓한다. 불법과 음모의 은밀한 냄새가 어디선가 풍겨나고 잠시 길을 잘못 들거나 발을 헛디디면 금방이라도 이상한 나라로 빠져들 것 같은 위태로움, 아니 쾌감을 느끼며 난 그 골목을 걷는다. 그 미로를 걷다 보면 어디선가 옷깃을 잡아당기는 손길이 있다. 그리고 속삭인다. 재미있는 세계가 있다고……. 그 유혹을 뿌리치고 역驛을 향해, 나는 순전히 서울 가는 기차를 타려고 저 역을 향해 가노라고, 그것만이 나의 진실이라고, 날 의심하지 말라며, 난 그런 사람이 아니라고 변명한다. 다시 한번 말하지만, 나는 절대 그럴 마음이 없다고 말이다! 하지만, 매번 그 긴 터널을 아무 일 없이 빠져나온 뒤에는 뭔가 아쉬웠다. 왜 나는 그 손길들을 거부했던 걸까? 그러면서도 나는 왜 그 골목을 다시 욕망하는 걸까? 내 안에 도사린 이 묘한 충동과 그것에 대한 억제는 무엇으로 설명 가능한가? 그리고, 남아 있는, 못내 아쉬워하는 내 감정의 저 찌꺼기는 무엇이란 말인가? 그리고 최종적으로 이런 나의 감정의 굴곡은 현재 논의되는 타자론과는 무슨 연관이 있는 걸까? 이런 물음들을 갖고 프로이트를, 그리고 라깡을 지금 만나러 간다.

프로이트
길라잡이

흔히 19세기가 낳은 3대 천재로 우리는 맑스와 니체와 프로이트Sigmund Freud(1856-1939)를 거론한다. 그들은 각자 나름대로의 방식으로 서구 정신사를 장악했던 지배적인 담론들에 균열을 내어 이후 전개되는 현대 사상계의 지적知的 지형 형성에 커다란 영향을 미쳤다. 앞서 언급했던 니체가 이성 중심의 사유체계에 대한 반동을 시도했다면, 맑스는 경제적 하부구조, 즉 노동의 중요성을 이끌어냈다. 프로이트 역시 이전까지 등한시돼왔던 의식에 반하는 무의식이 정신에 미치는 영향력을 설득력 있게 해명하면서 정신분석학이라는 새로운 장을 마련했다.

프로이트 학설은 크게 전기와 후기로 나누어볼 수 있다. 전기는 《꿈의 해석》(1899)을 중심으로 꿈, 증상, 실수 등 정상인들의 일상적 삶 속에서 드러나는 무의식의 존재와 그것의 의미에 대한 탐구를 전개하던 시기다. 무의식 개념은 근대적 사유의 특징이라 할 수 있는 이성적·합리적·의식적 주체에 대한 정의를 전복시켰으며, 프로이트를 통해 비로소 우리는 우리의 일상적인 발화와 행동이 무엇을 의미하는지에 대해 체계적으로 의심할 수 있게 되었다. 그에 따르면 우리가 갖고 있는 자기에 대한 의식의 정체성은 이미 주어진 자명하고 단일한 통일체가 아니라, 기나긴 정신적 발달의 산물이며, 동시에 무의식의 갑작스런 돌출과 분열의 결과물이다. 이를 통해 프로이트는 인간이 가지는 사유의 한계점을 포착하고자 했으며, 이는 필연적으로 근대적 사유가 지닌 이성중심주의에 대한 믿음과 그 원리에 대한 폐기 선언으로 이어졌다.

의식과 무의식의 구조화된 체계의 발견이 프로이트의 전기 작업이었다면, 《쾌락의 원칙을 넘어서》(1920)와 《자아와 이드》(1923) 발표■ 후 프로이트는 인성을 욕망의 차원인 이드Id와 현실적 차원(ego), 그리고 도덕적 차원인 초자아superego 사이의 역학관계로 바라본다. 이드는 인성Personality의 가장 원초적이고 일차적인 원리인 '쾌락원리pleasure principle'를 충족시키는 기능을 한다. 초자아는 이드의 충동을 제압하

■ 1997년 간행된 프로이트 전집(총 20권) 제14권의 타이틀이 《쾌락의 원칙을 넘어서》(박찬부 역, 서울: 열린책들, 1997)이고, 그 안에 "쾌락의 원칙을 넘어서"와 "자아와 이드"가 포함되어 있다.

는 도덕적 양심이다. 에고는 초자아와 이드 간 발생하는 극단적인 투쟁 사이에서 갈등하고 조정하는 자아, 즉 '현실원리reality principle'의 지배를 받는 자아이다.■

그렇다면 필자가 군 생활 하던 시기 휴가나 외박 때 역 주변을 서성이며 꿈꿨던 나의 욕망과 그 욕망의 좌초는 프로이트식으로 어떻게 설명 가능한 것인가? 분명 나의 의식 너머에는 부대 밖에만 나가면 그 환락의 거리가 제공하는 쾌락을 향유할 수 있으리라는 기대로 가득 차 있었다. 이 시기의 나는 오직 이드Id에 의한 쾌락원칙만을 추구하는 기간이라 할 수 있다. 그러나 그것은 내 안에 잠재되어 있던 또 다른 힘인 슈퍼에고(초자아)에 의해 진압당하고 만다. 매번 아슬아슬하게 나의 이드는 초자아의 벽을 넘지 못했다. 간발의 차이였다. 욱일승천하던 이드의 기운이 한풀 꺾이고 뒤돌아 나오면서 다음번에는 '기필코!'를 외쳐 보지만 그 다음에도 어김없이 결과는 같았다. 오직 쾌락원칙만을 쫓아 질주하던 나의 이드는 왜 그 꿈을 펼치지 못하고 좌초하고 마는 걸까? 이에 대한 해명으로 프로이트는 오이디푸스 콤플렉스Oedipus complex를 이야기한다.

■ 프로이트 사상의 구조를 좀 더 명확히 살펴보고자 한다면 C. Hall, *A Primer of Freudian Psychology*, 《프로이트 심리학》, 백상창 역 (서울: 문예출판사, 2000) 중 2장 "퍼스낼리티의 구성"을 참조하라.

오이디푸스 콤플렉스, 그리고 라깡을 향하여

오이디푸스 콤플렉스는 아버지를 살해하고 어머니와 결혼한 테베 왕의 이름을 따온 것으로 아버지를 타도하고 어머니와 함께하려는 무의식적 욕망을 뜻하며, 약 4세가 되면 어린아이의 쾌락원칙이 남근 부위로 옮겨진다고 해서 붙여진 이름이다.* 구순기-항문기-남근기(오이디푸스 콤플렉스)로 이어지는 어린아이의 발달 단계 중 남근기 전 단계까지 아이와 엄마 사이는 완벽하게 일체한다. 아이는 자신과 엄마에 대한 구분도 뚜렷하지 않다. 이처럼 자기와 타자를 구분하지 못하는 아이는 다른 아이를 때리고도 자기가 맞은 것으로 오인하고 다른 아이가 울면 따라서 울기까지 한다. 라깡은 이 시기를 아이가 거울에 비친 자신의 영상을 발견하는 시기라 하여 '거울 단계'**라 부른다.

오이디푸스 콤플렉스를 거치면서, 라깡식으로 말하면 거울 단계

---

* 페미니즘 계열이나 사회과학에서 프로이트를 비판할 때 왕왕 지적하는 대목이 바로 이 부분, 즉 남근 중심의 '생물학주의'와 '기원주의'이다. 변혁을 위해 역사성을 강조하며 초역사성을 무시했던 맑스의 작업과 반대로, 프로이트는 역사성을 간과하고 남근 중심의 초역사성을 전제로 그의 이론을 전개했다는 것이다. 라깡은 프로이트에 대한 이 같은 비판을 극복하기 위해 페니스가 아닌 팔루스를 말하고 부친 살해 사건을 역사적 사건이 아닌 구조적 사건으로 이해한다.

** 1936년 발표된 라깡의 논문 제목이기도 하다. 이 논문에서 라깡은 처음으로 '상상계(the imaginary)'라는 말을 사용했다. '거울 단계'의 아이는 타인이 보기에는 양육을 위한 의존 상태에, 그리고 상대적으로 움직임이 불안한 상태에 있지만, '거울 단계'의 아이가 스스로를 느끼는 이미지는 고정되고 안정되어 있음을 말하고 있다. 라깡은 이를 1914년 발표된 프로이트의 《나르시즘에 대해 - 입문》과 관련시켜 이야기하고 있다. - Mardan Sarup, *Jaques Lacan* (Toronto and Buffalo: University of Toronto Press, 1992), 101-103.

를 지나면서 아이와 엄마 사이에 가졌던 완강했던 2항 관계는 아버지의 개입으로 3각 관계로 변모한다. 이후 아이는 엄마와 자기 사이에 있었던 은밀했던 근친상간적 욕망이 거대한 타자의 등장으로 폭로되고 위축되는 것을 느끼며 불안해한다. 이때 아이는 자기의 성기가 색정의 원인이므로 아버지가 자신의 남근을 제거할 것이라는 '거세 위협castration complex'을 느끼게 된다. 그 결과 아이는 체념 속에서 근친상간적 욕구를 억누르고 자신을 현실원리에 적용시키고 아버지에 복종하면서 어머니로부터 떨어져나간다.■

결국, 오이디푸스 콤플렉스는 '쾌락원리'에서 '현실원리'로, 가족이라는 울타리에서 사회 전반으로, 자연에서 문화로의 이행을 뜻한다.■■ 그리하여 최종적으로 아이는 '아버지의 이름'으로 상징되는 사회문화적 규범과 가치를 내면화한 초자아를 지니게 된다. 이렇게 형성된 초자아는 쾌락 지향적인 이드를 억압하는 한편, 현실 지향적인 에고를 도덕적으로 규제하는 역할을 담당하게 된다. 위와 같은 프로이트의 이론에 따르면, 군 생활 시절 무의식 속에 자리 잡고 있었던 나의 이드, 즉 역驛 주변의 쾌락을 쫓는 본능은 내 욕망의 물결을 타고 거칠고 급

■ 프로이트, 《쾌락의 원칙을 넘어서》, 박찬부 역 (서울: 열린책들, 1997), 114-130.

■■ 프로이트는 문명 발생을 오이디푸스 콤플렉스와 연관된 '토템 향연'에 초점을 맞춰 설명한다. 원시 사회에서 토템 동물은 신성시되고 터부시되며 아버지로 상징된다. 최초의 아버지가 있고 모든 여인들은 원부의 차지다. 자신의 독점적 지위에 위협을 느낀 원부는 아들들을 모두 쫓아낸다. 쫓겨난 아들들은 원부의 여인들을 차지하고자 힘을 합쳐 아버지를 죽인다. 그런 다음 아버지의 살을 함께 나누어 먹는다. 원부 살해에 대한 죄의식을 느낀 아들들은 1년에 한 번 짐승을 죽이고 그날을 기억하며 축제를 벌인다. 이것의 문명 발생의 기원을 설명하는 '토템 향연'이다. - 프로이트, 《종교의 기원》, 이윤기 역 (서울: 열린책들, 1997) 중 "토템과 타부" 참조.

하게 내려오다가 오이디푸스 단계를 거치며 형성된 초자아의 벽에 가로막혀 정상적인(?) 에고의 형태로 수정된 채 그 여인들의 손길을 뿌리치는 금욕적인 성자로 나를 변모시켰다는 말인데…….

나의 질문은 여기서 한 발짝 더 나간다. 잠시 제압당했던 그놈이 일정 기간이 흐르고 난 뒤 다시 꿈틀거리며 어김없이 되살아난다는 점이다. 하지만 나는 예감한다. 그 충동이 또다시 진압되리란 것을 말이다. 그렇다면, 왜 나는 실패를 예상하면서 이러한 행위를 반복하는가? 이런 나의 욕동의 근거는 무엇인가? 이 지점에서부터 라깡의 '타자론'이 펼쳐진다

04.

라깡에게는
뭔가
특별한 것이 있다

For Lacan:
"그대가 곁에 있어도 나는 그대가 그립다"

내 안에 있는 이여
내 안에서 나를 흔드는 이여
물처럼 하늘처럼 내 깊은 곳 흘러서
은밀한 내 꿈과 만나는 이여
그대가 곁에 있어도
나는 그대가 그립다

류시화의 시 〈그대가 곁에 있어도 나는 그대가 그립다〉(푸른숲, 2002)를 소개하며 라깡의 '타자'에 대한 논의를 시작한다. 연애할 때 한번쯤 류시화의 시를 인용하며 나의 요동치는 속내를, 그 알 수 없는 마음을 전하려 했던 기억이 독자들에게 있을지 모르겠다. 이 시는 우리들의 연애시절 또 다른 작업용 멘트였던 김춘수의 시 〈꽃〉에서 언급하는 사랑론, 즉 "내가 그의 이름을 불러 주기 전에는 그는 다만 하나의 몸짓에 지나지 않았다", "내가 그의 이름을 불러 주었을 때 그는 나에게로 와서 꽃이 되었다"는 고백을 비웃으며, 그런 "네가 곁에 있어도 나는 여전히 그대가 그립다"는 위험한 발언으로 끝을 맺는다. 그럼에도 불구하고 시적 표현이 암시하는 나와 그 사이의 채워지지 않는 간극은 오히려 나와 그 사이의 그리움 혹은 사랑을 완료태가 아닌 현재진행의 사건으로 계속 남겨둔 채 우리 사랑의 형태를 굳지 않게, 우리 사랑의 열정을 녹지 않게 만든다.

위에서 소개한 김춘수의 시와 류시화의 시는 헤겔의 '타자론'과 라깡의 '타자론'을 극명하게 대비시키기에 좋은 예다. 헤겔에게 있어 자기의식은 타자를 전유함으로 획득되는, 주인과 노예의 처절한 권력투쟁 후에 획득되는 노획물이다. 그러므로 철저한 자기의식이란 대상을 향한 영토화의 농도가 짙을수록 확실하고 뚜렷해진다. 김춘수는 그의 시에서 주체에 의해 명명되기 이전 존재, 즉 '타자'를 몸짓이라 표현했다. 또한 나의 선포를 수용한 타자는 내게로 와서 꽃이 되었다고 선언한다. 다분히 헤겔적이다. 헤겔에 있어 타자는 나의 의식의 망에 의해 걸러진 존재이고, 내 의식의 반영이기 때문이다. 바로 이 점이 헤겔의 타자론이 최종적으로 다다른 지점이다. 하지만, 라깡의 타자론은 헤겔이 멈춰선 그 지점에서부터 출발한다.

라깡이 어쨌다구?
- 차이들의 놀이 Play of difference

프로이트에게 오이디푸스 단계의 아버지가 현실적 아버지였다면, 라깡 Jacques Lacan(1901-1981)의 경우에 아버지는 아버지의 이름이 상징하는 사회문화적 규범이나 법을 의미한다. 오이디푸스 콤플렉스도 프로이트는 남근의 유무에 따르는 생물학적 성차별로 환원하나, 라깡은 상징적 의미를 강조한다. 이때 남근 phallus은 남자의 성기 pennies가 아니라 사회질서를 구축하는 법과 규범을 의미하는 일종의 기표 significant이며, '거세 공포 castration complex' 또한 남근 제거의 공포라기보다 사회적 인정의 박탈을 뜻하는 상징적 기표로 파악된다.

이렇듯, 라깡에게 있어 상징의 세계로 들어가는 것은 어떤 시스템 속에 편입되는 것이다. 상상계 속에서 엄마와의 2항 관계만을 경험했던 아이로서는 거대한 상징 시스템은 아주 큰 타자, 대타자 the Other다. 쉽게 말해, 사회(화), 문명(화), 도덕, 윤리 같은 거다. 이렇게 라깡이 프로이트 이론의 지경을 확대할 수 있었던 결정적인 계기는 구조주의 언어학과의 만남이 있었기에 가능했다.●

라깡의 실험은 프로이트를 다시 태어나게 했을 뿐 아니라, 현재 지젝으로 상징되는 슬로베니아 학파에 의해 주도되고 있는 정신분석학과 맑시즘의 만남이라는 새로운 지적 장르 형성에 원동력이 되었다. 지금부터 살펴볼 내용은 프로이트에게는 없지만 라깡에는 있는 특별한 그것, 즉 라깡의 언어관에 대한 부분이다. 라깡에게 있어 타자의 문제는 인간이 언어를 배우기 시작할 때 등장한다. 인간이 언어를 배운다는 것은 단순히 알파벳을 알고 문장의 의미를 파악하는 것이 아니라 언어

구조주의 언어관

우리(주체)가 무엇인가(대상)를 보고, 듣고, 만져서 지각(perception)한 후 우리의 이성은 그 모든 정보들을 종합하여 그 사물에 대한 하나의 이미지, 관념(Idea)을 만들어낸다. 내게 관념이 생겼다고 함은 내가 지각했던 그 무엇이 비록 이 순간 내 앞에 없다손 치더라도 내가 다시 그것을 표상(representation)할 수 있음을 의미한다. 현대 철학 전까지 언어란 우리 마음에 있는 관념을 외화하는 도구에 지나지 않았다. 하지만, 구조주의 출현 이후 이러한 전통적 인식론에 대한 반론이 생겨났다. 확고부동할 것이라고 믿었던 관념이 장(場)의 논리에 따라 변할 수 있다는 것이다. 쉽게 드는 예로, 의자와 책상이 있다고 할 때, 이것을 의자로, 저것을 책상이라고 부를 이유가 없다는 것이다. 의자를 가방이라 부르든, 책상을 나무라 부르든 중요한 것은 둘 간의 차이만 확보하면 된다. 언어의 본질은 그 언어가 가리키는 대상의 관념을 언급하는 것이 아니라, 오히려 기호들의 체계가 중요한 것이다. 책상을 의자로, 의자를 꽃병으로, 나무를 바위로 부르면 어떤가? 그것이 어떤 공동체 속에서 통한다면 그 시스템이 의미를 발생시켰다 함이 옳다. 결론적으로 구조주의에서 우리가 무엇인가를 인식한다 함은 기호들, 기호의 시스템에 의해 결정되는 것이다. 우리의 인식은 그렇게 확고한 것이 아니다. 단지, 기호(기표)들의 차이와 놀이를 매개로 만나는 것이다.

의 시스템 속, 즉 기호(상징)들의 체계와 질서 속으로 들어가는 것이다.■ 그리고, 그 언어의 작용방식 내지 기능을 일컫는 말이 '기표들의 차이

■ "상상계(the imaginary)와 상징계(the symbolic)는 연속적인 단계가 아니라 얽혀 있는 것이다. …… 상징계는 상상계를 잠식해 들어가고, 조직하며 방향을 제공한다. …… 라깡은 말을 습득한 인간 주체는 그(녀)를 기존의 상징계에 편입시키고, 그리하여 자기의 욕망을 이 계의 체계적 압력들에 복종시킨다고 지적한다: 언어를 받아들임으로써 주체는 자기의 '자유로운' 본능 에너지가 작용되고 조직되도록 허용한다는 것이다." - Mardan Sarup, *Jaques Lacan* (Toronto and Buffalo: University of Toronto Press, 1992), 105-106.

difference', '기표들의 놀이play'라는 용어다.

우리가 (후기) 구조주의 책들을 읽다보면 '차이들의 놀이play of difference'라는 용어를 종종 접한다. 이는 라깡에게 있어서는 상징계 속 욕망이 기표들의 차이를 따라 계속 미끄러져 나가는 것을, 데리다에게 있어서는 텍스트의 의미가 고정되어 있지 않음을 설명하는 특수 용어다. 차이와 놀이는 기본적으로 '변화'(베르그송), '과정'(화이트헤드), '되기'(들뢰즈) 등 현대 철학에서 등장하는 생성존재론의 새로운 함의들에 영향을 받은 바 크다.■ 존재란 고정되어 있는 그 무엇이 아니라, 차이가 있고 운동이 발생하고, 그 과정에서 새로운 의미가 창궐하여 돌아다니는 장이다.

남아공에서 열렸던 2010년 월드컵 우승팀인 스페인의 축구 특색은 정확하고 빠른 패스였다. 선 굵은 스타일을 구사하는 힘의 유럽 축구와 현란한 개인기에 의존하는 남미의 축구 스타일 사이에서 스페인은 나름의 독창적인 자기만의 스타일을 구축했는데 3-4m 안에서 정교한 패스를 구사하며 상대를 압박하는 것이다. 보통 한 골을 넣기 전에 15-18회 패스를 거친다고 하는데, 스페인은 30회가 넘는 패스를 거쳤다고 한다. 효율성이라는 측면에서 문제가 될 수 있는 부분이지만, 30회가 넘는 패스를 하면서도 상대방에게 볼을 빼앗기지 않았다는 점에서 스페인 축구의 정교함이 어느 정도였는지 짐작할 만하다. 상징계

■ 시카고 신학교의 창의적인 여성신학자 슈나이더(Laurel Schneider) 교수가 2008년에 출간한 *Beyond Monotheism: A theology of Multiplicity* (New York: Routeldge, 2008)와 드루(Drew) 대학에 있는 설명이 필요 없는 신학자 캐서린 켈러(Catherine Keller)가 쓴 *Face of the Deep: A Theology of Becoming* (New York: Routeldge, 2003)은 생성존재론에 입각한 신 개념을 제안하는 도발적인 책으로 주목받고 있다.

를 커다란 축구장, 기표를 축구 선수들의 패스에 의해 옮겨 다니는 공이라고 가정할 때, 축구 경기에서 골을 넣기 위해 수많은 패스가 필요했던 것처럼 상징계 안에서 기표에 의미가 부여되는 것도 마찬가지다. 상징계 속 기표는 축구장에서 공이 패스에 의해 옮겨 다니는 것처럼 돌아다녀야 한다는 말이다. 그래야 의미가 생성되는 것이다. 그것이 바로 후기 구조주의자들이 말하는 '차이의 놀이'다.

예를 들어, 나는 수많은 성씨 중에서 이씨이고, 이씨 중에서도 전주 이씨이며, 전주 이씨 중에서도 양녕대군의 후손이다(그 족보에 별로 신빙성이 가지는 않지만). 필자는 현재 미국, 미국 중에서도 동부도 아니고 서부도 아닌 중부, 중부에 있는 도시 중 위스콘신이나 인디애나가 아닌 시카고에 살고 있다. 나는 한국에서 가장 진보적인 신학교와 진보적인 교단 출신이고, 미국에서 유학하는 현재도 가장 진보적인 신학교라 평가받는 시카고 신학교에서 공부하고 있다. 나는 순복음 출신이나 총신 출신이 아니고, 사우스웨스턴이나 플러 같은 보수적인 신학교에서 유학하고 있지 않다. 대충 필자의 모습이 그려지는가? 필자 이상철이 지닌 오리지널한 무엇은 존재하지 않는다. 단지 수많은 차이들인 한신, 총신, 감신, 장신, 연신 중 한신 / 기장, 예장, 감리, 성결, 순복음 목사 중 기장 목사 / 그 밖의 수많은 차이들 중 무엇, 그 무엇 무엇을 모으고 조합하는 과정이 라깡이 말하는 '차이의 놀이'다.■

■ "라깡에게 있어 의미는 객관화될 수 없다. 오히려 의미는 근본적으로 그 유연함과 예상불가능에 의해 특징지워진다. 어떤 기표도 자동적으로 그것에 앞선 기표를 따라가지 않기 때문에, 주체의 어떤 부분이 기표들 사이의 틈새(차이)에서 드러나게 된다." - Ibid., 49.

욕망 desire
in 상징계

어떤 아이가 태어난다 함은 그 순간 이미 이런 언어 시스템 안으로 들어가는 것이다. 비록 상상계에서는 그것을 느끼지 못하지만, 상징계로 진입하면서 아이는 이런 기표들의 놀이와 차이 속으로 빠져든다. 아이 자체는 사라지고 한국, 미국, 일본, 중국…… 중에서 한국 / 김씨, 이씨, 박씨…… 중에서 이씨 / 빈곤층, 중산층, 부유층…… 중 무엇이라는 기표만 남는다. 이런 이유로 상상계에서 상징계로 넘어온 아이는 필연적으로 사회적 상징과 무의식적 욕망에 예속된 소외된 존재를 뜻한다고 라깡은 지적한다.■

인간이 주체가 된다는 것은 위에서 언급했듯이 어떤 기표를 부여받는 것이다. 예를 들어, 한국에서 일등 신랑감이 되려면 명문대 출신에, 연봉은 1억은 되어야 하고, 최소한 40평 정도 되는 아파트와 고급 외제 승용차를 몰아야 한다. 이런 기표가 나를 표상하는 선에서 나는 일등 신랑감이 된다. 교육열이 넘치는 한국에서 좋은 자식이란 부모의 기표를 잘 수행하는 아들과 딸이다. 영어유치원-특목고-과학고-외고-명문대-해외 유학-판검사-의사-교수 등등으로 미끄러지면서 부모는 자식에게 심벌릭한 세계를 투영하고 아이는 부모(사회)가 제시한 기표들을 따라다닌다. 물론, 그 과정에서 나의 의지와 노력이 일부 개입한다고도 말할 수 있을 것이다. 그런데 그것이 100% 나의 자발적인 선택과 고민의 과정이었는지 묻는다면 어딘가 꺼림칙하다. 누군가가 쳐놓

■ 자끄 라깡,《욕망이론》, 민순기 외 역 (서울: 문예출판사, 1994), 265-267.

은 망 안에서 뺑뺑이 치고 있다는 느낌이 드는 것은 왜일까?

이 지점에서 라깡은 욕망desire과 향유jouissance를 구분한다. 욕망은 상징계 안에서의 욕망, 즉 기표들을 따는 거다. 그 기표들의 놀이는 연봉 5천에서 1억으로, 30평 아파트에서 40평 아파트로, 소나타에서 그랜저로 이어지며 멈출 줄을 모른다. 하지만 그것은 내가 만들고 내가 진정 바라는 것이 아니다. 왜냐하면 그 기표들은 타자에 의해 만들어진 타자의 욕망이기 때문이다. 남들이 다 하니까 남들이 원하니까 그래야 내가 인정받으니까 그것을 욕망하는 것이다. 이것이 라깡이 말하는 상징계 속의 욕망이다. 그 욕망은 새로운 기표를 찾아 상징계the symbolic 속을 계속 미끄러져 나간다. 그렇다면 주체란 타자의 욕망을 욕망하는 한에서 주체란 말인가? 라깡의 다음 질문은 이 지점에서 다시 시작한다.

향유jouissance
in 실재계

우리는 지금 상상계the imaginary와 상징계the symbolic를 지나 실재계the Real에 이르렀다. 앞서 필자는 상상계 속의 아이가 언어를 습득함으로 상징계 속 질서로 편입된다는 것, 그리고 그것은 사회와 규범에 동화되어가는 과정이라 설명한 바 있다. 하지만, 상상계 속에 있었던 모든 것이 상징계 안으로 완전히 녹아들어가지는 않는다.

다시 서두에서 언급했던 류시화의 시로 돌아가 보자. 시인은 "그대가 곁에 있어도 나는 그대가 그립다"고 말한다. 라깡에 따르면 앞에 나와 있는 '그대'는 상징계의 기표이고, 상징계 속 욕망의 대상이다.

뒤에 나오는 실재계 속 '그대'를 찾기 위해 상징계의 기표 '그대'를 끊임없이 갈아치우며 '놀이play'를 하지만, 주체는 여전히 실재계 속 그대와는 불통한다. 상상계 속에 있었으나 상징계 속에 편입되지 않고 여전히 저 아래에 남아 있는 부유물을 향한 욕망을 라깡은 향유jouissance(주이상스)라 부르고, 상징계 속 타인의 욕망을 욕망하는 욕망 desire과 분리시킨다.■

즉, 상상계에서 상징계로 들어설 때 제외되는 부분, 엄마와의 2항 관계에서 아버지의 질서로 들어설 때 억압되는 부분, 휴가를 나가기 전 역 주변의 쾌락에 대해 동경하나 막상 아무 일 없이 서울행 기차를 타고 올라올 때 느끼는 내 마음 깊숙한 곳의 아쉬움, 그대가 곁에 있는데도 여전히 그리운 그대! 이 모두가 향유를 설명할 수 있는 예라 할 수 있겠는데 영 마땅치가 않다. 왜 깔끔하게 설명을 해내지 못하는 걸까? 복원이 불가능하기 때문이다. 상상계 속에 있었던 그 이미지는 다시 복제가 안 된다. 다시 복제가 안 되고 복원이 불가능한 것을 욕망하는 것이 향유다. 그렇기 때문에 그대가 곁에 있어도 여전히 나는 그대가 그리운 것이다. 얼마나 슬프고 비극적인가!

라깡은 복구가 안 되는 그것을 대상소타자(오브제 아 objet a)라 부른다. 그것은 실재계에 존재하다가 어느 순간 상징계를 찢고 뚫고 나오

■ 칸트 윤리학에 대한 라깡적 비판을 하고 있는 슬로베니아 학파의 차세대 주자 쥬판치치는 그의 대표작 *Ethics of the Real: Kant, Lacan*에서 상징계 속으로 용해되지 않는 실재를 '자기를 알지 못하는 것' (this knowledge that does not know itself) / '알려지지 않은 채 남아 있는 것' (this knowledge that remains unknown)으로 적고 있다. – Alenka Zupancic, *Ethics of the Real: Kant, Lacan* (New York: Verso, 2000), 201.

는 어떤 것이다. 라깡은 그것의 예로 항문, 페니스, 질, 젖가슴, 목소리(조용하고 엄숙한 연주회장에서의 괴성, 비명 같은), 오물, 구멍 같은 것을 든다.■ 그것은 상징계의 작동을 잠시 멈추게 하는, 그래서 상징계를 지배하는 현실적 원리들에 타격을 가하는 게릴라 같은, 혹은 데리다의 표현을 빌리자면 마치 '유령' 같은 것이다.

정리하면 이렇다. 우리는 실재를 모른다. 복구가 안 되기 때문이다. 독자들은 나 이상철을 모른다. 나 역시 궁금한 나를 그대들이 어떻게 알겠는가? 정치적으로는 민노당을 지지하나 막상 대선에서는 노무현을 찍는 나, 문화적으로는 거대 자본의 논리로 운영되는 주류 대중문화를 비판하고 이에 반하는 B급 문화를 선호한다고는 하지만 소녀시대나 카라 같은 걸그룹의 뮤직비디오도 간간히 침을 흘리며 훔쳐보는 나, 경동교회에서 자라 한신에서 신학 수업을 받고 한국에서 가장 개혁적인 교단인 기독교장로회 소속 목사인 나, 미국 내에서도 신자유주의 문제, 동성애 문제, 낙태 문제, 이민정책, 흑백 문제, 미국의 패권적 태도 등에 대해 가장 진보적 신학 담론을 생산하는 신학교에서 공부하고 있는 나, 하지만 현재 본토보다도 더 강한 레드 콤플렉스와 좌파 히스테리에 빠져 있는 이민교회에서 적절히 이곳의 보수적 교민들의 상식에 크게 반하지 않는 설교를 하고 있는 나!

■ "대상소타자는 (동굴, 쌉 따위의) 구멍일 수도 있고 젖가슴일 수도 있다. 이것은 (날카로운) 끄트머리나 절단과 관계가 있다: 입술, 이빨을 형성하는 울타리, 항문 테두리, 페니스의 끝, 질, 눈까풀에 의해 형성된 가늘고 길게 째진 곳…… 이 같은 목록에 라깡은 음소(音素), 응시, 목소리를 첨가한다." – Mardan Sarup, *Jaques Lacan*, 98.

04.
라깡에게는 뭔가 특별한 것이 있다

돌이켜보니 나 역시 온통 상징계의 기표들 속에서 놀고play 있는, 타인의 욕망을 욕망하는 그 이상철이다. 그렇다면 상징계 속 질서에서 허우적거리는 나는 언제 나의 실재와 대면하는가? 라깡에 따르면, 실재계에 존재하고 있었던 대상소타자가 현실 세계인 상징계에 구멍을 낼 때다. 오물, 쓰레기, 성기, 괴성, 뾰족한 무엇으로 질서정연한 상징계에 흠집을 내는 순간 실재가 우리에게 잠시 열린다. 이 순간이 바로 라깡이 주목하는 윤리의 새로운 영역이다.■

■ "The question of ethics is to be articulated from the point of view of the location of man in relation to the real." – Jacques Lacan, *Seminar VII: The Ethics of Psychoanalysis*, trans. Dennis Porter (New York: W.W. Norton & Company, 1992), 11.

05.

한국 땅에서 라깡적으로 윤리하기

라깡으로
〈트루먼 쇼〉 읽기

　　　　　　　　태어나면서부터 지금까지의 내 삶 전체가 몰래카메라 내용이 되어 시청자들에게 다 전달되고 있었다면 독자들은 어떤 반응을 보이겠는가? 라깡 이론의 윤리적 전회를 논하기 이전에 이 질문을 하는 이유는 짐 캐리 주연의 영화 〈트루먼 쇼〉를 소개하기 위함이다. 평범한 보험회사 직원 트루먼 버뱅크(짐 캐리 분)의 삶이 그랬다. 그 쇼는 거대한 돔 안에 인공도시를 짓고 5천 대의 카메라를 도시 곳곳에 숨겨 24시간 내내 트루먼의 일거수일투족을 30년 동안 생중계했다. 트루먼에게 있어 세트장, 아니 영화 속 도시 시헤이븐은 완벽한 아내, 좋은 친구들, 따뜻한 이웃들, 온화한 기후를 갖춘 완벽한 삶의 공간(상징계)이다. 그런데 영화가 진행되면서 대상소타자가 상징계를 뚫고 실재계의 모습을 간헐적으로 드러내기 시작한다. 하늘에서 촬영용 조명이 떨어지고, 어렸을 때 물에 빠져 죽은 아버지를 길에서 만나는 등 납득이 가지 않는 일이 벌어질 무렵, 트루먼은 대학 시절 여자 친구였던 실비아로부터 자신의 삶이 모두 연출이고 조작된 것이라는 사실을 전해 듣는다. 어느 날 갑자기 실재the Real가 확 내게로 다가온 것이다. 이후 트루먼은 안락했던 상징계의 질서를 박차고 실재계를 향해 항해를 한 후 세상 끝(세트장 끝)에 도착하여 마침내 실재계와 상징계의 경계라 할 수 있는 세트장의 벽을 뚫는다.

 영화를 보는 관객은 트루먼의 의지와 용기에 박수를 보내고 진하게 눈물 한 방울 흘리며 카타르시스를 느낄 수는 있겠지만, 우리가 사는 현실에서는 절대 일어날 수 없는 일이다. 사회는 그런 트루먼 같은 사람들을 돈키호테니, 소영웅주의자니, 감상적 낭만주의자니 하면서 시대착오적 인물로 낙인찍는다. 보통의 우리는 현실(상징적 질서)에 구멍이 뚫려 자신의 존재를 들키는 순간 재빨리 이를 봉합하여 현실(상징적 질서)의 질서를 유지하려고 애쓰는 강박적 주체다. 그러기에 우리는 상징계를 벗어날 수 없고, 세상과 등을 져서도 안 된다. 그러나 비록 우리가 트루먼처럼 우리의 구체적인 삶 속에서 상징계 전체를 배반하고 실재계를 찾아 투신하는 것이 불가능하다 할지라도, 상징계에 갇혀 있는 존재가 아니라 상징계를 변형시키는 존재로서의 인간을 상정해볼 수 있지는 않을까? 라깡이 제안하는 정신분석학적 윤리가 노리는 것이 바로 이 부분이다.

라깡,
칸트에 反하다

　　　　　　　　라깡의 윤리는 근대 서구 윤리의 완성이라 할 수 있는 칸트 윤리학과의 숙명적인 대결을 수반한다. 왜냐하면, 라깡과 칸트 모두 실재계에 대해 언급하였고, 실재에 대한 규정에서부터 윤리학이 나왔기 때문에 그렇다. 칸트에게 있어 실재, 즉 물자체란 인간의 현상계와 단절되어 있는 부분이다. 칸트는 물자체를 신앙의 영역에 포함시켜 언표 가능한 것으로 간주했던 서구 형이상학의 전통을 비판한 후에 그것은 인간의 능력으로 알 수 없는 영역이라고 선언했다. 여기에는 두 가지 의미가 있다. 하나는, 중세 1000년을 이어왔던 무한의 철학에 대한 폐기였다. 이는 은총의 빛으로, 신의 시선으로부터 독립한 불안하고 불안전한 인간이 역사의 전면으로 등장함을 의미한다. 아울러, 무한 철학의 폐기에 따른 물자체에 대한 선언은 '인간의 의식은 인간 스스로가 구성하는 것'이라고 주장하는 근대 주체철학을 낳았다. 현실의 사건과 증상들은 하늘로부터 내려오는 계시의 빛과 목소리를 통해 파악되는 것이 아니라, 자신의 틀, 입장, 경험을 통해(이를 칸트는 범주라 표현했다) 우리 스스로 알아가는 것이다.

　　　그러나, 칸트는 범주의 보편성에 대해서는 모든 인간이 공유하는 것이라 생각했다. 물론 후에 등장하는 많은 사조들이 칸트 철학의 완고한 틀을 언급하면서 그 구조 역시 계급, 역사, 문명, 성에 따라 조건지어졌음을 비판하지만 말이다. 칸트의 범주 혹은 인식의 틀은 라깡적으로 말하면 상징계의 질서라 말할 수 있다. '저 하늘에 별이 빛나듯 내 마음에 도덕률이 빛난다'는 칸트의 발언과 '네 의지의 준칙이 항상 보편타당한 입법에 맞게 행위하라'는 칸트의 요구는 비록 실재에 대해서는 말할 수 없지만, 실재에 대한 접근이 상징계 안에 있음을 혹은 실재에 대한 인식이 상징계를 통해야 함을 전제한다. 그 결과 '도덕률'과 '의지의 준칙'이 상징계 안에서 마치 실재의 목소리인 양 울려 퍼지게 되었다. 기표에 대한 욕망은 보호하고 실재에 대한 향유는 억압된 윤리, 숭고한 이성의 이름으로 상징계의 질서를 합리화하는 윤리가 탄생하는 순간이다.

결국, 우리의 감각적 경험 너머의 것에 대해 인간은 아무것도 확신할 수 없다던 칸트는, 나중에 그럼에도 불구하고 캄캄한 밤하늘에 빛나는 별이 좌표를 표시하듯 우리 마음에도 우리를 이끌어갈 무엇인가를 상정해야 하지 않겠느냐고 제안했던 것이다. 이렇듯, 칸트에게 있어 윤리란 상징계의 질서들을 굳건히 구축하고 보호하는 역할을 한다. 이런 이유로 칸트는 '순수이성비판'을 통해 대문 밖으로 추방시켰던 물자체를 실천이성을 언급하면서 다시 후문을 통해 불러들였다는 비아냥거림을 듣게 된다.

반면, 라깡의 실재계는 칸트와는 다르게 현상과 단절되어 있는 것이 아니라, 상징계 곳곳에서 출현하는 무엇이다. 우리는 상징계의 막을 찢고 나오는 불순물들(대상소타자)을 통해 실재와 대면한다. 하지만, 영화 〈트루먼 쇼〉에 나오는 짐 캐리와는 달리 현실에서의 인간은 그 실재를 끌어당길 힘이 없다. 트루먼처럼 기표체계를 무시할 수도 없고, 영화에서처럼 실재계가 세트 뒤에 뚜렷이 존재하는 것도 아니다. 이 지점이 바로 라깡의 윤리가 다다른 마지막 지점이다.

여기서 우리는 '윤리란 무엇인가?'라는 궁극적 질문과 다시 대면한다. 윤리를 우리의 삶과 공동체 속에서 타자와 관계 맺는 방식과 절차에 관한 문제라고 봤을 때, 윤리의 대상인 타자를 어떻게 규정해야 하는가의 문제가 대두된다. 그리고 타자는 필연적으로 그 타자를 상정하는 주체의 문제를 야기시킨다. 라깡에 따르면 주체는 이원화되어 있다. '욕망하는 주체'와 '향유하는 주체'가 그것이다. 상징계의 시스템 속에서 일정한 기표를 차지하고 있는 주체는 항상 상징계 속 기표들의 차이에 따라 옮겨 다니며 놀이를 한다. 그러나 그 기표란 사회적 인정과 사회적 합의를 내포한다는 점에서 진정한 내 것이 아니다. 이런 이유로 상징계 속 기표의 지배를 받은 주체는 타자의 욕망을 '욕망하는 주체'로 걸러진다. 문제는 상징계 속 주체로 환원되지 않는 또 다른 주체가 있다는 점이다. 우리에게 분명히 다가오지는 않지만 나를 가만히 놔주지 않고 나를 정신적으로 가위눌리게 하는 그 무엇 말이다. 시인 류시화는 "그대가 곁에 있어도 나는 그대가 그립다"라는 애절함으로 그 갈증과 답답함을 훌륭히 표현했다. 라깡은 이 주체를 '욕망하는 주체'와는 구분하여 '향유하는 주체'라 부른다.

    라깡의 윤리학을 한마디로 요약하자면 '욕망하는 주체'에서 '향유하는 주체'로의 이월이다. 라깡은 우리가 살고 있는 현실 속 기표 시스템이 얼마나 허구적인지를 밝혀냈고, 그 위선적 현실을 변혁시킬 원동력을 실재계에서 끌어온다. 그것은 뾰족한 것(대상소타자)을 가지고 상징계를 둘러싸고 있는 막에 구멍을 내어 현실의 부조리를 폭로하는 것이고, 현실의 영역, 상징의 영역, 욕망의 세계가 강제하는 요구에 맞서 마치 흐르는 강물을 거슬러 올라가는 연어처럼 실재를 향해 거슬러 올라가는 그 무엇이다.

한국 땅에서
라깡적으로 윤리하기

1990년대 한국 대중문화의 아이콘이었던 '서태지와 아이들'의 앨범 중에 〈환상 속의 그대〉라는 노래가 있었다. 문득 그 곡의 가사 한 구절이 떠오른다: "환상 속에 그대가 있다. 모든 것이 이제 다 무너지고 있어도 환상 속엔 아직 그대가 있다. 지금 자신의 모습은 진짜가 아니라고 말한다." 어쩌면 현실(상징계의 질서)은 환상(판타지)일는지 모른다. 영화 〈트루먼 쇼〉에서 짐 캐리의 일상이 판타지였던 것처럼, 한국 땅에서 뉴타운이다 영어공교육이다 하면서 일확천금과 유창한 영어 실력을 꿈꾸는 것 또한 환상이다. 그 환상이 있기에 서태지의 노래 속 가사처럼, 모든 것이 다 무너지고 있어도 우리는 지금 나의 모습이 진짜가 아니라고 말할 수 있는 것이다.

하지만, 그 환상은 절대로 현실의 나에게는 발생하지 않는다. 누구나 허각처럼 몇 십만 대 일의 경쟁을 뚫고 슈퍼스타 K의 주인공이 될 수 있다고 말하지만 나와는 상관없는 환상이다. 그럼에도 불구하고 한국 사회에 퍼져 있는 환상에 대한 집단적 열정 내지 무의식의 강도는 가히 놀랍다. 국내에 있을 때는 몰랐는데 밖에 나와 다른 민족들과 어울리고, 다른 문화를 접할수록 판타스틱 코리아에 대한 환상은 굳어져만 간다. 그것이 한강의 기적, 다이내믹 코리아, 2002년 월드컵 4강을 가능하게 했던 원동력이었다고 애써 긍정적 평가를 할 수도 있겠지만 난 못 믿겠다. 그 환상을 말이다.

라깡적 관점에서 볼 때 상징계 속 기표의 욕망을 부추기는 한국 사회, 그리고 그 욕망을 욕망하는 우리는 너무나도 비윤리적 체제, 그리고 존재다. 욕망에 대한 추구는 한국 사회에서 보수와 진보 가릴 것 없이 똑같다. 보수적인 사람은 대놓고(까놓고) 그 욕망을 아무데서나 배설하고, 진보적인 사람들은 겸연쩍어하면서도 슬그머니 그 욕망을 수음한다. 형태는 다르지만 그놈이 그놈이다. 특별히, 자식 교육에 대한 욕망의 강도는 보혁에 관계없이 100% 균일하다. 재산 증식에 대한 추구에서도 크게 다를 바 없다.

그렇다면, 한국인들의 욕망이 최종적으로 도달하려는 지점은 어딜까? 아마도 부와 지식의 대물림이 아닐까 싶다. 가히, 그것은 한국 사회를 움직이는 강력한 리비도라 할 만하다. 재벌은 말할 것도 없고, 필자가 머물고 있는 시카고의 대표적 명문대학인 노스웨스턴 대학, 시카고 대학에서 공부하고 있는 한국 유학생들은 거의 예외 없이 교수님, 사장님, 의사, 변호사, 정부 고위관료 아드님 따님 들이다. 심지어 가장 숭고해야 할 교회 역시 아비 목사에게서 아들 목사로의 세습이 상식화되어가는, 성聖과 속俗이 맞물려 집단으로 난교를 벌이는 이곳이 바로 대한민국이다. 이토록 황당한 현실이 용인되는 이유는 멀리 있지 않다. 우리 역시 그 욕망을 욕망하기에, 우리 역시 상징계 속 기표들의 놀이를 즐기고 있기에, 우리 역시 그 주인공이 되고 싶기에 이 모두를 관대히 용서한다.

결론적으로, 현실 속 상징, 욕망 그리고 환상은 실재the Real 위를 떠다니는 판타지임에도 불구하고 흔들리지 않는 확고한 체계다. 우리의 불행은 어쩌면 여기(불확실한 환상을 쫓는 현실)에서부터 시작되었는지 모른다. 전통적으로 윤리란 그 시스템을 뒷받침하는 버팀목 역할을 해왔다. 기존의 윤리는 상징계에 타격을 가하면서 실재를 드러내는 대상소타자를 악성 코드 혹은 악성 바이러스 같은 것으로 간주하여 진압해왔다.

    하지만, 더 이상 큰 타자와 제휴하는, 사회적 욕망을 인정하고 욕망의 충족을 위한 정글의 법칙을 합법적으로 보호하는 것이 윤리의 역할이 되어서는 안 된다. 우리는 이제부터라도 상징계의 질서를 보존하는 윤리가 아니라 그것의 전복을 꿈꾸는 위험한 윤리를 말해야 한다. 윤리를 도덕이라는 체제에 의해 오염된 해석의 잣대에서 해방시켜 더 이상 그것이 나를 체제 유지를 위한 도구로 호명하지 못하도록 해야 한다. 결국, 라깡은 실재the Real의 빈번한 출현으로 인해 상징계의 균열이 폭로되고, 그로 인해 세상의 모순과 진리가 드러날 때 인간은 드디어 윤리적 존재로 거듭날 수 있다고 믿었다. 바로 이 점이 라깡식 윤리의 미덕이고, 그것은 오늘날 슬라보예 지젝■으로 전해져 맹렬히 진화 중이다.

■ 지젝 관련 사항은 이 책의 VI부 "신학, 해체론과 만나다" 중 3장 "지젝으로 천안함 읽기"를 참조하라.

자기의 윤리: 니체를 넘고 푸코를 지나

제Ⅲ부

01.

영화 〈박쥐〉를 통해
바라본
　　　근대와 탈근대의
　　　지정학

왜,
뱀파이어인가?

　　　　　　　몇 해 전 〈올드 보이〉로 칸 영화제 심사위원대상을 받은, 칸 영화제가 좋아하는(혹은 칸 영화제가 좋아하는 영화를 잘 만드는) 감독 박찬욱이 이번에는 뱀파이어를 소재로 영화를 만들었다. 사실 그동안 영화나 드라마에서 뱀파이어는 단골 메뉴였다. 마치 구미호가 한국 작가들에게 끊임없이 진화하는 캐릭터를 제시하는 것처럼, 뱀파이어라는 치명적 매력 역시 서구인들에게는 뿌리칠 수 없는 그 무엇이 아닐까 싶다. 지금 당장 생각나는 뱀파이어 관련 영화만 생각해도 톰 크루즈가 주인공으로 나왔던 〈뱀파이어와의 인터뷰〉가 떠오르고, 몇 해 전 MBC에서 방영했던 드라마 〈안녕, 프란체스카〉도 뱀파이어를 소재로 했던 독특한 작품이었다. 주의해서 살펴보면 시대별로 뱀파이어

미국 영화 사이트에 소개된 〈박쥐〉 포스터

에 관한 대표적인 영화가 있다 해도 과언은 아닐 것이다. 그렇다면, 왜, 뱀파이어인가? 〈터미네이터〉나 〈에이리언〉류의 최첨단 테크놀로지로 무장된 괴물도 있고, 〈링〉, 〈식스센스〉류의 인간의 심령을 소재로 한, 즉 '내 안에 있는 타자성'을 소재로 삼는 영화가 요즘 공포영화의 대세인데, 왜 박찬욱은 또다시 뱀파이어로부터 소재를 끌어온 것일까?

나는 아직 박찬욱 감독의 영화 〈박쥐〉를 보지 못했다. 칸 영화제에서 심사위원상을 받았다는 보도, 송강호의 성기가 노출되었다는 기사, 사제가 뱀파이어라는 설정과 그 사제가 친구의 아내와 눈이 맞아 그 친구를 죽였다는 내용 등등……. 이상은 내가 《씨네 21》을 뒤적이며 얻은 영화 〈박쥐〉에 대한 최소한의 정보다. 영화 내용에서 내게 흥미를 끌었던 대목은 사제가 뱀파이어가 되었다는 설정이다. 서로 다른 대칭적 위치를 점하는 사제와 흡혈귀의 영역이 한 인물 안에서 중첩되고,

멀어지면서 극의 긴장과 이완이 반복될 것이며, 결국에는 그 둘 사이의 진동이 빨라지다가 파국을 맞게 될 것이라는 영화상의 관습을 예상하는 것 말고, 내게 순간적으로 스쳤던 무엇이 바로 아폴론적 혹은 디오니소스적 상상이었다.

이러한 상상을 하게 된 이유는 다분히 이번 학기 내가 겪고 있는 학문적 가위눌림에 힘입은 바 크다. 필자는 현재 탈근대적 사유의 단초를 마련했다고 평가되는 인물인 니체를 공부하는 모임 '니체 세미나'에 참여하고 있다. 니체의 거의 전 저작들*을 읽으면서 다시 발견한 니체의 독설과 야유, 즉 아폴론적인 유럽 문명과 그것을 떠받치고 있는 기독교 세계 전체를 향한 니체의 조롱과 비아냥거림은 내게 통쾌함과 불편함을 동시에 선사했고, 그 거북한 동거가 나로 하여금 이번 글쓰기의 동기와 여백을 제공했다.

이 글에서 나는 니체의 초기작이라 할 수 있는 《비극의 탄생》에서부터, 그의 도덕철학을 대변하는 《도덕의 계보학》, 그리고 그의 후기 작품에 나타난 근대(성)와 기독교를 향해 내뿜었던 독설에 주목할 것이다. 글의 전개 양상은 아폴론적으로 상징되는 근대적 인간과 디오니소스로 상징되는 탈근대적 인간상에 대한 소묘, 그리고 근대적/탈근대적 증상이라 일컬어지는 것들에 대한 나열 혹은 비교에 일정 양을 투자할 것이고, 결국 이를 통해 최종적으로 말하고 싶은 것은, 근대(성)를 향한 니체식 딴죽 걸기에 대한 의미를 반추해보는 것이다. 이 과정을 통해 우리는 전 시대의 금욕적이고 부정적인 윤리에서 긍정적이고 의지적인 니체식 윤리로의 제안이 의미하는 함의를 유추할 수 있을 것이다.

> **니체의 저작들**
>
> 미국 내에서 니체(Nietzsche)에 대한 번역과 소개는 전적으로 왈터 카우프만(Walter Kaufmann)에 의해 주도됐다. 그는 니체 철학을 크게 세 시기로 나눈다. 첫 시기는 *The Birth of Tragedy*(비극의 탄생)로 대표되는 시기이고, 두 번째 시기는 *Human All Too Human*, *The Gay Science* 등의 작품에서 나타난 '긍정의 정신'으로 특징지어지는 기간이다. 마지막 시기에 우리가 알고 있는 문제적 저작들이 몰려 있는데, *Beyond Good and Evil*(선과 악을 넘어서), *On the Genealogy of Morality*(도덕의 계보학), *Twilight of the Idols*(우상의 황혼), *The Anti-Christ*(적그리스도), *Ecce Homo*(이 사람을 보라) 등의 책들을 통해 니체 특유의 서구 정신사에 대한 전적 부정과 기독교 윤리에 대한 통렬한 비판과 폭로가 이어진다. 니체의 가장 유명한 저작이라 할 수 있는 *Thus Spoke Zarathustra*(짜라투스투라는 이렇게 말했다)는 마지막 시기와 중간 시기를 잇는 가교 역할을 하고 있다.

소년,
뱀파이어를 읽다

어렸을 때 40권짜리 계몽사에서 나온 세계문학전집이 집에 있었다. 누가 언제 구입했는지는 모르겠지만, 나는 그 전집에 꽂혀 있었던 대부분의 책을 읽지 않았다. '세계 문학을 40이라는 전체성 안으로 몰아넣어 이것만 읽으면 세계 문학을 섭렵할 수 있다는 구호에 분연히 저항하노라!'고 외치지는 않았지만, 어린 나에게 서가에 정갈하게 꽂혀 있던 '세계문학'이라는 객관성과 보편성, 그중에서도 특별히 엄선된 40이라는 대표성이 선사하는 숭고함은 그 시절 내게 책

읽기에 대한 무거움과 비장함으로 다가왔던 것 같다. 책읽기에 대한 무거움과 비장함은 얼마 지나지 않아 죄책감으로 변했다. 객관성과 보편성 그리고 숭고함을 무시했다는 사실, 아니 객관성과 보편성 그리고 숭고함을 받아들일 수 있는 그릇이 내가 아니라는 사실이 나를 한동안 괴롭혔다. 고뇌 끝에 내가 세계문학전집에서 몇 권 무겁게 꺼내어 읽었던 책들이 있었는데, 그래도 다섯 손가락을 벗어나지 않았던 것으로 기억한다. 그중 한 권이 《드라큘라》고 또 다른 한 권이 《그리스 신화》다.

《드라큘라》는 브람 스토커Bram Stocker라는 영국 작가가 1897년 발표한 괴기소설이다. 소설 속 드라큘라 백작의 모티브가 된 것은 루마니아의 블라드 공이라고 하는 견해가 지배적이다. 13세기 유럽 인구의 1/3의 생명을 앗아간 페스트의 공포, 십자군 전쟁 패배 이후 실추된 교황권과 이를 계기로 새로운 판세를 형성하려는 영주권 사이에서 벌어지는 권력투쟁, 종교재판, 마녀사냥 등등…… 중세 암흑기를 설명하는 여러 사건이 있지만, 그중에서도 드라큘라와 관련시켜 직접적으로 연관되는 대목은 투르크족의 유럽 침략이라 할 수 있다.

이슬람권에 의한 발칸 반도의 대부분과 동로마 제국의 수도였던 콘스탄티노플의 함락은 기독교 문명권에 있었던 그 당시 유럽인들에게는 공포와 전율 그 자체였다. 블라드 공은 그 무렵에 등장해 파죽지세로 밀려오는 이슬람 세력에 맞서는 기독교 문명권의 수호신 같은 역할을 했다. 블라드 공은 포로들에 대해 굉장한 잔혹성을 보였다 한다. 산채로 불태워 죽이거나 남녀노소 가리지 않고 꼬챙이로 찔러서 죽였다고 하여 투르크 병사들 사이에서 '창에 꿰어 죽이는 자'라는 호칭까지 얻을 정도였다고 하니 그의 잔혹성을 미루어 짐작할 수 있겠다. 그 뒤

400년 후에 잠자고 있던 블라드 공은 뱀파이어가 되어서 드라큘라라는 소설 속의 인물로 재탄생하게 된다.

뱀파이어를 통한 해석, 그리고 상상

소설이 쓰일 무렵 영국은 빅토리아 왕조 시대였다. 18세기 후반 산업혁명을 완성한 영국은 프랑스 혁명, 나폴레옹의 정복 전쟁 등으로 혼란을 겪고 있었던 유럽 대륙의 다른 국가들에 비해 일찍이 해외 식민지 경영에 몰두할 수 있었고, 그 덕에 '해가 지지 않는 나라'라는 명칭을 얻으며 세계의 중심으로 군림했다. 하지만 19세기 말에 이르면서 화려한 명성을 구가하던 대영제국은 뒤늦게 산업혁명을 완성한 후발 국가들에게 쫓기는 신세가 되었고, 식민지 경영에 있어서도 곳곳에서 새롭게 등장한 경쟁국들과 대결하게 된다. 이러한 국제질서의 역학관계 속에서 영국은 서서히 과거의 영향력을 상실하기 시작하는데, 《드라큘라》가 출판되었던 시기가 바로 그 무렵이다.

소설은 한 축에 중세의 암흑, 공포, 거세의 대상, 모더니티의 적대자인 드라큘라를 '타자Other'로 배치시킨다. 그리고 나머지 한 축은 빅토리아 시대 최첨단 지성과 테크놀로지로 무장한 강호의 고수들이 드라큘라와 맞서기 위해 포진되어 있는 형국이다. 소설 속에 드러난 이러한 대립구도는 19세기 빅토리아 왕조 시대 영국인들이 지녔던 당대의 식을 전달코자 했던 세팅setting이 아니었을까? 수많은 식민지의 확보와 착취, 그리고 보존과 유지를 위해 주체인 나를 먼저 설정하고, 그 주체 안으로 포섭해야 하는 대상(피식민지국 혹은 영국과 함께 식민지 쟁탈을 다투는 다른 경쟁국들)을 상정한 후, 주체가 대상을 인식해가는 과정이 바로 이성의 능력이고 계몽이며 진보라는 근대성의 신화가 이 소설 안에 숨겨져 있는 것은 아닌지? 그렇다면, 《드라큘라》는 단순한 한여름 밤의 납량특집 물로 읽혀질 수 없다. 전근대와 근대, 이성과 광기, 문명과 야만 그리고 아폴론과 디오니소스 간의 대립으로 읽을 수 있고, 더 나아가 이 문제는 디오니소스적인 삶을 긍정하는 니체에게로 연결되어 근대와 탈근대의 대화를 촉발하는 지점으로까지 연결된다.

02.

니체, 서구 기독교 윤리에 대한 전복

앞서 필자는 영화 〈박쥐〉로부터 기인하는 근대와 탈근대를 둘러싼 논의의 이유를 간략하게 설명했고, 그 논의의 진앙지를 니체로 설정한다고 명시했다. '왜 니체인가?' 하는 물음에 대해서는 다양한 각도에서 설명이 가능하겠지만, 근대를 향한, 아니 정확히 말하자면 근대를 떠받치고 있는 합리적 이성이라 일컫는 것들에 대한 시비와 싸움질을 최초로 시도한 사람이 니체이기 때문에 그렇다. 니체는 "근대를 믿느니 차라리 허무와 악마를 믿는 것이 보다 나을 것이다"■라는 독설을 퍼부으며 세상에 자신의 이름을 알렸다. '왜, 무엇 때문에 근대는 문제적인가?' 니체의 처녀작이라 할 수 있는 《비극의 탄생》은 이 질문에 대한 답을 그리스 비극의 탄생과 해체 과정을 진술하면서 풀어나간다.

■ 니체, 《비극의 탄생》, 곽복록 역 (서울: 범우사, 1989), 28.

비극悲劇의

탄생

니체 스스로는 인정하지 않겠지만 필자가 보기엔 니체는 철저한 복고주의자다. 적어도 그리스 문화를 바라보는 니체의 분석틀만을 따로 떼어본다면 말이다. 니체에게는 역사를 평가하는 분명한 기준점이 있었다. 고대 그리스가 바로 그것이다. 더 정확히 말하면 소크라테스, 플라톤, 아리스토텔레스로 이어지는 후기 아테네 철학 시대가 아니라, 그 이전, 즉 BC 6세기 초 탈레스, 아낙시만드로스, 아낙시메네스 같은 그리스 자연철학자들이 활동하던 시대 말이다.∎ 이 시대의 특징을 유명한 맑시스트 철학자인 게오르그 루카치는《소설의 이론》∎∎ 서두에서 다음과 같은 아름다운 문장으로 표현하고 있다.

∎ 미국에서 신학 수업을 받으며 힘들었던 부분 중 하나는 서양 고전에 대한 이해 부족이다. 이론신학 혹은 철학 관련 수업의 1/3(혹은 1/4) 지점까지는 거의 예외 없이 플라톤, 아리스토텔레스, 어거스틴, 안셀름, 아퀴나스, 칸트, 헤겔 등 서양정신사를 수놓았던 굵직한 인물들의 작업을 점검하는 일이다. 예를 들어 '현대 기독교의 삼위일체 논쟁'을 한 학기 동안 공부한다고 할 때, 그리스 자연철학자들이 지녔던 질료와 형상, 운동에 대한 문제, 이에 대한 플라톤과 아리스토텔레스의 반응, 어거스틴의 삼위일체론에 대한 해설, 중세 안셀름과 토마스 아퀴나스, 근대 데카르트나 칸트, 헤겔의 변증법적 논리학까지 빠르게 학습한 후에 나머지 수업의 2/3를 구체적인 각론으로 들어가 현대 신학자들의 다양한 삼위일체론을 다루는 형식이다. 특별히 모든 수업에 있어 그리스 철학에 대한 이해는 필수적이다. 화이트헤드가 서양 철학은 플라톤에 대한 각주라고 말했던 것처럼, 서양의 인문학과 신학은 고대 그리스 철학에서 많은 자양분을 공급받고, 그런 다음 비로소 그 영향에서 벗어날 용기를 얻는 듯하다. 고대 그리스 철학에 대한 많은 안내서들이 나와 있는데, 모든 교수들은 바로 원전을 읽으라고 조언한다. 그래도 비굴하게 그리스 철학에 대한 개론서를 한 권 추천해달라고 졸랐더니, 좀 오래되긴 했지만 거스리(Guthrie)가 쓴 *The Greek Philosophers-From Thales to Aristotle* (Harper & Row, 1960)를 권한다. 가장 필요한 부분만 일목요연하게 군더더기 없이 짧게 요약되어 있다는 이유에서였다. 이 책은 한국에서도 박종현 교수에 의해 번역되어 종로서적에서《희랍 철학 입문》(1989)이란 제목으로 출판되었다. 혹 이 글을 읽는 독자들 중 그리스 철학에 대한 개론을 영어로 익히고 싶다면 거스리의 책을 추천한다.

별이 빛나는 창공을 보고, 갈 수가 있고 또 가야만 하는 길의 지도를 읽을 수 있던 시대는 얼마나 행복했던가? 그리고 별빛이 그 길을 훤히 밝혀 주던 시대는 얼마나 행복했던가? …… 다시 말해서, 세계와 자아, 천공과 불빛과 내면의 불꽃은 서로 뚜렷이 구분되지만 서로에 대해 결코 낯설어지는 법이 없다. …… 이러한 이원성 속에서도 원환적 성격을 띠게 된다. 다시 말해 영혼의 모든 행위는 하나같이 의미 속에서, 또 의미를 위해서 완결되는 것이다.

한마디로 루카치가 말하는 소크라테스 이전의 고대 그리스는 자아와 세계, 대상과 인식, 주관과 객관이 하나인 시대였다. 니체는 이런 흐름 속에서 나타나는 그리스 비극의 운명에 관한 고찰을 통해 근대 문명 일반에 대한 비판을 도모한다. 그리스 비극에 관해 니체가 내세우는 첫 번째 길항관계는 아폴론과 디오니소스다. 이 둘은 서로 반대되는 논리의 상징이면서도 그리스 비극의 핵심을 이루고 있는 두 축이었다. 아폴론적 원리는 무미건조, 절제, 이성, 질서, 형식을 상징하는 것에 반해, 디오니소스가 상징하는 것은 열광과 무절제, 과도함, 방종 및 불안정성과 관련된다. 무대 위에서 진행되는 극은 다분히 아폴론적이었고, 무대 위 45도 각도(신의 각도, 신의 시선)에 배치된 코러스는 디오니소스의 몫이었다.

특별히 그리스 비극에서 코러스의 역할이 중요했는데, 코러스의 합창을 통해 고립된 아폴론적 개인은 기쁨에 넘치는 디오니소스적인

▪▪ 루카치, 《소설의 이론》, 반성완 역 (서울: 심설당, 1998).

공동체의 성원으로 비로소 편입될 수 있었다. 이렇듯 그리스 비극은 개념적인 이성과 음악적인 리듬이 합쳐진, 아폴론적인 명석성과 명료함, 디오니소스적인 의지와 충동이 결합된 역동적 삶의 표현이었다. 이러한 절묘한 앙상블을 이루어내면서 그리스 문명은 찬란하게 역사의 수면으로 떠올랐던 것이다.

이성理性의 탄생

그리스 비극의 시대는 소크라테스에 이르러 '철학의 시대'로 전환된다. 디오니소스적인 것과 아폴론적인 것이 합하여져 구성되었던 세계의 심연은 소크라테스-플라톤-아리스토텔레스를 거치면서 논리적 지식의 집합체 혹은 합리적 사유의 거점 확보를 위한 폐쇄적 공간으로 치환된다. 루카치는 그리스 비극의 시대에 대한 고별사를 다음과 같이 적고 있다.

> 철학이라는 창조적 행위를 통하여 비극의 운명까지도 경험적 사실의 조야하고 무의미한 자의적 해석에 불과하고, 주인공의 정열도 지상의 가치와 결부된 것이며, 또 주인공의 자기완성도 주체에게 우연히 주어진 한계에 불과하다는 사실이 드러날 때, 삶과 본질이라는 문제에 대한 비극의 대답은 더 이상 자연스럽고 자명한 것으로 받아들여지지 않고, 하나의 기적으로서 또 깊이를 알 수 없는 심연 위에 놓여 있는 연약하고도 확고한 무지개다리처럼 보여지게 되는 것이다. 그리스적 정신은 영원한 문제들

을 제기하고 또 그 해답도 가져다주었지만, 그리스의 '정신적 공간' 내에 있던 가장 본래적인 그리스적 요소는 영원히 사라지고 만다.■

디오니소스적인 것과 아폴론적인 것이 어우러진 비극 속에서 이제는 아폴론적인 질서만을 갈구하는 소크라테스주의에 의해 디오니소스적인 심연은 사라지고 만다. 고대 그리스 비극의 역동하는 삶의 세계가 소크라테스로 대변되는 이성주의에 의해 붕괴되기 시작했으며, 이성에 대한 신뢰와 이성에 기반한 낙관주의는 이후 서양 정신사의 주류 전통을 형성하게 된다.

니체에 따르면 서양의 근대란 소크라테스의 정신적 후예들에 의해 만들어진 야만적인 것에 불과하다. 소크라테스로 표상되는 이론적 인간, 또 그들에 의해 개진된 '과학적 세계관'은 궁극적 진리에 이르는 길을 차단했으며, 그러한 점에서 "진리에 대한 일종의 교묘한 정당방위이며 비겁이자 허위, 교활"■■■이다. 이러한 니체의 견해는 근대 문명에 대한 환상을 제거하는 데 일조한다. 그는 "언젠가 저 멀리 우주의 한 귀퉁이에, 태양계들에 속한 수많은 별들 중에서 지식을 발명한 영리한 동물들이 살던 별이 하나 있었다. '우주의 역사'에서 가장 오만하고 허위에 가득 찬 순간이었다. 하지만 그 순간은 단지 찰나였을 뿐……"■■■이라고 서술하면서 근대적 사유가 한계에 도달했음을 선

■ 루카치, Ibid., 34.
■■ 니체, 《비극의 탄생》, 곽복록 역 (서울: 범우사, 1989), 17.
■■■ Friedrich Nietzsche, "On Truth and Lie in an Extra-Moral Sense" in *the Portable Nietzsche*, Edited by Walter Kaufmann (New York: The Viking Press, 1968), 42.

언한다.

    요약하면, 니체가 말하는 탈이성, 탈근대는 소크라테스와 플라톤으로 대표되는 서구의 전통적인 합리주의에 반기를 들면서, 그 사유의 특징이라 할 수 있는 동심원적 구조를 해체하여, 의미로 환원되기 이전의 유동하는 욕망의 기호로서 디오니소스적인 무의식을 전면으로 내세우는 것이다: "그것의 가장 중요한 특징은 최고 목표로서 예지가 과학을 대신하고, 이런 예지가 과학의 유혹적인 견제에 의혹됨이 없이 세계의 전모를 확고한 자세로 응시하고, 거기에 나타나는 영원의 고뇌를 자신의 고뇌로서 동적인 사랑을 갖고 파악하려고 노력하는 것이다."■

    이러한 니체의 전략은 기존의 이성 개념을 실마리로 하여 형성된 움직일 수 없는 절대적인 진리관, 하나의 참된 목적을 지향하는 근대적 역사관이 허위이고 환상임을 고발한다. 이러한 의미에서 우리는 니체를 탈근대를 열었던 실험적인 사상가였다고 평가할 수 있을 것이다.■■ 니체는 그의 후기 작품들로 갈수록 더 노골적이고 거칠게 서구 문명, 특별히 서구 문명의 근간을 형성하는 기독교 문명과 기독교 윤리에 대한 가차 없는 칼부림을 단행하는데…….

■ 니체, 《비극의 탄생》, 곽복록 역 (서울: 범우사, 1989), 133.
■■ "니체는 현대 철학이 다시 사유를 시작하기 위해 넘어야 할 문턱을 표시한다. 그리고 그가 현대 철학의 향방을 오랫동안 계속 주도할 것임은 분명하다." - Michel Foucault, *The Order of Thing: An Archaeology of the Human Sciences*, Translated by Les Mots et les choses (New York: Pantheon Books, 1970), 353-354.

도덕의 계보학

> 영혼의 구원이란 바로 구원에 대한 참회의 경련과 히스테리 사이에서 왕래하는 조울적인 광기이다.▪
>
> 기독교적 도덕은 거짓을 범하려는 의지 중에서 가장 악의가 많은 형태이며, 인류에 대한 진정한 마녀 키르케였으며 이것이 바로 인류를 타락시켰다.▪▪

니체는 구원을 미끼로 인간을 옥죄는 죄책감, 죄악, 책임, 의무 등등의 그리스도교적 도덕이 우리를 연약하고 수동적이고 부정의 논리 가운데 머물게 했다고 비판한 후 "도덕은 뱀파이어"▪▪▪라는 악담까지 퍼붓는다. 니체가 이렇게 서양의 도덕적 믿음에 대한 체계적 비판을 전개하고 있는 책이 바로《도덕의 계보학》이다.

니체는《도덕의 계보학》초반부에서 '좋음'에 대한 어의전승을 분석한다. 고대인들에게 있어 '좋음'이란 인간의 행위보다 사람 자체에 무게가 실렸던 말이었다.▪▪▪▪ 본디 '좋음'이란 선함이 아니라, 우수함을 뜻했다. 희랍인들은 이를 '아레테arête'라 불렀다. 의사의 아레테는 병을 잘 고치는 것이고, 축구 선수의 아레테는 골을 잘 넣는 것이다. 그

▪ 니체,《이 사람을 보라》, 김태현 역 (서울: 청하, 1992), 303.

▪▪ Ibid., 301.

▪▪▪ Ibid., 302.

▪▪▪▪ "좋음이라는 판단은 좋은 것을 받는 사람 측에서 발생되는 것이 아니다! 오히려 그 판단은 좋은 사람들 자신에게서 비롯된 것이다." - 니체,《도덕의 계보학》, 김태현 역 (서울: 청하, 1992), 33.

러므로 윤리학은 인간 일반이 지니는 아레테를 묻는 학문이었다. 아리스토텔레스는 이를 바탕으로 최종적으로 윤리학이 추구하는 것은 '행복'이라 정의했다.■

하지만 근대로 접어들면서 우수함은 선함으로 바뀌었고, 행위의 원칙이었던 '행복'에의 추구는 선의지에 순종해야 한다는 칸트식 정언명법으로 대치된다. 고대 그리스의 윤리가 보편적 도덕규범을 개별자들에게 강요하지 않고 개인들이 자발적으로 자신의 삶의 방식을 찾아 나서는 것을 격려하고 긍정하던 태도를 보였다면, '네 의지의 준칙이 항상 보편적 입법의 원리로서 타당하게 행위하라'는 칸트식 윤리 강령은 개별자들을 어떤 보편적 규범에 예속시켜 포섭하려 한다. 니체는 《도덕의 계보학》에서 이러한 서양 윤리의 형성사를 고찰하면서 몇 가지 발전 단계가 있었음을 밝혀냈다. 그리고 그 과정에서 서구의 금욕적·의무적 윤리 형성에 있어서 그리스도교가 결정적인 역할을 했음을 지적하고 있다.

니체는 자신의 이론을 전개하는 첫 번째 단계에서 책임과 양심의 유래를 설명하면서, 그것들은 처벌과 훈육을 통한 지속적인 공포 속에 성장하면서 점차로 개인들에게 내면화됐다고 지적한다.■■ 이 과정에서

■ "아리스토텔레스는 만일 단순히 명칭의 차원에서라면 가장 좋은 삶에 대한 일반적인 동의가 있을 수 있으며 그것은 행복(Eudaimonia)이라고 한다." - A. E. Taylor, *Aristotle*, 《아리스토텔레스》, 이정우 역 (서울: 종로서적, 1986), 97.

■■ "이와 같은 기억의 덕택으로 사람들은 마침내 이성에 도달한 것이다. 아아, 이성, 진지함, 감정의 통제, 숙고라고 불리는 모든 음울한 일, 인간의 모든 이러한 특권과 사치, 이들에 대해서 얼마나 값비싼 대가가 치러졌던가! 모든 좋은 것들의 근저에는 얼마나 많은 피와 잔혹함이 있었던가!" - 니체, 《도덕의 계보학》, 김태현 역 (서울: 청하, 1992), 70.

니체는 어떻게 노예의 도덕이 (고대 그리스적인) 주인의 도덕을 극복하고 그 위치를 전도시킬 수 있었는지에 주목한다. 고대 그리스적인 주체처럼 자신을 긍정함으로써 가치를 창조하던 도덕과는 달리 노예들은 오히려 자기부정을 통해 자신들의 존재 의의를 드러내 보인다. 노예들의 생존 방식은 주인이 지닌 유쾌, 상쾌, 통쾌, 활달한 삶의 방식이 아니라, 알아서 기는 것이고, 자신을 낮추고 감추는 것이다. 모난 정은 돌 맞는다. 그러니 제발 튀지 말자. 이런 자세가 그들 삶의 모토였다.■

두 번째 단계에서 노예들은 자신들의 무력한 분노와 원한의 감정을 승화시킬 매개체를 찾다가 선인善人이라는 아이디어를 착안했고, 그 선인에 자신들을 투영했다.■■ 선인의 요건에는 주인의 도덕과는 다른 다음과 같은 덕목들이 부가되었다. 금욕과 겸손, 책임, 양심, 자기부정, 알아서 기는 것, 모난 정은 돌 맞으니 튀지 말 것, 가만있으면 중간이라도 가니 복지부동하며 눈치 잘 볼 것 등등······. 전혀 다른 새로운 윤리학이 탄생한 것이다.

니체는 새로운 윤리학의 탄생에 그리스도교가 결정적 역할을 담당했다고 믿는다. 《도덕의 계보학》의 세 번째 에세이인 "금욕주의적 이상은 무엇을 의미하는가?"에서 니체는 이 부분에 대해 집중적으로 다루고 있다. 니체는 그리스도교 교리가 지닌 도덕적 가치들이 노예들의

■ 이러한 노예의 심리를 니체는 다음과 같이 묘사하고 있다: "그의 영혼은 곁눈질을 한다. 그의 정신은 은닉처를, 은밀한 길을, 뒷문을 사랑한다. 모든 비밀스런 것이 그에게는 자기의 세계로서, 안전과 위안으로서 매력적으로 여겨진다. 그는 침묵을 지키는 법, 잊어버리지 않는 법, 기다리는 법, 잠정적으로 자기를 낮추고 비굴해지는 법을 안다." - Ibid., 45.
■■ Ibid., 46

심리적 속성에 그 기원을 두고 있다고 보았다. 즉, 그리스도교적 도덕은 원래는 노예들이 피치 못해 받아들여 자신들의 속성으로 만든 것들을 도덕적 가치로 전환시킴으로써 만들어진 도덕이라는 것이다. 그것은 본능을 억압하고, 창조적 상상을 금지시켜 인간의 잠재력이 분출되지 못하게 한다. 그 결과 너무나도 체제 순응적인 개인들이 양산되기 시작했던 것이다.

21세기 윤리를 향한
짜라투스트라의 제안

《짜라투스트라는 이렇게 말했다》 첫 번째 장에서 니체는 인간 정신의 세 단계를 설명하면서 낙타와 사자와 어린아이를 언급한다. 낙타는 전통적 인습과 도덕에 대한 굴종을 상징하는, "무릎을 꿇고 짐을 잔뜩 짊어지려는 정신"■이다. 이는 종교적 권위와 봉건적 사회질서하에서 인내와 복종을 거듭한 후 얻어진 형질이라 할 수 있다. 하지만, 획득 형질은 유전되지 않는다. 낙타는 짐을 싣고 수없이 많은 밤낮을 걸어 마침내 사막에 도착했고, 사막에 이르러 그 모든 짐들을 무장해제시킨 채 사자가 되어 그동안의 자기를 부정하며 포효하기 시작한다. 니체는 이 대목에서 전 시대와는 다른 인간, 다시 말해 더 이상 어떤 예속에도 굴복하지 않은 채 정신의 자유를 부르짖는 근대적 인간

■ Friedrich Nietzsche, "Thus Spoke Zarathustra" in *the Portable Nietzsche*, Edited by Walter Kaufmann (New York: The Viking Press, 1968), 138.

을 선포한다.■

하지만, 사자로 상징되는 근대적 인간은 낙타로 상징되는 이전의 자신에 대한 부정을 통과해야 한다. 스스로에 대한 부정을 태생적 근거로 삼아야만 하는 태생적 한계! 부정의 정신은 니체 사상의 진화 과정에서 허무주의로 발전하는 데 있어 단초가 되었고, 허무에 대한 극복으로 등장하는 인간 정신의 완성이 바로 어린아이로 상징되는 절대긍정의 정신이다.■■ 절대긍정의 정신은 후에 푸코-들뢰즈로 이어지는 니체 계열의 '자기 윤리학'■■■의 바탕이 되는데, 이는 흔히 포스트모더니즘의 사상적 기반으로 받아들여진다.

■ "그러나 고독한 사막에 이르면 두 번째의 변화가 일어난다. 여기에서 정신은 사자가 된다. 정신은 자유를 자기 것으로 하고, 자신의 사막에서 군주가 되려고 한다." - Ibid.

■■ "그러나 나의 형제들이여, 말해다오! 사자도 능히 할 수 없는 어떤 것을 아이가 할 수 있는가를? 어찌해서 약탈하는 사자는 아이가 되어야만 하는가? 아이는 순결이요 망각이며, 새 출발이며, 유희이며, 스스로 돌아가는 바퀴의 최초의 운동이자 신성한 긍정이다. 그렇다. 나의 형제들이여! 창조라고 하는 유희에는 신성한 긍정이 필요하다." - Ibid., 139.

■■■ 니체로부터 시작되는 윤리학을 '자기의 윤리학'이라 한다면, 레비나스-데리다로 이어지는 라인은 '타자의 윤리학'이라 명명할 수 있을 것이다. 얼핏 레비나스와 데리다로 이어지는 사상의 흐름도 니체로부터 사상적 세례를 받았다고 말할 수 있지만, 타자의 윤리학은 전개 과정에서 니체 계열의 그것과는 다른 형태로 발전한다. 21세기 윤리학의 새 지형이라 할 수 있는 '자기의 윤리학'과 '타자의 윤리학'에 대한 차이와 비교는 이 책의 IV부 1장 "레비나스, 서구 신학을 쏘다"를 참조하라.

03.

포스트모더니즘 曰:
"주체여, 안녕히!"

**포스트모던
윤리의 지형**

포스트모던 윤리학의 계보를 투박하게 분석하면, 니체로부터 기원하여 푸코, 들뢰즈로 이어지는 흐름이 있고, 다른 하나는 레비나스와 (후기) 데리다로 이어지는 흐름이 있다. 한 가지를 덧붙이자면 요 근래 급격하게 부상하고 있는 슬로베니아 학파를 중심으로 형성되기 시작한 '실재the Real의 윤리'를 들 수 있다. 기본적으로 맑스와 라깡의 세례를 받은 이 그룹에 속한 학자들에는 21세기 최대의 스타 철학자라고 불리우는 지젝과 《실재의 윤리》를 통해 칸트에 대한 라깡적 독해를 시도한 주판치치가 있다. 요약하면, 포스트모던 윤리는 크게 세 가지 흐름으로 전개되고 있는데, 니체로부터 시작되는 자기의 윤리, 레비나스와 데리다로 대변되는 타자의 윤리, 그리고 슬로베니아 학파를 중심으로 형성되고 있는 실재의 윤리가 그것이다. 이 장에서는 논의의 집중을 위해 전자의 두 경우에 포커스를 맞추어 내용을 전개할 것이고, 새롭게 등장하는 실재의 윤리에 대한 부분은 다음의 과제로 넘긴다.

 우선 두 그룹의 공통점을 지적하자면, 서구 역사의 진행 과정에서 자행됐던 개별자를 향한 동일자의 무차별한 폭력에 반대했다는 점이다. 이런 까닭에 많은 경우 레비나스와 데리다가 성급하게 포스트구조주의● 계열의 학자로 묶여서 알려지게 된다. 물론 해체주의 논쟁을 불러일으켰던 초기 데리다를 포스트구조주의 계열로 분류하는 것은 어느 정도 납득이 가지만, 적어도 1990년대 이후 자신의 해체주의적 이론을 윤리적 테마로 이행하던 시기의 데리다는 오히려 레비나스를 닮았다. 레비나스는 애초부터 니체-푸코 라인과는 출발점이 달랐다. 후설과 하이데거로 이어지는 현상학적 계보를 따라 레비나스의 사유는 시작되었

●
구조주의와 포스트구조주의 논쟁

구조주의와 포스트구조주의의 경계를 나누고 그것의 차이를 설명하는 것에 시간을 할애하는 일은 필자가 보기에는 소모적인 일이다. 왜냐하면 구조주의의 주창자라 평가받는 레비스트로스, 알튀세, 라깡, 푸코 등의 학자들 스스로가 구조주의의 틀 안에 묶이는 것을 거부했고, 그 거부의 몸짓들을 투박하게 포스트구조주의라 부르기 때문이다. 그러므로 구조주의/포스트구조주의에 대한 변별점을 분석하는 작업보다는 오히려 구조주의/탈구조주의 논쟁이 사상사에서 차지하는 의미가 무엇인지를 생각해보는 것이 더 유익한 논의가 되리라 본다. 서구 근대 형이상학을 대표하는 데카르트의 코기토(생각하는 나) 중심의 철학은 시대를 달리하며 현상학과 해석학, 실존주의로 이름을 달리하면서 포물선을 그리게 한 동력이었다. 물론 이것은 대상이 주체에

게 영향을 미친다는 전 시대의 형이상학과는 차이가 있지만, 인식 주체가 인식 대상을 포섭한다는 점에서는 여전한 동일자의 폭력이라 말할 수 있을 것이다. 구조주의는 이에 맞서 인간의 인식 과정이 결코 투명한 의식이 아니라는 점을 지적한다. 그들은 인간의 의식으로는 파악이 안 되는 구조(언어, 문화, 역사, 무의식 등) 안에서 인간이 생각하고 판단하고 행동한다고 여긴다. 인간이 선천적 종합판단과 의지적 결단에 의해 행위하는 것 같지만, 기실 그것은 어떤 짜여진 판에 의해 의도되어진 예상 가능한 함수라는 것이다. 이는 코기토적 주체에 대한 정면도전이라 할 만하다. 구조주의의 처음 시작은 소쉬르의 언어학, 레비스트로스의 문화인류학 등 과학적 분석방법에서 출발을 했지만, 이는 점차 영역을 확대하여 서구 사상 전반에 대한 비판(반이성주의, 반인간중심주의, 반민족중심주의, 반서구중심주의 등)으로 이어지는데 그 일련의 과정을 포스트구조주의라 부른다. 포스트구조주의의 가장 핵심적인 포인트는 이론, 이념, 주의 등이 지닌 보편화의 가능성과 영토화의 음모를 의심하는 것이다. 포스트구조주의자들은 구조주의, 더 나가서 근대성이 닦고 조이고 기름칠하면서 공들인 체제 어딘가에 틈이 생겨 물이 한 방울씩 똑똑 떨어지고 있음을 지적한다. 닦고 조이고 기름칠해서 그럴싸하게 보이는 그것이 실재가 아니라, 지금 실재라고 일컫는 것의 보이지 않는 어느 구석에 틈이 생기고 그 틈새로 무언가 뚝뚝 흘러내리고 있는 것이 진짜 실재라고 말다. 라깡은 이를 '증상'이라 말하고, 데리다는 이를 '차연'이라 표현한다. 물론 구석에 난 틈과 그 틈을 통해 스며 나오는 불순물은 이론의 체계 내에서는 비합리적, 비이론적, 비학문적 요소이지만, 포스트구조주의는 오히려 이 부분을 통해 이론의 체계가 성립된 흔적을 역으로 추적하면서 이론에 주름을 내어 결론적으로는 이론의 표면적을 넓힌다. 기존 이론의 문제를 지적하고 무화시키는 것이 목적이 아니라 그것의 허위를 인정하지만 안고 나가는 애정이 포스트구조주의에 스며 있다는 말이다. 그런 의미에서 포스트구조주의는 근대라고 일컬어지는 전 지역에서 파생된 문제에 대한 변론이자 땜질이며, 그러기에 그들에게 있어 사유는 단절과 봉합이 아닌 개방과 재서술의 형태로 미끄러져간다.

고, 특별히 유대교 신비주의의 영향이 그의 문장 곳곳에 포진하고 있다. 이렇듯 서로 다른 포물선을 그려왔던 양진영은 서구 형이상학이 지니는 전체성의 폭력에 대해서는 의견의 일치를 이루는 데 성공한다. 하지만, 전략적인 면에서 니체-푸코-들뢰즈로 이어지는 계열은 자기의 해석학으로 치달았고, 레비나스와 (후기) 데리다는 타자의 발견에서 그 해결점을 모색했다는 점에서 다르다.

포스트모더니즘,
니체에 기대다!

영어 원서를 읽다보면 'Subject' 라는 단어를 만날 때만큼 모호하고 이중적인 해석을 하는 경우도 드물다. 우리가 흔히 알고 있는 '주체, 실체, 자아, 주제' 라는 뜻 이외에, '신민臣民, 신하, (집합적) 국민' 이라는 뜻도 Subject 안에 들어 있어 고개를 갸우뚱하게 만들더니, 급기야 형용사로 쓰일 때는 '복종하는, 지배를 받는, 당하기 쉬운, ……에 빠지기 쉬운' 으로 해석해야 한다. 우리가 그동안 알고 있었던 주체, 강철과도 같은 불패의 정신을 지녔던 그 주체를 비웃기라도 하듯 사전 깊숙한 곳에는 우리가 그동안 알지 못했던 주체의 숨은 뜻이 버젓이 자리 잡고 있었던 것이다.

가려져 있었던 주체를 수면 위로 강하게 끌어올린 사람이 있었으니 그가 바로 니체였다. 기본적으로 니체에게 있어 세상이란 더 이상 나를 어떤 합리적 구조에 가두는 아폴론적인 세계가 아닌 디오니소스적인 축제가 벌어지는 공간이다. 이런 이유로 세상은 나의 욕망이 끊임없이 활개 치는 놀이터 같은 곳이 된다. 우리가 앞 장에서 살펴보았듯이, 니체가 《도덕의 계보학》에서 밝힌 '주인의 도덕'이란 이러한 세계 속에 있는 나의 삶을 긍정하고, 그런 삶의 유지를 위해 끊임없이 무엇인가를 상상하고 생성시키는 윤리이다. 이는 근대성의 특징이라 할 수 있는 투명하고 통합된 주체의 도덕도 아니고, 엄숙하고 너무나도 체제 순응적인 노예의 도덕일 수도 없다. 어떤 에네르기에 의해 분열되고 그래서 앞날이 불투명하고 혼돈에 쌓인 그런 주체를 위한 도덕인 것이다.▪

이렇듯 니체의 사상 안에 함의된, 체제가 선사하는 이데올로기와 그 이데올로기에 의해 길들여진 주체에 대한 거부는 집단에 대한 딴지와 개인에 대한 새로운 발견을 모색하는 포스트모더니즘의 원조격으로 받아들여진다. 니체의 이러한 문제의식은 리오타르가 《포스트모던의 조건》에서 밝힌 것처럼 거대 담론의 붕괴와 작은 이야기들의 발견으로 전승된다.▪▪ 진정 우리 삶을 지배하는 중요한 포인트는 거대 담론이니 공동체니 역사의 발전이니 하는 선언적인 구호들이 아니다. 그보다는 작은 이야기들, 예를 들어 '개인은 누구인가? 집단과 이념의 그늘에서 개인은 어떻게 살아남아 왔고 앞으로 어떻게 살아남을 수 있을까?' 이다.▪ 이 질문은 완강했던 근대적 주체의 붕괴를 예고하는 서술임과 동

▪ 니체식 (흔들리는 혹은 욕동하는) 주체를 잘 드러내는 문장을 《짜라투스트라는 이렇게 말했다》에서 인용한다: "아름다움은 어디에 있는가? 그것은 내가 나의 모든 의지를 다해 의지해야만 하는 곳에, 내가 사랑하고 또 소멸하기를 원하는 곳에, 하나의 상이 단지 상으로만 남아 있지 않은 곳에 존재한다." - Friedrich Nietzsche, "Thus Spoke Zarathustra" in *the Portable Nietzsche*, Edited by Walter Kaufmann (New York: The Viking Press, 1968), 235.

▪▪ J. F. Lyotard, *The Postmodern Condition: A Report on Knowledge*, trans. Geoffrey Bennington and Brian Massumi (Manchester: Manchester University Press, 1984), 60.

> **포스트모더니즘에 대한 의심**
>
> 포스트모더니즘에 대한 비판은 이 대목에서부터 시작된다. 포스트모더니즘이 사회의식을 결여하고 있다는 문제 제기가 그것이다. 작은 이야기들을 발굴하고 자기의 의지와 욕망에 대한 한없는 관용이 냉전 종식 이후 몰아닥친 신자유주의 시스템과 교묘한 결탁을 하고 있는 것은 아닌지? 미시적 차원에서 이루어지는 작은 이야기들의 발굴을 통한 자기의 확장이 거대 담론을 다시 복원하고 거시 세계의 건강성을 담보할 수 있으리라는 그들의 낙관적 견해는 과연 어느 정도 타당한 것인지? 이 같은 지적은 1990년대 초·중반 사상계를 달구었던 가장 중요했던 이슈 중 하나였다.

시에 새롭게 번역되는 주체에 대한 기대와 전망으로 우리를 이끈다.

Episode:
내가 '주체로 서기'까지

결국, 포스트모더니즘이 지적하고 있는 주체란 어떤 집단에 몸담고 난 이후에 만들어진 주체고, 어느 특정 이념에 노출된 이후 형성된 그 주체다. 예를 들어, 한국 사회에서 남자로서의 주체성을 담보하려면 군대에 갔다 와야 한다. 병역 미필자는 해외에 나갈 때도 제한이 있고, 이력서를 쓸라치면 어딘가 마음 한구석이 항상 꿀린다. 사람들은 군대를 갔다 와야 사람 구실을 한다고 하는데, 그럼 군대 가기 전 사람과 군대 갔다 와서 된 그 사람과는 어떤 차이가 있는 것일까? 고백하자면 내 경우는 군대에서 세상을 살아가면서 체득해야 할 온갖 나쁜 것은 다 배웠다. 굴욕에 복종하는 법, '짜웅'(아첨)하는 법, 여자를 오로지 즉물적 대상으로만 바라보는 법, 가라(허위)로 보고하는 법, 인간을 경멸하는 것까지……. 그런데 세상은 그런 군대를 나온 사람을 '사람 됐다'고 사회적으로 인정한다.

공적 차원에서 내 주체되기의 완성이 군대를 통과한 이후의 일이라면, 그것의 시작은 그보다 훨씬 이전으로 거슬러 올라간다. 나는 지금도 '우리는 민족중흥의 역사적 사명을 띠고 이 땅에 태어났다'로 시작하는 국민교육헌장을 거의 다 외우고 있다. 중학교 1학년 1학기 중간고사 도덕 시험이 그것을 외워서 쓰는 것이었다. 그리하여 국민교육헌장은 그 이후로 내가 주기도문과 사도신경에 이어 통째로 암기하고 있는 세 번째 주문이 되었다. 당시 중간고사 시험을 보면서 국민교육헌장의 마지막 문장 '민족의 슬기를 모아 줄기찬 노력으로 새 역사를 창조하자'를 쓰고 난 후 책상에 엎드려 펑펑 울었던 기억이 있다. 내 자신이 민족중흥의 역사적 사명을 띠고 있다는 것, 내가 민족의 역사를 창조할 일꾼이라는 사실이 너무나 감격스러웠고 그런 조국이 너무나 자랑스러웠기 때문이다. 지금 생각하면 너무나 원통하고 분하다. 그 어린아이를 그렇게 기만하다니! 어떻게 나라 전체가 이런 사기극에 집단적으로 공모할 수 있는가?

군대를 갔다 오지 않아도 사람이 될 수 있고, 구태여 국민교육헌장을 외우지 않아도 삶은 넉넉히 지속된다. 누군가가 창조하려 했던 새 역사 때문에 얼마나 많은 사람들이 고초를 당했는지 우리는 똑똑히 기억하고 있지 않은가! 병역을 필해야만 비로소 한국 땅에서 남자 노릇할 수 있는 그 주체! 민족중흥의 역사적 사명을 되새기며 새 역사를 창조해야 한다는 이데올로기 세례를 받으며 자라난 그 주체! 어쩌면 주체란 이런 필터링을 거친 후에 걸러진 찌꺼기가 아닐까? 그 필터는 군대일 수도 있고, 국민교육헌장일 수도 있으며, 그 밖의 여러 가지 이름과 가능성으로 현존하며 그 다음을 대기하고 있다. 현대 철학자들이 언급하는 '주체의 죽음'이란 바로 그렇게 필터링된 주체에 대한 사망선고인 셈이다.

04.

푸코 曰:
"주체여, 다시 한번!"

한국 땅에서
윤리적으로 산다는 것에 대한 울화

　　　　　　　　돌이켜보면 학창시절 도덕과 윤리는 늘 재미가 없었다. 회상해보라. 〈바른생활(초등학교)-도덕(중학교)-국민윤리(고등학교)〉로 이름을 달리하여 불렸던 그 과목들이 얼마나 지루했었나를! 그것은 한국이라는 집단병영(?) 시스템 속에서 독재자들의 통치 이데올로기와 맞물려 '새마을운동'(박정희)과 '정의사회구현'(전두환)으로 대표되는 윤리적 슬로건으로 국민들에게 다가왔다. '잘살아 보세!'로 대변되는 유신정권의 국면 전환용 구호와 오랜 윤리적 주제였던 정의를 자신들의 통치 이데올로기로 끌어들여 '정의사회구현'이라는 정언명령으로 각색한 제5공화국의 그것은 서구 윤리 사상의 양대 축이라 할 수 있는 목적론적 윤리와 의무론적 윤리의 한국적 몰역사화라 할 만하다.

하지만, 대한민국에는 전혀 섞일 수 없는 이 두 가지 윤리적 전략을 아우르는 절대적인 음성이 있었으니 그것이 바로 분단이다. 한국의 분단체제, 반공이데올로기는 수천 년간 이어져왔던 서로 다른 윤리적 행위의 원칙을 간단히 하나로 화해시켰다. 그리하여 적어도 남한 땅에서 국민윤리란(북한도 마찬가지겠지만) 북과 맞서는 거대한 상징의 체계, 선악과를 따먹지 말라며 엄하게 타이르던 아버지의 권위, 판도라의 상자를 열지 말라는 금기의 영역으로 등극한다. 어쩌면 한국은 이러한 틀 속에서 집단과 체제와 이데올로기에 의한 의식의 세례가 거의 무방비적으로 이루어지는, 얼마 전 돌아가신 리영희 선생의 표현대로 '야만의 사회'이고, 반면 그 이데올로기가 지닌 음모가 놀라우리만큼 약발이 받지 않는 문명화된(?) 사회이기도 하다. 만일, 의식과 집단(체제), 의식과 이데올로기의 문제에 천착했던 푸코가 이렇듯 기이한 한국 땅에서 활동했다면 뭐라 말했을까? 이제야 겨우 본론으로 넘어간다.

푸코,
주체를 베다

푸코Michel Foucault(1926-1984)는 1984년 5월 25일, 그의 나이 57세가 되던 해에 에이즈로 사망했다. 현대 프랑스 철학의 전개 과정에서 발생했던 몇몇 뭉클한 장면이 있는데, 하나는 1995년 레비나스가 죽었을 때 데리다가 레비나스의 영전에서 행한 "아듀, 레비나스"라는 추모사다. 그다지 관계가 좋지 않았던 둘이었지만 점점 본인 사상의 후반으로 갈수록 레비나스에 다가갔던 데리다였기에 그의 슬픔은 더했다. 레비나스가 죽기 10년 전 푸코가 죽었고, 레비나스를 데리다가 추모하듯, 푸코에 대한 추모는 그의 절친했던 친구인 들뢰즈의 몫이었다. 들뢰즈는 별다른 말없이 푸코가 병상에서 최후로 완성한 《성의 역사》 2권인 〈쾌락의 활용〉과, 3권 〈자기 배려〉의 서문을 떨리는 목소리로 읽어 내려간다.

데카르트가 보편적이면서도 무역사적인 코기토적 주체를 말하고, 칸트가 경험에 주어진 한계를 이성을 통해 묶음으로 선험적 주체의 탄생을 기획했다면, 푸코는 《성의 역사》 제3권, 〈자기 배려〉에서 이런 근대적 주체와는 구분된, 그 자신의 독특한 성과이자 사상사의 전개 과정에서 주체 논의의 새로운 물꼬를 텄다고 평가받는 '자기soi/self' 개념을 기존의 '주체subject' 대신 사용하기 시작한다. 그 후 푸코의 '자기' 개념은 앞 장에서 살펴보았던 '주체의 죽음'이 운운되는 시대 속에서 다시금 주체에 대한 새로운 생기를 부여하였다.∎

우리가 말하는 근대, 즉 인식 주체의 인식 대상을 향한 포섭과 간섭에 강한 능력과 권한이 부여됐던 그 시대! 인식 주체가 기획한 구성 아래 세계 축조의 가능성이 조심스레 예감되던 그 시절!∎ 근대적 인간이란 루카치의 표현대로라면 잃어버린 고향을 찾아 길을 떠나는 소설 속 주인공이라 할 수 있다. 그것은 마치 무협지에 단골 내용으로 등장하는, 어렸을 때 원수로부터 부모를 여의고 하인(어김없이 하인은 도망 중

∎ "자기에 대한 실천에 있어 그 실천의 주된 목표는 자기와의 관계 속에서, 바로 자기 자신 속에서 찾아야 함을 명심해야 한다. 이러한 (자기로의) 전환은 우리 자신의 관점의 이동을 뜻한다." - Michel Foucault, *The Care of the Self* - Vol 3 of *The History of Sexuality*, Translate by Robert Hurly (New York: Pantheon Books, 1986), 64-65.

푸코의 근대성 폭로

'근대'가 중세 암흑기에 찬란히 빛을 비추며(Enlight) 등장하는 계몽(Enlightment)에 의해 야만이 정복되고 이성의 역사가 도래했던 시기라는 주장과는 반대로 푸코는 《감시와 처벌》에서 '근대인'이 만들어지는 과정을 전혀 다른 각도에서 적나라하게 보여준다. 그의 묘사에 따르면 서구의 근대화는 황당하기 그지없다. 대화와 타협, 이성의 훈련과 교양의 증진으로 시대와 역사를 설득하며 진행됐던 고귀한 관념의 역사가 아니라 감시와 체벌과 채찍으로 새로운 시대(예: 근대화, 산업화, 제국주의화 등)에 맞게 몸을 뜯어고쳐갔던 시기가 근대였던 것이다. 만일, 사회가 요구하는 주문(예: 산업전사, 국토 방위, 장발 금지, 정시 출근, 국가보안법 등)에 반응하지 못하는 개인은 미풍을 훼손하는 혹은 국가정체성에 위협을 가하는 반사회분자, 불순분자, 빨갱이로 분류되어 감옥으로 삼청교육대로 아니면 어느 보호감호소로 끌려가 격리되거나 처벌을 받는다. 그러므로 근대란, 푸코에 따르면 정신의 고귀하고도 힘찬 진보가 이루어낸 숭고한 관념의 역사가 아니라, 몸의 규제를 통해 역으로 정신을 지배했던 유물론의 역사였다는 말이 옳다. 그리고 최종적으로 이러한 몸의 규제로 인한 정신의 압박은 정신의 자기 검열, 자기 감시의 단계로까지 나간다. 결국, 성숙한 근대인이란 이 과정을 모두 생략하고 곧바로 규범과 룰과 전체의 합목적성에 자신을 적응할 줄 아는 사람인 셈이다. 푸코는 이를 다음과 같이 기술하고 있다: "자신의 해방에 우리의 도움이 필요한 사람은 스스로 자신의 복종에서보다 훨씬 더 심하게 나타나는 복종의 효과가 되었다. 정신은 인간 속에 거주하며 인간을 존재할 수 있게 하며 그 자체가 몸에 대한 힘의 지배권 행사를 돕는 한 요소로 된다. 정신은 정치적 해부의 효과인 동시에 그 도구가 되기도 한다. 정신은 몸을 가두는 감옥이다." – Michel Foucault, *Discipline and Punish: the Birth of the Prison* (Random House, 1979), 30.

장렬히 사망하고 숨이 넘어가려는 순간에 주인공의 출생 비밀을 약간 흘린다) 등에 업혀 산사로 피신한 주인공(인식 주체)과 같다. 그는 산에서 우연히(아니, 필연적으로) 신의 음성을 지닌 스승을 만나고 각고의 노력 끝에 어느 경지에 이른 후 터미네이터가 되어 하산한다. 그 후 자신의 부모를 죽인 원수들(인식 대상)을 찾아 하나씩 제거하는 내용이 무협지 후반에 전개된다. 이 과정에서 반드시 삽입되어야 하는 것이 인정 투쟁이다. 원수는 성장하여 자신에게 칼을 겨누는 주인공을 향해 이렇게 말한다. "그 당시 어렸던 네가……! 그때 내가 너를 죽였어야 할 것을…… 분하다!!" 주인공은 이를 받아 "내가 이날을 얼마나 기다렸는지 네가 아느냐? 내 칼을 받아라!" 노예의 복종(내지 패배)과 주인의 선포(내지 승리)가 만방에 알려지는 순간이다.

위의 무협지 줄거리는 근대적 주체론을 단적으로 보여주는 예화다. (인식) 주체가 (인식) 대상을 잠식해가는 과정이 진보이고 획득이며 발전이라는 근대적 패러다임하에서 객체는 무릎 꿇고 인식 주체를 향해 패배와 복종을 인정해야 한다. 그 객체는 자연일 수 있고 식민지 국가일 수 있으며, 당시에는 세상 속에 섞여 사람들과 함께 평화(?)롭게 살았으나 지금은 사라진 정신병자, 부랑아, 동성애자, 히피들…… 그 밖에 인식 주체와는 다른 무리들, 즉 타자라 할 수 있다. 근대는 체제에 의해 타자를 향한 인정 투쟁의 거대한 망이 만들어지던 시대였다. 그 망을 통과한 자만이 체제 안으로 편입되고 망에 걸린 무리들은 버려진다. 바로 이 지점에서부터 푸코의 근대 비판은 시작된다.

《감시와 처벌》,《광기의 역사》등으로 대표되는 푸코의 초기 계보학적 연구들이 역사적으로 힘과 지식의 역학 속에 구성된 주체의 허위를 폭로했던 작업이라면, 《성의 역사》로 대변되는 푸코의 후기 작업에서 강조하고 있는 것은 허물이 벗겨져 탈영토화된 주체를 어떤 식으로 재영토화시키는가의 문제, 즉 자기가 자기를 형성하는 방식에 관한 몰두로 그 관심이 바뀌었다. 이를 윤리적 화두로 전환하면, 근대 주체철학 위에 서 있었던 도덕이 보편에 개별을 맞추는 입법의 차원이었고, 그러한 도식 속에서 윤리란 그 명법을 내 것으로 끌어당겨서 (자발적, 의식적으로) 자기 스스로를 보편을 향해 투항하게 만드는 그런 주체를 위한 윤리였다. 반면, 푸코의 후기사상에 나타나는 윤리적 판단의 근거는 보편보다는 개별에 포커스가 있다는 점에서, 칸트류의 의무론적 윤리나 니체가 비판했던 노예의 도덕과는 사고의 지점도 다르고 전개 양상도 판이하다.

푸코는 근대 프로젝트 안에 펴져 있던 총체적 난맥의 첫 단추를 주체 규명에서부터 찾았고, 이런 이유에서 '주체' 대신 '자기'를 제안한다. '자기'라는 말은 기존의 철학에서 말해왔던 주체 개념과는 다른, 자기의 욕망(혹은 본색)이 더 충실히 반영된, 즉 체제가 선사하는 이데올로기로부터 기름이 빠진 주체라 할 수 있다.■ 비록 근대적 주체는 사망했지만, '자기'라는 이름이 부여된 새로운 주체가 등장한 셈이다. 이는 데카르트 이래 등장한 근대적 주체가 절대적 주체로 등극한 다음 한

■ "자기 체험은 단순히 통제된 힘이나 언제나 반항할 준비가 된 힘에 대한 지배력을 체험하는 것이 아니다. 그것은 자기 자신에 대해 느끼는 일종의 기쁨이다. 이렇게 자기 자신에 접근할 수 있는 자는 자신을 즐거움의 대상으로 삼을 수 있다. 자신의 현 모습에 만족할 뿐 아니라 '스스로 자신을 마음에 들게 하는 것'이다." – Michel Foucault, *The Care of the Self - Vol 3 of The History of Sexuality*, Translate by Robert Hurly (New York: Pantheon Books, 1986), 66.

차례도 흔들리지 않았던 서구 주체 중심의 철학에 대한 의식적이고도 악의(?)적인 반동이라 말할 수 있지 않을까?

미학美學이
윤리와 만날 때

서구 현대 사상가들에게서 나타나는 특징 중 하나는 그들이 당면한 문제의 해법을 찾아 많은 경우 고대 그리스를 향해 회귀한다는 점이다. 마치 교회가 위기에 빠질 때마다 '초대교회로 돌아가자'를 외치는 듯 말이다. 대표적으로 하이데거가 그랬다. 서구 형이상학에 대해 평하면서 '존재 망각'의 역사였다고 비판하던 하이데거가 내세운 전략이 바로 고대 그리스로의 귀환이었다. 이는 근원적 존재 체험과 기원에 대한 여전한 미련과 애착에 기인한다고 볼 수 있는데, 이를 통해 우리는 하이데거 안에 깃들어 있는 사상적 혹은 미적 보수성을 엿볼 수 있다.■

푸코 역시 '자기' 의식의 단초를 고대 그리스로부터 끌어온다. 하지만 근대적 주체에 대한 문제 제기 후 그것에 대한 대안으로 고대 그리스의 존재 체험으로 돌아가자고 제안했던 하이데거와는 달리, 푸코는 근대적 주체가 해체되어야 하는 이유를 오히려 고대 그리스의 존재 체험에 기대어 전개한다는 점에서 근본적으로 양자는 확연히 구분된다.■■

■ 하이데거가 걸어갔던 그리스 전통으로의 복귀에 대한 부분은 이 책 V부 5장, "하이데거를 위하여 – 87년 6월, 그 개시의 기억"을 참조하라.

그리스도교의 도덕과는 달리 고대 그리스의 도덕은 금욕을 목표로 삼지 않았다. 오히려 금욕의 조절과 자기 통제, 즉 쾌락에 대한 배척이 아닌, 그것의 적절한 사용에 주목한다. 그런 의미에서 윤리란 개인 대 체제와의 관계 설정, 주체가 타자에 부여하는 책임과 의무일 수 없다. 오히려 고대 그리스인들에게 있어 선함이란 '착함' 보다는 '좋음'을 향한 추구였다. 내게 쾌를 선사하는 건 선한 것이고, 내게 불쾌를 선사하는 건 악한 것이다. 물론 그것은 감각적인 쾌락에만 국한된 것이 아닌 정신적인 영역까지를 포함한 쾌이다.

그렇다고 해서 푸코가 그리스적인 '좋음'을 현대의 윤리적 테마로 일방적으로 끌어들였다고 보기에는 조심스럽다. 근대 사회의 문제점을 지적하는 푸코의 비판에서 볼 수 있듯이 그는 사회에 대한 변혁의 끈을 늘 팽팽히 쥐고 있었다. 그가 진정 원했던 것은 어떤 보편과 규범에 의해 개인이 함몰되지 않고, 자기가 자발적으로 자기를 구성하는 테크놀로지의 추구다. 그런 의미에서, 푸코에게 있어 윤리란 미학적 성격을 띤다.■

전통적 의미에서 미적 판단력은 플라톤의 이데아론에 영향을 받

■■ 《성의 역사》 2권과 3권은 주로 고대 그리스·로마의 성도덕을 다루면서 윤리에 대한 새로운 성찰을 시도하는데, 특별히 자기 이해와 고대 그리스와의 연관에 주목하려면 아래 부분을 살펴보라. Michel Foucault, *The Care of the Self - Vol 3 of The History of Sexuality*, Translate by Robert Hurly (New York: Pantheon Books, 1986), 57 이하.

■ "왜 우리의 삶은 예술 작품이 될 수 없는가? 사물은 예술의 대상이 되는데 우리의 삶은 왜 그렇지 못하는가?" - Michel Foucault, "On the Genealogy of Ethics: An Overview of Work in Progress" in *The Foucault Reader*, Edited by Paul Rabinow (New York: Pantheon Books, 1984), 350.

아 예술 작품 안에 스며 있는 이데아의 순도를 측정하는 것이었다. 미적 대상이 지닌 이데아에 대한 모방(복사)의 순도가 높을수록 진정한 예술 작품으로 인정받는다. 하지만, 현대 미학에서는 미적 주체와 미적 대상 간의 일치라는 전통적인 미에 대한 인식을 거부한다. 오히려 이데아가 지닌 아우라의 파괴를 통한 새로운 감동, 새로운 가치 창출에 더 큰 의미를 부여한다. 푸코는 이러한 현대 미학의 패러다임을 그의 윤리학으로 초대했다. 이는 더 이상 윤리를 도덕적 규범(이데아) 안으로 매몰시키지 않겠다는 의지이며, 개인을 더 이상 보편적인 윤리적 주체로 환원시키지 않겠다는 선언이었다.

자기의 윤리란?

지금처럼 푸코가 그토록 경계했던 권력관계에 매여 사는 인간의 삶이 극한으로 도달했던 시기가 또 있었던가? 신자유주의 체제하에서 운용되는 권력의 양태와 작동의 원리는 지금껏 인류가 경험했던 그 어떤 권력의 그것보다 간교하고 지능적이어서 자유와 개방, 해체 등 그동안 기존 권력에서 터부시돼왔던 요소들까지 모두 그들의 편으로 흡수해버렸다. 21세기 인간은, 유사 이래 가장 해방되고 개방된 세상에서 살고 있는 듯하나, 실상은 자본이라는 가장 강력한 언어와 평균율에 묶여 꼼짝달싹 못하는 존재가 아닐까 싶다. 얼마나 강력했으면 그 강도를 견디다 못해 옥상에서 뛰어내리거나 목을 매겠는가? 그것은 지위 고하, 나이와 신분을 막론하고 무차별적이다. 노동자와 농민은 말할 것도 없고, 대통령과 재벌, 스타 연예인, 그리고 카이스트에 다니는 미래가 보장된 대한민국의 대표적인 청년들까지 못 살겠다고 자살한다.

그렇다면, 현 시점에서 자기의 윤리학을 어떻게 정의할 수 있을까? 그것은 개인들에게 자본의 원칙이라는 강제에 순종하는 윤리가 아닌, 거기서 탈출하는 개인의 결단과 노력에 박수를 보내고 그것을 지지하는 윤리이다. 윤리학은 자고로 본질주의와 토대주의에 입각해 이데아를 상정한 후 윤리적으로 그 본질에 따라 사는 삶을 안내하는 학문이었다. 그러나 '자기의 윤리학'은 이 세계를 근본적으로 생성으로 보기 때문에 뭔가 새로운 것을 창조하는 것, 시간의 경과 속에서 창조적인 삶을 사는 것, 그리고 동일성의 원칙 안에서 창조와 변화를 바라보는 것이 아니라, 반대로 생성과 창조의 과정 속에서 동일성을 파악하는 것이다. 즉 자신이 자기의 도덕을 어느 누군가의 강제에 의해서가 아니라 스스로 만들어내고, 그렇게 만들어진 자기의 윤리를 보편성으로 관철시키기 위한 설득과 대화와 연대의 과정 모두가 자기 윤리학의 범주가 된다.

일반적으로 형이상학, 인식론, 논리학 등을 이론철학Theoretical philosophy이라 한다면, 미학, 윤리학, 정치학은 실천철학practical philosophy으로 분류된다. 필자가 보기에 푸코는 실천철학의 전 분야를 하나로 묶어 최종적으로 새로운 정치적 함의와 지향으로 나가려 했다. 물론, 푸코가 일찍 세상을 뜨는 바람에 그것을 더 정교하게 이론화하고 현실에서 실험해볼 기회를 놓치기는 했지만, 덕분에 이에 대한 기대와 요구는 고스란히 우리에게로 넘어왔다.

제 IV 부

타자의 윤리: 레비나스를 중심으로

01.

레비나스, 서구 신학을 쏘다

자기의 윤리 Vs. 타자의 윤리

'자기의 윤리학'으로 세상의 눈물과 회한을 닦을 수 있을까? 레비나스의 의심이 시작되는 지점이다. 도덕적 규범을 강조하고 개인을 그 규범에 종속시키려 했던 기존의 윤리에 맞서 니체-푸코-들뢰즈로 이어지는 계열이 '자기의 윤리학'을 전개했다면, 레비나스는 '타자의 윤리학'을 제안한다. 그의 시도는 근대적 주체가 지녔던 자율성autonomism에 반하는 타율성heteronomism의 추구라 할 수 있다.

윤리는 그동안 세상의 억압과 불평등과 불의에 맞서는 자율적 주체의 윤리적 행위가 무엇인지 물어왔다. 그러나 타자의 윤리학은 그 주체에서 빠져나올 때 비로소 윤리적 행위가 작동된다고 주장한다. 니체류의 윤리학이 서구 형이상학이 시도했던 초월에 반대하여 자기 안으로의 내재를 전략적 도구로 취했다면, 레비나스는 오히려 서구 형이상학의 초월 개념에 대한 적극적인 윤리적 해석과 실천으로 그것이 지녔던 병폐를 극복하려 했던 것이다. 즉, 초월적 세계 저편에 있는 타자를 통해 바로 이곳에 있는 우리를 다시 발견하고, 이곳의 문제를 다시 바라본 것이다. 이때의 타자란 레비나스에 따르면 억압받고 소외된 경계 밖의 사람들이다.■

결론과도 같은 서론으로 '자기의 윤리'와 '타자의 윤리' 간의 굵직한 논쟁거리에 대해 간략히 살펴보았다. 하지만 자기의 윤리와 다른, 레비나스로 대표되는 타자 윤리의 쟁점을 조목조목 열거하는 것이 이 글의 목적은 아니다. 미국 철학계와 신학계에서 레비나스에 대한 연구는 보통 세 가지 측면에서 전개되고 있다. 하나는 후설-하이데거-레비나스로 이어지는 현상학적인 계보를 따라가는 것이고, 다른 하나는 레비나스에게 영향을 주었던 로젠츠바이크로 대표되는 유대교 전통을 이해하는 것이다. 마지막으로 레비나스가 직접 경험한 아우슈비츠에 대한 역사적 이해와 영향, 그리고 아우슈비츠 이후 신학에 대한 연구가 그것이다.

이 책에서는 전통적인 레비나스 연구의 경향을 따르지도 않고 레비나스에 대한 주례사적 비평도 지양할 것이다. 그보다는 레비나스의 서구 형이상학을 향한 비판, 신학이 어떻게 악(고통)을 정당화시키는 기재로 사용되었는지에 대한 추적, 그 고리를 파헤쳐가는 과정에서 서로 다른 포물선을 그렸던 레비나스의 타자론과 본회퍼의 타자론 간의

■ 임마누엘 레비나스, 《시간과 타자》, 강영안 옮김 (서울: 문예출판사, 1996), 101.

비교, 그리고 타자의 윤리가 최종적으로 기독교 윤리학 안에서 차지하는 함의가 무엇인지를 예단해보는 것이 이 장의 전체적 그림이다.

그 전에, 앞서 우리가 살펴보았던 라깡의 사유가 서구 전체성의 역사를 어떻게 바라보았는지를 잠시 회상하면서 그것이 레비나스와는 어떤 점에서 같고 다른지를 고찰할 것이다. 이는 서구의 전체성을 비판하는 여러 강호의 고수들과 비교해서 레비나스의 탄착군이 어느 지점에서 형성되고 있는지를 파악하는 데 도움이 될 것이다.

레비나스와 라깡

근대는 인간에게 자유와 해방을 선사한 시기였다. 계몽이성의 빛은 몽매한 중세의 두터운 장벽을 허물며 새로운 시대를 앞당기는 역할을 했고, 인류에게 번영과 진보를 약속하는 장밋빛 청사진을 제시했다. 그러나 근대는 인간을 주인과 노예의 변증법에 따른 생존경쟁의 난투극 속으로 몰아넣은 시기이고, 인간과 자연, 인간과 인간을 주체와 객체로 분류하고 주체로 하여금 대상을 지배하게 하는 논리가 싹튼 시기이기도 하다. 주체와 객체 간의 간극은, 헤겔에 따르면, 변증법적 발전 과정을 거치며 진화하여 마침내 절대정신에 도달한다. 이것이 바로 근대의 형이상학이 지녔던 주술이었다.■ 레비나스는 이를

■ 근대의 프로젝트에 대한 비판을 가하는 많은 글들이 있다. 대부분 백인에 의한 백인의 자기 비판 내지 1세계 관점에서 풀어보는 해법으로 머무는 경우가 많은데, 시카고 신학교 서보명 교수는 1.5세대 이민자의 눈으로 서구의 근대성을 조명한다. 그의 저서 *A Critique of*

서양 철학이 걸어온 '전체성의 향수'라 지적하고, 개인들의 고유성을 말살하고 타자를 제거하는 폭력적인 개념이라 비판하면서,■ 홀로코스트를 서양 철학의 전체성이 단적으로 드러난 사건으로 지목한다.

우리는 앞서 라깡에게 있어 타자가 상징계 속 타자와 실재계 속 타자로 분류되고 있음을 알았고, 상징계 속 타자를 향한 욕구를 '욕망', 실재계 속 타자를 향한 욕구를 욕망과 구분하여 '향유'라고 불렀음을 기억한다. 라깡적으로 해석하면 홀로코스트는 전체성의 철학이 실재the Real를 드러낸 사건이었다고 볼 수 있다. 정치적 유토피아를 창조하겠다던 현실의 기표와 욕망이 얼마나 무시무시한 실재였는지가 확인됐던 순간이, 이성의 법칙이라는 상징적 질서 안에 잠재돼 있었던 실재계 속 대상소타자가 우리에게 불쑥 다가온 것이 바로 홀로코스트다. 이렇듯, 라깡이 말하는 타자성의 진면목은 상징계 속 타자에 갇히지 않는다. 욕망의 대상으로서의 타자가 아니라, 향유의 대상으로서의 타자는 (레비나스의 표현대로라면 동일성의 형태로 환원되지 않는) 연기되면서 미끄러져가는 그 무엇이다. 그렇다고 볼 때, 라깡이 말하는 향유의 대상으로서의 타자는 기존의 서양 철학의 전체성으로 타자를 포획할 수 없

Western Theological Anthropology: Understanding Human Beings in a Third World Context (New York: Edwin Mellen Press, 2005)는 이러한 취지를 잘 살린 책이고, 특별히 이 책의 1장 "The Project of Modern Theological Anthropology: The Question of Freedom"에 근대성의 특징과 문제에 대한 신학적 분석이 잘 전개되고 있다.

■ "헤겔철학에게서 정점에 이르는 서양철학이 모두 그렇다. 헤겔은 철학 그 자체의 정점이라고 해도 무리가 아니다. 어떻든 영의 차원이든 분별력의 차원이든 모두 앎으로 해결하려고 한 서양철학 속에서는 어디서나 전체성의 향수를 볼 수 있다. 전체성이 사라지기라도 한다면 그것이 곧 죄인 것처럼 말이다." - 임마누엘 레비나스, 《윤리와 무한》, 양명수 옮김 (서울: 다산글방, 2000), 98.

다고 주장하는 레비나스의 주장과 일맥상통한다고 볼 수 있다.

굳이 양자를 비교하는 이유는 서구 전체성의 역사를 바라보는 관점에 있어 두 사람은 일정 부분 같은 곳을 바라보면서도 구체적 분석 틀에서는 다른 방식을 채택하고 있다는 점 때문이다. 레비나스와 라깡은 공히 서구 철학의 전통에서 등장하는 주체에 대한 타자의 전유와 배제에 대해 문제를 제기하면서 동일성의 폭력 안으로 말려들어가지 않는 타자를 다시 정초하려 했다. 하지만, 그 방법에서 양자는 길을 달리한다. 라깡이 의미의 결정을 계속 연기시키며 미끄러져가는 타자를 상정함으로 전체성으로부터의 탈주를 시도한 반면, 레비나스는 타자를 급격한 초월, 즉 계시의 단계까지 끌어올림으로 현실을 지배하는 전체성과의 과격한 분리를 시도한다는 점에서 양자는 다르다. 이러한 전 이해를 갖고 이제 본격적으로 레비나스의 전체성 비판, 특별히 서구 기독교가 어떻게 그것의 옹호에 기여했는지에 대해 살펴보기로 하자.

서구 신학은
어떻게 전체성을 옹호했나?

신정론Theodicy, 神正論은 의인에게 닥치는 고난과 악의 명백한 현존 속에서도 신은 한치의 오차도 없이 일한다는 사실, 그런 신의 전능과 계획에 의해 악과 고난은 현실적 차원이 아닌 신의 섭리가 작동하는 영역으로 고양될 수 있음을 증명하는 이론이다. 근대적 이성이 사상적인 측면에서 주체의 타자를 향한 동일성의 폭력을 정당화한 사례라면, 그리스도교 신학의 신정론은 인간의 삶 속에서 부덮치는 삶의 타자들(죽음, 고통, 악)을 신앙의 동일성 안으로 끌어들였던 또 다른 폭력이었다고 레비나스는 평가한다.▪

돌이켜보면 서구 그리스도교 발전 과정에서 등장하는 악의 문제와 고통의 문제에 있어 각 시대마다 다른 해법이 있어왔다고는 하지만 그것들은 모두 신정론적인 전제로 묶을 수 있다. 그리스도교의 제도화 과정에서부터 중세까지 교회를 지배했던 계시신학, 이에 반해 아리스토텔레스 철학을 바탕으로 중세 신학을 완성한 스콜라 철학은 자연의 조화를 인식함으로써 신에 이를 수 있다는 자연신학을 낳았다. 루터의 종교개혁은 인간이 이성을 통해 신을 인식할 수 있다는 스콜라적인 신학을 부정하고, '오직 믿음으로' 신에 이르는 '십자가 신학'을 모토로 신앙과 이성의 조화를 다시 꾀한 패러다임 전환이었다고 볼 수 있다. 루터가 신앙의 영역에서 이성을 추방시켰다면, 칸트는 이성의 영역에서 신을 제외시켜 물자체의 영역으로 등극시킨 후에 신에 대한 불가지론을 선포한다. 하지만, 칸트는 후에 물자체의 영역으로 몰아붙였던 신을 다시 끌어내려 실천이성의 차원으로 복귀시켜 내재화한다. 얼핏 보면 서로 다른 포물선을 그리는 루터와 칸트는 라깡의 표현대로라면 '거울 단계'에서 엄마와 아이가 상상적 양자합을 이루는 것과 같이 서로에 기대고 있다. 하나는 초월이라는 이름으로, 다른 하나는 내재라는 이름으로 달리 불릴 수 있겠지만 '궁극적 실재의 다차원적인 존재 방식'(틸리히)이라는 측면에서 양자는 서로의 거울이며 그림자다. 헤겔은

▪ Emmanuel Levinas, *Entre Nous: On Thinking-of-the-Other*, Trans. Michael B. Smith & Barbare Harshav (New York: Columbia University Press, 1998), 96.

이런 해묵은 종교 갈등을 '세계는 정신의 자기 전개 과정'이라는 말로 통합하려 했던 인물이었다.

이렇듯 그리스도교 발전 과정에서 치열하게 신론이 전개됐음에도 불구하고 유독 고난과 악에 대한 해석에서 양자의 반응은 별반 다르지 않다. 범박하게 표현하면, 신의 섭리와 은총 안에서 예수 잘 믿으면 보상을 받는다는 주장과 신이 우리의 고난에 함께 참여하면서 우리를 통해 우리와 함께 하나님의 나라를 일구어간다는 주장이 그것이다. 그리고 양자의 정점에는 공히 십자가 신학이 있다.■ 어쩌면 십자가 신학은 역사의 전개 과정에서 발생했던 악의 문제를 신앙인들이 직면할 때마다 그 사건과 신앙을 하나로 묶어주어 그리스도교의 정체성과 권위가 훼손되지 않도록 마지막 순간까지 지켜준 부적 같은 것이 아니었을까?

레비나스는 지난 세기에 있었던 양차 세계대전, 홀로코스트, 히로시마 핵폭탄 투하 등 총체성에 입각한 전체주의의 망령을 목도한 후, 고통의 신학화를 통해 이루어낸 고난의 유의미성, 절대정신으로 나가기 위한 발전 단계로서의 고난, 신적 섭리를 이루어가는 과정에서 발생하는 고난 등 다양한 이름으로 포장되는 고난에 대한 낙관적 해석을 거부하면서 최종적으로 신정론의 폐기를 선언한다.■ 만일 레비나스의 지적처럼 신정론이 현재의 고난을 미래의 축복으로 연결시킴으로 현실세계에서 일어나는 부조리와 고난을 신앙적으로 무마시키는 역할을 했다면 맑스의 종교 폄하 발언, 즉 '종교는 민중의 아편'이라는 표현은

■ Emmanuel Levinas, *Entre Nous: On Thinking-of-the-Other*, Trans. Michael B. Smith & Barbare Harshav (New York: Columbia University Press, 1998), 97.

그다지 틀린 말은 아니다. 그렇다면, 우리는 이러한 비판들에 대해 어떤 대응을 해야 하는가? 다음 장에서 레비나스 사상을 대변하는 키워드인 '제1철학으로서의 윤리학'과 '타자의 얼굴'을 고찰함으로써 서구 신학 내지 서구 윤리에 대한 반성을 도모하고자 한다.

비교적 최근에 출간된 책 중에 미국 신학계 내에서 십자가 신학에 대한 새로운 시각을 선사하며 반향을 일으키고 있는 몇 권의 책을 아래에 소개한다.

_ Theodore W. Jennings Jr. *Transforming Atonement: A Political Theology of the Cross* (Minneapolis: Fortress Press, 2009). 한국에서는 퀴어신학자로 알려진 시카고 신학교 제닝스 교수의 주된 관심사는 바울과 제국과의 관계를 데리다, 지젝, 맑스의 이론을 갖고 바라보면서 신자유주의 체제를 신학적으로 비판하는 것이다. 이러한 틀 속에서 제닝스 교수는 십자가 신학이 어떻게 서구 문명의 발전 과정에서 자리매김을 해왔는지 이 책에서 밝히고 있다.

_ Kelly Brown Douglas, *What's Faith Got to Do With It? Black Bodies/Christian Souls* (N.Y.: Orbis Books, 2005). 유명한 *The Black Christ*의 저자이기도 한 더글라스는 이 책에서 흑인에 대한 린치와 십자가 신학의 관계를 설명하면서 그리스도교의 대속론이 흑인들 스스로에게 체제의 폭력을 견디고 순응하게 하는 기재로 사용됐음을 밝힌다.

_ Joanne Terrell, *Power in the Blood?: The Cross in the African American Experience* (N.Y.: Orbis Books, 1998). 시카고 신학교에서 윤리와 조직신학을 강의하고 있는 테렐은 유니언 신학교에 있는 흑인신학의 대부 제임스 콘의 직계제자다. 그녀는 여성주의 관점에서 십자가 신학을 성(gender)와 인종(race), 그리고 힘(power)의 문제로 돌려 바라보고 있다.

_ Vitor Westhelle, *The Scandalous God: The Use and Abuse of the Cross* (Minneapolis: Fortress Press, 2006). 시카고 루터란 신학교에 있는 웨스틀레는 미국 신학계에서도 보기 드문 헤겔 좌파 신학자이고 브라질에서 신학 수업을 받은 탓에 해방신학에도 조예가 깊으며, 유럽에서도 활동한 바 있는 특이한 경력의 소유자다. 이런 이력을 바탕으로 웨스틀레는 다양한 문화에서 이해하는 십자가 신학에 대한 풍부한 해석을 이 책을 통해 선사한다.

_ Anne Joh, *Heart of The Cross: A Postcolonial Christology* (Louisville: Westminster John Knox Press, 2006). 시카고 인근 에반스톤에 위치한 게렛 신학교에서 신학을 강의하는 앤 조 교수는 드루의 캐서린 켈러(Catherine Keller)의 제자이고, *Heart of The Cross*는 그녀의 박사논문으로 출판 당시 신학계에 화제가 되었던 책이다. 앤 조 교수를 언급할 때 흔히 '정(jeong, 情)의 신학'을 먼저 거론한다. 전통적인 서구 십자가 신학에 대한 포스트콜로니얼니즘적인 해석(혹은 여성신학적 해석)을 통한 기독교 구원의 재발굴은 한인 이민 2세대로 미국 땅에서 신학을 하고 있는 그녀의 고투와 맞물려 많은 착상과 울림으로 미국 신학계로 번져가고 있다.

_ Marit Trelstad, ed., *Cross Examinations: Readings on the Meaning of the Cross Today* (Minneapolis: Fortress Press, 2006). 트렐스타드가 책임편집에 참여한 이 책은 근래 일고 있는 십자가 신학 논쟁을 총망라한 책이라 볼 수 있다. 독일의 몰트만 교수, 게렛을 상징하는 목회상담의 거목 제임스 폴링(James Poling), 뉴욕 유니언 신학교의 명예교수 데롤레스 윌리암스(Delores S. Williams) 등 원로들의 글뿐 아니라, 시카고 신학교의 조안 테렐(Joanne Terrell), 주목받는 일본계 신학자 리타 나카시마 브록(Rita Nakashima Brock) 등 신·구 학자들이 공동으로 이 책에 참여하여 십자가 신학의 이슈들을 다시 써내려간다.

02.

'타자의 얼굴'에는 무엇이 있나?

**간략한 윤리학史,
그리고 레비나스의 위치**

레비나스의 '제1철학으로서의 윤리학'을 살펴보기 이전에 서양 윤리사에서 발생했던 굵직한 윤리적 원칙인 목적론적 윤리, 의무론적 윤리 그리고 책임윤리에 대한 이해를 먼저 살펴본다. 좋음과 기쁨, 그리고 행복을 추구하는 목적론적 윤리의 계보는 아리스토텔레스로부터 시작하여 에피쿠로스 학파, 영국의 경험론, 공리주의로 이어지며 행위의 결과에 주안점을 두는 윤리학설이다. 이런 까닭에 좋은 결과를 위한 개인의 혹은 공동체의 목적, 이상, 목표 등이 윤리적 이슈로 등장한다. 비록 중세 기독교 문명과 근대의 이성주의를 거치는 동안 그 빛을 발하지 못했지만, 이는 니체 이후 다시 복권되어 푸코와 들뢰즈 등으로 이어지면서 억압되고 압제되었던 노예의 도덕이 아닌,

명랑하고 유쾌한 주인의 도덕을 꿈꾸며 21세기 사상계를 뜨겁게 달구고 있다.

의무론적 윤리는 행위의 결과보다는 행위의 동기에 무게를 둔다. 칸트가 대표적 인물이고, 목표와 이상에 따라 행위가 달라지는 목적론적 윤리와는 달리 조건에 관계없이 내가 따라야 할 최고 법칙이 무엇인지를 묻는다. 그들에 따르면 선이란 행위에 의해 결정되는 것이 아니다. 선이란 바른 행위를 가능케 하는 동력이다.

예를 들어, 현상금 1000만 원이 붙은 국가보안법을 어긴 시국사범이 경찰에 쫓기다가 당신 집으로 들어왔다고 가정해보자. 경찰이 문을 두드리면서 지금 누가 들어오지 않았냐고 묻는다. 이때 당신이라면 어떤 선택을 하겠는가? 목적론적 윤리에 따른 행위를 하는 사람은 행복의 기준이 문제가 될 것이다. 1000만 원이 주는 물질적 기쁨이 신고를 하는 불쾌보다 큰 사람은 신고를 할 것이고(양적 공리주의), 물질적 기쁨보다 정신의 평온을 중시하는 사람(질적 공리주의)은 그 도망자를 숨겨줄 확률이 높다. 의무론적 윤리를 중시하는 사람은 칸트의 표현대로라면 보편타당한 입법에 맞게 행위하는 사람이므로 거짓말을 하지 마라, 현실의 국가보안법이 보편입법이기에 신고하는 것이 본인의 신념에 맞는 행위이다.

목적론적 윤리와 의무론적 윤리 이외에 한 가지 더 덧붙이자면 책임윤리를 들 수 있다. 목적론적 윤리와 의무론적 윤리가 윤리적 판단기준의 문제에 집중하면서 외삽적外揷的 논리 싸움으로 전락하지 않았는가에 대한 문제 제기가 발생한다. 이는 윤리 본연의 쟁점이라 할 수 있는 인간의 행위에 대해 다시 숙고케 한다. 책임윤리는 개별적 인간들이

자아내는 관계들에 주목하면서, 결국 윤리적 행위란 관계 속에서 발생하는 물음들과 아픔과 상처에 응답하는 것이라고 말한다. 우리의 행복과 우리의 입법이 과연 우리가 처한 상황에서 어떻게 작용하는지를 중시하는 책임윤리 안에서는 윤리적 주체와 윤리적 대상 간의 관계가 주된 행위의 기준으로 등장한다.

이렇듯 위에서 살펴본 윤리방법론에서도 알 수 있듯이, 인간의 윤리적 행위는 목적론과 의무론, 책임의 원칙이 어우러진 종합적인 행위다. 그리하여, 궁극적으로 윤리적 선택의 문제에 있어서 "So What?", 즉 "네가 지금 당면하고 있는 문제에 대해 어떤 선택과 행동을 할 것인가?"라는 물음 앞으로 우리를 내몬다. 레비나스의 윤리학을 굳이 이 세 가지 범주에서 분류하자면 책임윤리라 부를 수 있겠지만, '제1철학으로서의 윤리학'이라는 레비나스의 발언 속에는 이러한 기계적 분류보다는 더 복잡한 함의가 깔려 있다.

레비나스의 사상 속에는 서양 철학에 대한 안티테제가 깊게 드리워져 있다. 칸트, 헤겔 또는 후설과 하이데거의 사상에 공통으로 깔려 있는 존재 중심의 사고, 주체 중심의 자율성은 '나는 타자를 나의 동일성 안으로 환원시켜야 한다'는 근대의 도그마를 전제한다. 그들에게 있어 타자는 또 하나의 자아다. 남을 자아로 바라본다는 것은 어느 면에서는 기특한 것이다. 내가 나를 생각하고 배려하듯 타자를 그렇게 대한다는 논리가 될 수 있기 때문이다. 그러나 이것은 이성적 사고와 교양으로 채색된 근대인들이 지니는 자기 교만이다. 내가 나에 대해 정확히 알고 있듯이 남에 대해서도 주체는 나를 알듯이 속속히 알고 있어야 한다는 강박의 도그마는 근대라는 이름으로 자행된 모든 야만의 근거가 되었다.■ 레비나스는 이를 비판하면서 전통적인 서구의 도덕과 책임은 파르메니데스 이래로 서구 철학을 지배했던 유령, 즉 개인(타자)을 전체(동일성)로 환원시키려 했던 돌림병이었다는 사실을 분명히 하였고, 이를 '힘의 철학',■■ '전쟁의 존재론'■■■이라 비난한다. 홀로코스트는 이런 서구 형이상학의 실재가 돌출하여 인류 전체를 베었던 사건이라 할 수 있을 것이다.

　레비나스의 타자의 윤리는 이러한 전체주의에 대한 반발에서 시작되었고, 그에 대한 반론을 펴는 첫 번째 단계에서 동일성으로 포획되지 않는 타자를 설정하는 것이 급선무였다. 그런 의미에서 '타자의 얼굴'은 동일성의 폭력에 반대하면서 윤리학에 기초한 새로운 사상으로의 전환을 도모하려는 레비나스에게 중요한 사유의 거점이 된다. 전통적으로 레비나스를 공부할 때 '타자의 얼굴'을 설명하는 대목에 이르면 후설의 현상학과 하이데거의 '세계-내-존재' 개념, 그리고 양자를 극복해나가는 레비나스 현상학의 독특함을 거론한 후 '타자의 얼굴'에 이르는 순서를 밟는다. 필자는 이런 도식보다는 복음서에 나타난 타자에 대한 환대가 드러난 기사(예수의 비유에 나타난)와 레비나스의 '타자의 얼굴'을 상관시킴으로써 이 문제에 좀 더 친근하게 다가서고자 한다.

■ Emmanuel Levinas, *Totality and Infinity: An Essay on Exteriority*, Trans. Alphonso Lingis (Pittsburgh, PA: Duquesne University Press, 1969), 87-88.
■■ Ibid., 44.
■■■ Ibid., 22.

타자의 얼굴
- 예수의 비유를 중심으로

복음서에 나오는 예수의 비유들은 '하나님 나라'를 민중에게 설명할 때 사용하는 그릇이라 할 수 있다. 어떤 그릇이 사용되는가에 따라 음식의 종류와 맛을 상상할 수 있듯이, 예수의 하나님 나라에 대한 비유도 몇 가지 종류의 그릇에 담겨 전달되어 우리에게 하나님 나라의 맛과 향을 달리 느끼게 한다. 예수가 민중들에게 들려주는 하나님 나라 이야기는 크게 세 가지 종류의 그릇에 담겨 배달된다. 하나는 '언제 하나님 나라가 임하는가?', 즉 하나님 나라의 때(시간)와 관련된 부분이고, 다른 하나는 하나님 나라와 현실 세계와의 차이점을 언급하는 부분이다. 그리고 마지막으로 '하나님 나라의 주인공은 누구인가?'라는 주제다. 지금부터 언급하려고 하는 누가복음 10장에 나오는 '선한 사마리아인의 비유'와 마태복음 25장에 나오는 '최후의 심판' 비유는 대표적으로 '하나님 나라의 주인공은 누구인가?'를 언급하는 본문임과 동시에 레비나스의 '타자의 얼굴'을 생각해볼 수 있는 귀중한 자료다.

예수는 "누가 나의 이웃입니까?"라는 율법교사의 질문을 받고 사마리아인의 비유를 들려준다. 사마리아인과 유대인은 서로 만날 수 없는 타자다. 유대인의 입장에서 사마리아인에게는 더러운 이방인의 피가 흐르고 있었기 때문이다. 이런 이유로 유대 사회는 사마리아산 포도주나 기름의 사용을 금지했고, "사마리아인의 빵을 먹는 자는 돼지고기를 먹는 자와 같다"라는 속설이 유대 사회 전체에 퍼져 있었다.* 이렇듯, 유대인에게 있어 사마리아인은 자신들의 율법 안으로 포섭되지 않는, 우리 인식 안으로 들어오지 않는 타자다. 그런데, 그토록 경멸했던 타자 사마리아인이 강도를 만나 초죽음이 된 유대인을 받아들인 것이다. 본문이 처음 읽히고 유포될 당시 유대인 독자들은 모두 의아했을 것이다. 유대 사회의 지도층을 대변하는 제사장과 레위인 모두 피해갔는데 왜 하필 사마리아인가? 이 비유 안에 나타난 타자에 대한 관심과 배려는 내가 알 수 없는 존재, 내가 모르는 존재에 대한 응답을 의미한다. 타자란 나의 앎과 계산에 의해, 나의 율법과 관습에 의해 선택되고 받아들여지는 존재가 아니라, 내게 들려오는 목소리의 주인공으로 내가 즉각적으로 응답을 해야 할 대상인 셈이다.

마태복음 25장 '최후의 심판' 비유에서 인자는 심판 날에 양을 자기 오른편에 염소를 자기 왼편에 세운다. 양과 염소는 선한 사람과 악한 사람을 상징한다. 이 심판을 지켜보는 청중이나 오른쪽에 있는 양, 왼쪽에 있는 염소 모두에게 인자의 판정이 납득이 가지 않는다. 이유는 그 판정기준 때문이었다. 김창락 교수는 이를 다음과 같이 설명한다: "놀라운 것은 멸망을 선고받은 사람들도 비신자가 아니라 예수를 주님으로 고백하는 사람들이라는 사실입니다. 더욱 놀라운 것은 그들이 무슨 악행을 저질렀거나 의식적으로 범죄를 하였기 때문에 멸망을 선고받은 것이 아니라 이름 없는 이웃에게 사랑을 실천하지 않았기 때문에 멸망을 선고받았다는 것입니다."[**] 판정의 기준 못지않게 논란이 되는 대목은 인자의 자기인식이다: "너희는 내가 주렸을 때에 내게 먹을 것

■ 조태연 외, 《뒤집어 읽는 신약성서》(서울: 대한기독교서회, 1999), 84.
■■ 김창락, 《귀로 보는 비유의 세계》(천안: 한국신학연구소, 1997), 392.

을 주었고, 목말랐을 때에 마실 것을 주었고, 나그네 되었을 때에 영접하였고, 헐벗었을 때에 입을 것을 주었고, 병들었을 때에 돌보아 주었고, 감옥에 갇혔을 때에 찾아 주었다"(마 23:35-36). 김창락은 이 구절에 기대어 인자가 당대의 타자였음을 분명히 한다: "인자는 자신을 지극히 보잘것없는 사람들 가운데 하나와 완전히 동일시하였다."■ 인자가 타자라는 사실, 즉 내가 모르고 있었고 나와 다른 처지에 있는 사람이 우리가 기다리고 있는 메시아라는 사실은 많은 것을 시사한다.■■ 결국 위의 예수의 비유를 통해 확인된, 인자가 나의 인식과 나의 결단과 신앙의 도그마 안으로 포섭되는 것이 아니라 타인의 얼굴을 통해 어느 순간 내게 확 다가와 응답을 요구하는 존재라는 사실은■■■ 레비나스가 주장하는 '제1철학으로서의 윤리학'으로 나아가는 중요한 근거가 된다.

제1철학으로서의 윤리학

레비나스의 '제1철학으로서의 윤리학'■■■■은 한

- ■ Ibid.
- ■■ "Messianism is that apogee in Being-a reversal of being persevering in his being." – Emmanuel Levinas, *Entre Nous: On Thinking-of-the-Other*, Trans. Michael B. Smith & Barbare Harshav (New York: Columbia University Press, 1998), 60.
- ■■■ Emmanuel Levinas, *Totality and Infinity: An Essay on Exteriority*, Trans. Alphonso Lingis (Pittsburgh, PA: Duquesne University Press, 1969), 199-200.
- ■■■■ Emmanuel Levinas, *Levinas Reader*, Edited by Sean Hand (MA: Balckwell, 1989), 75-87.

마디로 타자의 얼굴에 반응하는 것이다. 요즘 같이 아름다운 것이 선한 것이 되고, 신체와 몸과 얼굴이 자본화·권력화되어가는 시점에서 시대착오적 발언이 될 수도 있겠지만, 여기서 말하는 레비나스의 얼굴은 단순히 눈, 코, 입이 조합된 성형외과에서 개조의 대상이 되는 즉물적·개별적 얼굴이 아님은 당연하다.

정확하게 말하면, 레비나스가 '타자의 얼굴'에서 강조하는 점은 타자의 얼굴로부터 호명되어진 무엇으로 인해 우리 마음에 생채기가 생겨 "내가 여기 있나이다"■라는 답변을 지닌 채 타자의 얼굴과 대면하는 것이다(face to face).■■ 바로 그 지점에서부터 윤리는 새롭게 태어난다고 레비나스는 말한다: "동일자에 대한 의심, 즉 동일자의 자기중심적 자발성으로는 가능하지 않은 이 일이 타자(타자의 얼굴과 대면하는 것)를 통해 일어난다. 타자의 현존으로 인해 나의 자발성에 문제 제기가 일어나는 것을 우리는 윤리라 부른다."■■■

위의 문장은 다음과 같은 해석이 가능하다. 주체, 즉 동일자의 자기의식 안에 갇혀 있는 그 주체로는 우리가 타자를 인지할 수 없다는 것, 이 말은 또한 주체 이전에 타자가 먼저 상정되어야 함을 의미한다. 그리하여 타자를 먼저 인식하고, 그런 타자의 얼굴에 반응(응답)하는

- 임마누엘 레비나스, 《윤리와 무한》, 양명수 옮김 (서울: 다산글방, 2000), 136.
- ■ Ibid., 99.
- ■■ "A calling into question of the same – which cannot occur within the egoist spontaneity of the same – is brought about by the other. We name this calling into question of my spontaneity by the presence of the Other ethics." – Emmanuel Levinas, *Totality and Infinity: An Essay on Exteriority*, 43.

윤리적 주체로 자기를 정립하게 되면 시간과 공간을 초월한 무한의 미래, 가능성이 펼쳐진다. 이것이 바로 레비나스가 말하는 존재론에 우선하는 윤리학, '제1철학으로서의 윤리학'이다.

사실, 기존의 윤리는 타자에 대한 책임과 의무를 말한다고 하지만 주체 중심의 인식론을 크게 벗어나지 않았다. 타자에 대한 윤리는 실상은 나의 의지, 판단, 결정의 소산이고, 주체의 그것을 돕는 기저에는 항상 권력관계가 작동한다고 푸코는 비판한 바 있다. 레비나스 역시 푸코와 같은 문제의식을 지녔으나 양자가 취했던 방법은 다르다. 푸코는 주체 대신 자기를 발견하면서 내면으로의 수렴을 강화한 반면, 레비나스는 주체를 향한 수렴 대신 초월을 향한 발산으로 방향을 틀었다.

결론적으로 레비나스가 지녔던 서구 윤리학에 대한 문제 제기는 다음 문장으로 요약할 수 있다: "서구 철학 깊숙이 문신처럼 배어 있는 주체 중심의 인식론 바깥에 새로이 윤리학을 위치시킬 수는 없을까?" 이러한 전환은 헤겔식의 근대적 주체, 그리고 그 주체가 지녔던 무한한 자유에 대한 반성이자 폐기 선언이라 할 만하다.■ 인간은 근대가 이룩한 정신의 성취가 아니라, 그 외부에 있는 무엇인가로부터 비로소 인간이라 부를 수 있는 근거가 확보되는 존재다. 그것을 레비나스는 존재론 혹은 주체 중심의 인식론에 선행하는 인간이라 표현했고, 그 결과 윤리학은 레비나스에 와서 제1철학으로 등극하게 된 것이다.

■ Ibid., 99.

03.

본회퍼와 레비나스:
타자를 향한 서로 다른 포물선

레비나스에 대한 유감

레비나스가 걸어온 사유의 여정은 감동적이다. 현대 사상계의 화려하고 감각적인 내공을 지닌 고수들과 달리 레비나스는 평생 타자와 윤리라는 밋밋한 주제를 들고 강호를 누볐다. 이런 그의 완고함과 철저함으로 인해 감히 함부로 레비나스와 맞짱을 뜨려는 검객은 좀처럼 찾아보기 힘들다. 데리다가 그의 생의 초반에 썼던 논문 "Violence and Metaphysics: An Essay on the Thought of Emmanuel Levinas" (*Writing and Difference*, Chicago: University of Chicago Press, 1978, 79-153)에서 잠시 레비나스를 향해 딴지를 걸었던 것을 빼곤 별로 기억나는 레비나스 비판은 없다.

하지만, 레비나스 윤리학이 선사하는 이러한 감동에도 불구하고 몇 가지 풀리지 않는 의문이 있다. 레비나스에 따르면 타자는 내가 닿을 수 없는 저편에 존재한다. 쇼펜하우어가 표상으로서의 세계를 비판한 것과는 정반대로 우리는 레비나스의 '표상할 수 없는 타자'라는 테제 앞에서 혼란스럽다. 왜냐하면 그것이 타자와 관계 맺을 수 있는 가능성을 차단하기에 그렇다. 이런 이유로 우리는 레비나스 앞에서 한없이 작아진다. 왜 그대 앞에만 서면 나는 작아지는가? 급격한 초월의 벽이 우리 앞을 가로막고 있는 때문이다. 그 벽은 고통받는 타자의 얼굴이 드러날 때 겨우 열린다. 그때야 비로소 우리는 초월적 타자와 수직적으로 만난다. 레비나스의 사상은 그 순간을 감지하고 찬양하는 숭고함이다. 하지만, 현실의 세계는 양자 간의 초월적 관계만으로는 구성되지 않는다. 수많은 타자들이 자아내는 다름과 차이에 대한 숙고가 동시다발적으로 발생하고 있는 곳이 지금의 세계다. 그렇다고 볼 때 레비나스의 윤리는 작금의 다원화·세계화된 사회에서 유통 가능한 복수의 윤리를 담아내기에는 지나치게 순결하고 완고하다.

위에서 언급한 레비나스 윤리의 완고함 내지 우직함은 레비나스 사상을 지배하는 유대교적 철저함, 즉 무한인 하나님은 오직 타자의 얼굴을 통해 드러난다는 믿음에 근거한다. 궁극적으로 레비나스는 타자와의 관계를 신비로 밀어붙였던 것이다.■ 여기에는 제3자가 끼어들 틈이 없다. 공동체의 자리, 즉 다른 타자들과의 횡적 연대를 도모할 여지가 남겨져 있지 않다는 말이다. 이는 분명 예수 그리스도가 중보자로 위치하고 있는 그리스도교와는 다른 구조이고, (교회) 공동체에 대한

■ 임마누엘 레비나스, 《시간과 타자》, 강영안 옮김 (서울: 문예출판사, 1996), 85.

여전한 신뢰를 놓치고 있지 않는 그리스도교의 그것과도 차이가 있다. 이런 이유로 나는 이번 장에서 레비나스 윤리의 외연 확대를 위해 그리스도론에 입각하여 타자의 윤리를 전개하는 본회퍼를 끌고올 것이다. 본회퍼의 '타자를 위한 존재'가 레비나스의 '타자의 얼굴'을 강화시킬 수 있는 단초가 될 수 있으리라는 기대를 품고 말이다.

본회퍼의
기독교 윤리

일반적으로 본회퍼Dietrich Bonhoeffer(1906-45)는 본인의 신학과 삶을 통해 신앙과 사회적 책임이 분리될 수 없는 것임을 증명해보였다는 평가를 받는다. 그는 루터의 '두 왕국설'을 임의적으로 해석함으로써 정치와 종교를 분리시키거나, 나치로 상징되는 정치 지도자들이 행하는 악에 방관했던 당시의 교회 현실에 맞서 사회적 책임이 신앙의 영역에 포괄된다는 사실을 주장했고 이러한 본회퍼의 사회윤리는 후에 서구의 정치신학과 세속화 신학에 영향을 끼쳤다.■

본회퍼 신학의 출발점은 언제나 현실이었다. 인간은 추상적 관계의 총체가 아니라 공동체에 바탕한 구체적 관계의 총체다. 본회퍼에게 그리스도는 그 총체성의 중앙에 위치한다. '예수 그리스도 안에 나타

■ 본회퍼 연구가 강성영(한신대, 기독교 윤리)은 그의 논문 "타자와 민중을 향한 외침: 본회퍼 신학과 한국교회의 미래"에서 이러한 본회퍼의 신학을 '실천적 해석학', '참여의 해석학' 그리고 '타자를 위한 삶'으로 요약하고 있다. - 강성영,《생명·문화·윤리: 기독교 사회윤리학의 주제탐구》(오산: 한신대학교 출판부, 2006), 252.

난 하나님 계시의 현실'■ 속에서 모든 개인들은 얽히고 연대하여 하나로 모아진다. 그러므로 본회퍼 윤리의 최대 관심사는 예수 그리스도를 통해 계시되고 주어진 하나님의 현실성과 세계의 현실성이 하나가 되는 과정에 우리가 얼마만큼 긴밀하게 참여할 수 있는가에 집중된다.

> 기독교 윤리의 문제는 그리스도 안에 나타난 하나님의 계시의 현실이 그 피조물 가운데서 실현되어 가는 것이다. 다른 모든 윤리에 있어서는 당위와 존재, 이념과 실현, 동기와 결과의 대립에 의해 그 특징이 드러나지만 기독교 윤리에서는 현실과 현실화, 과거와 현재, 역사와 사건의 관계나 애매한 개념들을 사건의 불분명한 이름으로 대치시키기 위해 예수 그리스도와 성령의 관계가 문제된다. 선에 대한 문제는 예수 그리스도 안에 계시된 하나님의 현실에 참여하는 문제가 된다.■■

위의 인용에서 보듯이, 본회퍼는 칸트 이래 서구 윤리학이 걸어왔던 개인적 차원의 심정 윤리학도 거부했고 동시대에 미국에서 활동했던 라인홀드 니버의 분열된 현실 인식 또한 부정했다. 본회퍼에게 윤리란 인간의 의지나 정신적 행위에 역점을 두는 존재의 윤리도 아니고, 업적이나 성공, 지위를 강조하는 행위의 윤리도 아니다. 본회퍼에 이르러 주체는 그리스도를 중심으로 한 공동체 안에서의 새로운 피조물로 선언되었고, 이 주체는 필연적으로 타자와의 관계를 묻는 윤리적 주체

■ 본회퍼, 《기독교 윤리》, 손규태 역 (서울: 대한기독교서회, 1974), 162.
■■ Ibid., 163.

로 거듭나게 된다.

타자를 위한
존재

'그리스도 사건으로부터 우리는 무엇을 끌어낼 수 있는가?' 본회퍼 신학이 묻는 가장 핵심적인 질문이다. 결론부터 말하자면, 본회퍼의 하나님은 고통 가운데 숨어 계시는, '없이 계시는 하나님이다.'■ 하지만, 자칫 이 말은 악으로 가득 찬 세상 가운데 침묵하시는 하나님으로 비쳐질 우려가 있다. 강성영은 이러한 의심에 맞서 본회퍼가 주장하는 신의 자기 은폐는 십자가상에서 피조세계의 고통에 참여하는 신의 탄식이었음을 분명히 한다.■■ 이는 그리스도교만이 가지는 독특한 신 이해라 할 수 있고, 이를 통해 본회퍼는 비로소 본인의 윤리적 거점을 확보할 수 있었다.

이런 본회퍼의 '십자가 신학'을 한마디로 요약하는 단어가 '대리 stellvertretung' 이다. 본회퍼는 1941년 여름부터 1942년 초 사이에 쓴 《기독교 윤리》에서 책임의 문제를 다루었다. 본회퍼는 그의 책임윤리

- ■ "하나님 앞에서 하나님과 함께 하나님 없이". - D. Bonhoeffer, Widerstand and Ergebung, Neuausgabe, hrsg.v.E. Bethge, 3. Aufl, München: 1985(=WEN), 27. 강성영, 앞의 책, 238에서 재인용.
- ■■ "그는 하나님의 초월을 피안의 초월로 이해하지 않고, 인간의 삶의 한가운데 있는 초월을 말하였고, 하나님의 전능을 그의 권력과 지배로 보지 않고 오히려 세상으로부터 배척받고 십자가에서 고난당하는 무기력함과 약함 속에서 우리와 함께 하시는 사랑의 전능으로 이해하였다." - 강성영, 《생명 · 문화 · 윤리: 기독교 사회윤리학의 주제탐구》, 238.

를 그리스도론으로 설명하면서 책임적인 삶의 형태가 '속박Bindung'과 '자유Freiheit'에 의해 이중적으로 규정됨을 밝힌다. '속박'은 '대리'와 '현실적응성'이라는 이름으로, '자유'는 '생활과 행동의 자기음미'와 '구체적인 결단의 모험'으로 드러난다. 본회퍼는 책임이 대리행위를 근거로 생겨난다고 보았고,■ 그 다음 페이지에서 본인의 사상을 지탱하는 '그리스도의 대리'에 대한 중요한 서술을 다음과 같이 남겼다.

> 생명 자체이고 우리의 생명이신 예수는 인간이 되신 하나님의 아들로서 우리 대신 사셨기 때문에, 모든 인간의 삶은 본질적으로 그가 대신 사신 삶이다. 예수는 결코 스스로가 완전성에 도달하려고 한 단독자가 아니라, 단지 자신에 의해서 모든 인간의 나를 받아들이고 감당하신 분으로 사신 것이다. 그의 생활, 행위, 노력의 전체는 대리다. 인간이 살고, 행동하고, 괴로워해야 할 것이 그 안에서 성취되었다. 그의 인간적인 실존을 형성하고 있는 이 진실한 대리의 행위에서 그는 책임을 지는 자가 되었다. 그는 생명이시기 때문에 그에 의해서 모든 생명은 대리된 것으로서 규정된다.■■

전통적인 관점에서 볼 때 전적 타자인 하나님에게 인간이 다다를 수 있는 방법과 가능성은 없다. 신의 입장에서도 인간은 타자여야 한다. 그래야 신의 신다움이 보장된다. 하지만, 그리스도의 대리를 통해 양자 간의 극복될 수 없었던 타자성은 긍정될 수 있었다. 본회퍼는 그

■ 본회퍼, 《기독교 윤리》, 손규태 역 (서울: 대한기독교서회, 1974), 193.
■■ Ibid., 194-195.

리스도의 십자가 죽음을 대리적 죽음으로 파악함으로써, 그리스도를 철저히 '타자를 위한 존재'로 규정하였다.

> 예수 그리스도와의 만남, 그것은 인간의 전 존재의 전환이 일어난다는 경험이요. 예수는 오직 '타인을 위해서 존재한다'는 경험이다. 예수가 타인을 위해서 존재한다는 것은 초월 경험이다. 자기 자신으로부터의 자유에서, 죽기까지 타인을 위해서 존재하는 것에서 비로소 전능, 전지, 편재가 유래한다. 신앙이란 예수의 이러한 존재에 관여하는 일이다(수육, 십자가, 부활). 신에 대한 우리들의 관계는 생각할 수 있는 사상의 최고, 지대, 최선의 존재―이것은 결코 진정한 초월이 아니다―에 대한 종교적 관계가 아니다. 신에 대한 우리들의 관계는 "타인을 위한 존재"에 있어서의, 곧 예수의 존재에의 관여에 있어서의 새로운 생이다.■

이제 신은 그리스도의 십자가 사건에 드러난 '타자를 위한 삶'을 통해 새로운 자기 동일성을 획득했다. 신은 자기 동일적인 공간이 아니라, 세상과 타자를 위해 자기를 개방할 때 비로소 신의 신 됨이 선포된다. 그리스도의 대리에 나타난 하나님 현현이 그것을 보증한다. 이렇듯 '타자를 위한 존재'로 특징지어지는 본회퍼의 사상은 그의 윤리뿐 아니라 교회론에도 영향을 끼쳤다.■■ 이 말은 윤리란 개인의 실존과 공동체를 양대 축으로 삼고 전개되어야 함을 의미한다. 본회퍼에게 있어 그

■ 본회퍼, 《옥중서신》, 고범서 역 (서울: 대한기독교서회, 2000 개정3판), 229.

■■ "The church is the church only when it exists for others." - D. Bonhoeffer, *Letters & Papres from Prison*, ed. E. Bethge (N.Y.: The Macmillan, 1971), 382.

리스도는 개인과 공동체를 매개하는 이음새 역할을 했던 것이다.

그렇다면, 레비나스는 그리스도를 타자를 위한 대리자로 고백하는 본회퍼의 사상에 대해 어떤 평가를 내릴까? 당연히 거부할 것이다. 왜냐하면, 레비나스에게 있어 무한은 오직 고통받는 타자의 얼굴로 다가오기 때문에 그렇다. 하나님은 타자의 얼굴에 대한 인간의 책임을 통해 발견되는 것이지, 성육신의 도그마에 의존하는 본회퍼의 그리스도 이해를 따라 하나님 앞으로 나갈 필요는 없다고 레비나스는 답할 것이다.

솔직히 나는 레비나스의 신 인식에 대해서는 반박할 필요를 못 느끼겠고, 또 그럴 만한 내공도 없다. 개신교 목사라는 이유로 예수 그리스도를 따르지 않는 유대교 석학의 신 이해에 대해 그것이 나의 고백과 다르다는 이유만으로 딴지를 건다면 신앙의 오만 그 이상이 아니기 때문이다. 그럼에도 불구하고, 레비나스가 말하는 '타자의 윤리'에 대해서는 그의 신 인식과는 별개로 묻고 확인하고 싶은 부분이 있다.

04.

다시 쓰는 기독교 윤리:
타자에서 타자들로

왜, 복수적 윤리인가?

'복수적 윤리'는 니체와 들뢰즈로 이어지는 사상적 계보의 특색을 드러내는 용어다. 앞서 우리가 살펴본 바와 같이 니체에 따르면 인간은 통합된 주체가 아니라 분열된 주체고, 투명하지 않고 불투명하기에 흔들리면서 가는 주체며, 주인의 도덕과 노예의 도덕 사이에서 끊임없이 갈등을 일으키는 복수적 주체다. 들뢰즈와 가타리는 니체의 사상을 이어받아 소비자본주의 사회를 분석하면서 '욕망의 복수성'■이라는 말을 쓴다. 이 말은 우리가 다루었던 헤겔-프로이트-

---

■ G. Deleuze & F. Guattari, *Anti-Oedipus: Capitalism and schizophrenia*, Trans. Robert Hurley, Mark Seem, and Helen Lane (Minneapolis: University of Minnesota Press, 1983), xx.

라깡으로 이어졌던 욕망이론과 축을 달리한다. 주인과 노예의 상호인정투쟁에 바탕한 헤겔의 욕망이론, 타자의 오이디푸스화를 말했던 프로이트, 생리적 욕구와 언어적 욕구 간의 괴리로 인한 결핍이 욕망의 동인으로 등장하는 라깡에 이르기까지 이들에게 있어 욕망은 결핍에 대한 욕동에서 비롯된 것이었다. 들뢰즈와 가타리는 욕망을 결핍으로 보는 이러한 관점에 반대한다. 욕망을 현실적 대상의 결여로 파악하는 기존의 욕망이론 속에는 이미 현실과 다른 또 하나의 초월적 세계에 대한 전제가 깔려 있다고 보기 때문이다. 그러므로 기존의 욕망이론은 필연적으로 욕망을 상실한 주체의 결핍된 무언가에 대한 수동적 반작용에 그칠 수밖에 없다.

　들뢰즈와 가타리는 이에 반해 욕망을 끊임없이 무엇인가를 생성하는 창조적인 에너지의 흐름으로 파악한다. 하지만, 그들이 찬양하는 욕망은 지난 세기 자본의 질주에 제동을 걸었던 이념과 계급의 장벽을 허무는 역할을 하였다. 그리하여 인간은 이제 오직 자본의 음성에만 귀를 기울이고 자본의 질서만을 욕망하는 단계에 이르렀다. 만족을 모르는 자본의 욕망과 그것에 호명당하는 인간의 운명! 이것이 21세기 현대를 살아가는 우리들의 자화상이다. 이처럼 욕망에 저당 잡힌 암울한 시대를 살아감에도 불구하고 들뢰즈와 가타리는 왜 그 욕망에 주목하는 걸까? 자본에 의해 영토화된 세상이 창조적 에너지의 흐름인 욕망을 통해 탈영토화될 수 있음을 믿기에 그렇다. 욕망은 격렬한 분열적 흐름schiz flow이고, 본질상 정착을 거부하는 유목적 흐름nomadic flow이며, 체제의 관습과 기표에 갇히지 않는 기계적 흐름이기에 이를 이용하면 기존의 질서를 와해시키는 데 일조할 수 있다는 믿음이 들뢰즈와 가타리에게는 있는 것이다. 이는 프로이트가 무의식을 인성의 역동적 관계로 파악할 때 끌어들이는 성적 충동의 에너지인 리비도 개념에 가깝다. 넘쳐흐르는 리비도의 에너지를 자본의 탈영토화를 위한 영역으로 유도함으로써 자본의 가치 증식에 딴지를 걸고, 리비도의 에너지가 기존 체제를 전복시키는 정치적 실천으로 화할 수 있음을 들뢰즈와 가타리는 감지한 것이다.

본문에서 필자가 언급하고 있는 '복수적 윤리'는 이러한 들뢰즈-가타리의 욕망이론에서 착안했다. 들뢰즈와 가타리가 즐겨 사용하는 용어인 분열, 흐름, 유목 등은 기본적으로 정주하지 않고 탈주하는 주체, 끊임없이 다성·다종의 타자들과 교신하고 접촉하는 주체를 상정한다. 복수적 관계, 복수적 윤리는 그런 주체들에게 요구되는 사항이라 할 수 있다. 이는 '면대면面對面', 양자관계, 초월적 수직을 강조하는 레비나스의 '타자의 윤리'를 횡적으로 확대시켜 '타자들의 윤리'라는 좀 더 폭이 넓고 개방되고 소통과 접속을 강조하는 윤리로 우리를 초대한다.■

■ 이 책에서 필자는 '타자들의 윤리'와 '복수적 윤리'를 같은 뜻으로 사용하고 있음을 밝힌다. 아직 더 예리하게 가다듬어야 할 부분이지만, 기본적으로 레비나스의 '타자의 윤리'와는 다른, 좀 더 폭이 넓은 윤리적 개념을 부각시키기 위해 '타자들의 윤리'를 썼고, '복수적 윤리'는 '타자들의 윤리'와 기본적으로는 같은 의미이지만 레비나스적 색깔을 탈색시킨 개념이라 보면 무난할 듯싶다. 굳이 '복수적 윤리'를 쓰는 이유를 설명하자면, '타자들의 윤리'가 단순히 '타자의 윤리'에 글자 하나 더 붙인 개념이 아니라, 사상사의 지난했던 전개 과정을 함축하고 있기에 그렇다. 이 책에서는 그 과정을 들뢰즈, 본회퍼, 트레이시, 발터 벤야민의 순으로 보여주고 있다.

레비나스에 대한 도전

앞서 필자는 레비나스에 대한 유감을 다루는 단락에서 레비나스 사상 안에 깃들어 있는 주체와 타자 간에 결정된 완고한 2항 관계와 급격한 초월성을 지적하면서 그것이 자칫 윤리적 행위에 있어서의 경직성으로 변할 수 있음을 지적했다. 물론, 그것은 전체주의를 야기시켰던 근대적 대칭성, 상호성, 동일성에 대한 레비나스의 의식적 거리두기의 결과라 할 수 있다. 이런 이유로 레비나스는 어떤 수단을 통해서도 지배할 수 없는 타자, 나와 똑 같은 위치에 있지 않은 타자, 나로 환원될 수 없는 절대적 외재성(초월성)으로서의 타자를 말했던 것이다.

하지만 나는 레비나스의 타자에 대한 지나친 '비대칭성', '거리두기', '낯설게 하기'가 오히려 윤리적 행위의 실천력을 후퇴시킬 수 있는 원인이 될 수 있음을 경계하고자 한다. 레비나스에게 타자가 타자인 이유는 불러도 불러도 대답 없는 이름이기에 타자인 것이고, 레비나스에게 내가 주체인 이유는 비록 지쳐 쓰러져갈지언정 불러도 불러도 대답 없는 타자에 대한 면대(面對)를 포기하지 않기에 주체일 수 있는 것이다. 레비나스에게 윤리란 이렇듯 얼굴(주체)과 얼굴(타자)의 양자관계 속에서만 유의미하다. 하지만, 그 안에는 수많은 타자들과 함께 살아가고 조합되는, 나와 세상 간의 복수적 관계, 복수적 윤리는 보이지 않는다.

그런 점에서 앞서 언급했던 '타자를 위한 존재'를 표방하는 본회퍼의 교회론은 복수적 관계, 복수적 윤리를 지양하는 윤리 형성에 영감을 불어넣는다. 다양한 타자들이 모였다가 흩어지는 교회는 그야말로 복수적 관계의 총체이고, 그 안에서 이루어지는 코이노니아는 복수적 관계의 실험 내지 모범이 될 수 있기 때문이다. 또한 교회의 또 다른 요소라 할 수 있는 디다케는 수동적으로 교회 내 봉사로 축소시킬 수 있겠지만, 그것이 대사회적 관계로 표출될 때는 다원화된 사회 속에서 필연적으로 발생하는 다양한 타자들의 입장과 처지를 섬기는 복수적 윤리의 형태로 전환되어야 한다.

몇 해 전 시카고 대학에서 은퇴한 데이비드 트레이시도 레비나스와 같이 근대가 지녔던 전체성의 폭력에 대해 문제를 지적하면서도 레비나스의 '면대면面對面 윤리'와는 다른 처방을 내린다: "근대가 제공했던 거대 담론의 폭력에 의해 무시당하고 소외당하고 지배당했던 모든 사람들의 고난의 경험과 기억이, 은폐된 채로 자신을 드러내던 그 하나님을 세상 밖으로 나오게 했다"■고 말이다. 트레이시는 신이란 이해되거나 파악되는 존재가 아니라는 점에서는 레비나스에 공감하나, 고난받는 타자들의 집단적 경험, 기억 그리고 집단적 연대를 강조함으로써 '면대면' 윤리가 지닌 무한소를 향한 수렴을 무한대를 향한 발산으로 바꾸자고 제안한다. 트레이시의 이러한 건의는 레비나스가 지녔던 완고하고 철저했던 윤리적 물음을 "산만하고 다양한 세계화된 세상 속에서 하나님은 어떤 모습들로 나타나는가?"라는 복수적 윤리에 대한 기대로 우리를 인도한다.

■ David Tracy, *On Naming the Present: God, hermeneutics, and Church* (New York: Orbis Books, 1994), 37.

복수적 윤리에 대한 제안은 기술문명에 바탕한 새로운 미학적 패러다임을 언급했던 발터 벤야민Walter Benjamin(1892-1940)에 의해 이미 예견되었다. 발터 벤야민의 기념비적인 논문 "기술복제 시대의 예술작품"은 마치 현대의 첨단 테크놀로지에 바탕한 가상의 공간, 즉 인터넷 시대를 예감하고 있다는 평가를 받는다. 기술과 예술의 만남이라는 새로운 시대의 문화적 현상에 대해 회의적이었고 여전히 예술 작품이 지닌 아우라에 집착했던 아도르노로 대표되는 1세대 프랑크푸르트 학파 학자들과는 달리, 벤야민은 기계적으로 재생산된 예술이 전통적 아우라의 개념을 파괴하여 새로운 미적 아우라를 창출할 수 있다고 보았고, 또한 진보적 이념과의 융합을 통해 사회 변혁의 도구로도 사용될 수 있음을 예측하였다. 특별히 기술복제 시대 예술 작품의 특징을 'free-floating contemplation' (탈향脫向, 산만함, 부유浮游함)■이라고 지적한 그의 통찰은 인터넷으로 상징되는 현대 대중문화의 속성을 미리 보고 온 것처럼 정확히 그려냈다.

기본적으로 현대를 사는 우리는 산만하여 인터넷에 떠 있는 창을 따라 부유浮游하는 주체고, 자본의 운영 원리에 따라 모든 국경이 해체된 세상 속에서 유목하는 주체다. 이제 우리의 의식은 한곳에 머무르지 않고 머무를 수도 없다. 첨단 IT 시대를 살아가는 우리는 산만하게 떠돌아다니면서 수많은 타자들과 교신하는 주체고, 세계화로 인해 파생된 자본의 흐름을 따라 국경을 넘어가고 넘어오는 수많은 타자들과 동

■ "The Work of Art in The Age of Mechanical Reproduction" in *Illuminations*, with an introduction by Hannah Arendt (New York: Schocken Books, 1968), 226.

시다발적으로 교제하고 연대해야 하는 주체다. 복수적 윤리란 이렇듯 인터넷으로 대표되는 매체 환경의 변화에 따른 현대인의 의식과 삶의 변화, 신자유주의 체제 밑에서 집요하고 처절하게 파멸되어가는 다양한 인간 실존에 주목하면서 그에 따르는 인간관계의 새로운 구성 방식에 주목하는 윤리의 새로운 이름이라 할 수 있다.

다시 쓰는
기독교 윤리

지금까지 우리는 성의 차이, 세대 차이, 지역 차이, 계급 차이, 노선 차이 등 무수한 차이들이 자아내는 관계 속에서 일정한 방식으로 엮여왔다. 그러나 그 차이를 하나로 엮었던 방식은 이제 그 기능적인 면에 있어 한계에 부딪히고 있다. 새로운 얼개에 대한 요구가 생겨나고 있다는 말이다. 이제는 현대 사회의 복수적이고 산만한 관계 속에서 얽혀지는 새로운 통합 방식, 즉 일사불란한 통제가 아니라 타자들이 지닌 차이를 그대로 인정하는 새로운 통합 방식을 추구해야 할 때다. 이는 인간들은 상호 간의 필요와 서로 상처를 줄 수 있다는 점에서 서로 깊이 연관되어 있음을 깨닫는 것이고, 우리 자신의 인격과 사회적 실존의 자리가 다를 수 있음을 이해하는 것이다.

더 구체적으로 여성은 남성과 다르기 때문에 남성에 의해 지배되고 억압되어야 할 대상이 아니라 그 다름이 존재 이유인바, 여성과 남성 그 어느 쪽도 일방적으로 인간성이 어떻다는 주장을 해서는 안 된다는 것을 깨우치는 것이고, 우리 주변에서 이제는 흔하게 볼 수 있는 이

주 노동자, 다문화 가정, 노숙자 들과 같이 나그네 된 사람들, 우리와 다른 신체장애자들과 성적 취향이 다른 사람들을 더 이상 변방에서 우짖는 목소리로 머물게 해서는 안 된다는 말이다. 이들은 모두 기존의 전체성의 테두리에서 볼 때 동일성 안으로 포섭되지 못하고 변두리에 머물렀던 타자들, 아감벤의 표현을 빌리면 호모 사케르Homo Sacer다.●
하지만, 다양한 복수적 타자들의 특수성을 지지하는 기독교 윤리의 새

●
호모 사케르(Homo Sacer)
조르조 아감벤의 책 제목이다.(*Homo Sacer: Sovereign Power and Bare Life*, Stanford: Stanford University Press, 1998). 직역하면 성스러운 자(者)지만, 현실에서는 불결한 자, 죽여도 살인죄가 성립되지 않는 자다. 체제가 체제 밖으로 밀어낸 자들인 셈이다. 미국에서 살다보면 수없이 많은 호모 사케르를 만날 수 있고, 외국인 유학생으로 공부를 하고 있는 필자 역시 호모 사케르 같은 취급을 받는 경우가 왕왕 있다. 특별히 국경을 넘었다가 다시 미국으로 입국할 경우(예를 들어, 한국 갔다 돌아올 때, 캐나다 쪽에 있는 나이아가라 폭포를 구경하고 미국으로 넘어올 때 등) 우리는 무슨 테러 용의자 취급을 받으며 국경수비대들의 삼엄한 경계와 조사를 받는다. 미국의 지하경제(3D 업종)는 대부분 불법 외국인 노동자들(주로 멕시코에서 건너온)이 담당하는데, 이민국에서 불법 체류자들의 수가 늘었다 싶으면 여지없이 불시 단속으로 들어가 이 잡듯 색출한다. 아마 그 과정에서 불상사가 발생해도 불법 체류자라는 이유로 단순사고 처리될 것이다. 우리 주변에서 호모 사케르는 너무나 다양하게 존재한다. 비정규직 노동자, 외국인 노동자, 다문화 가정, 탈북자, 노숙자, 동성애자, 좌파 빨갱이 등으로 말이다. 우리 모두 잠재적 호모 사케르인 셈이다. 그리고 그 범위와 속도는 신자유주의 팽창과 더불어 빠르고 넓게 번져나가고 있다.

로운 보편성 안에서 이와 같은 소수자들의 위치는 레비나스식 '면대면 面對面의 관계' 뿐 아니라, 다양한 횡적 연대와 접속을 통해 새롭게 획득되어야 한다.

　　기독교 윤리는 막힌 담을 허무는 기독교 신앙의 변혁적 원리와 타자를 위한 존재로서의 교회라는 자기 동일성을 포기하지 않는다. 그러나 결코 자기 동일적인 폐쇄성에 안주하지도 않는다. 오히려 그것을 넘어간다. 예수 그리스도의 대리가 그것을 보증한다(본회퍼). 그것은 모든 낯선 것 중의 가장 낯선 존재로서의 하나님이 전적으로 타자였던 모든 인간들의 하나님이 되었다는 것을 한 인간을 통해 보여주었던 사건이었다. 하나님은 그리스도의 대리를 통해 고난받는 사람들을 자신의 존재 안에 포함시킴으로써 타자성을 옹호했다. 그리하여 우리로 하여금 자기 자신이 혹은 예루살렘이 혹은 율법과 도그마가 세계의 중심이라는 생각을 버리게 할 뿐 아니라, 새롭게 획득되는 다양한 복수적 타자들의 특수성을 지지하는 자리로 우리를 내몬다. 그 자리란 자본의 논리가 유일한 삶의 원리가 되어버려 모든 차이와 다름이 균질화된 세상이고, 그곳은 또한 세계화된 사회 속에서 온갖 이유로 차별과 배제와 폭력의 상황에 놓인 복수적 타자들이 떨고 있는 자리이기도 하다. 바로 그곳에서 기독교 윤리는 다시 쓰여진다.

제 V 부 메멘토 모리, "죽음을 기억하라!"

01.
～～～～～～

죽음의
고고학 考古學

**대통령의
자살**

    고 노무현 대통령의 장례식이 열리던 시각에 맞춰 시카고와 뉴욕에 거주하며 신학을 공부하고 있는 한인 유학생들도 추모예배를 드렸다. 뉴저지 드루 대학과 뉴욕 유니언 신학교의 유학생들이 함께 드루 대학에 모여 문동환 목사님을 모시고 예배를 드렸다는 소식을 전해왔다. 시카고의 경우는 감리교 신학교인 게렛Garrett 신학교, 장로교 신학교인 맥코믹McCormick, 시카고 루터란 신학교, 시카고 신학교에서 공부하는 한인 학생들이 시카고 신학교 채플실에 모여 추모예배를 드리고, 소찬을 나눈 후에 시국토론회도 개최하고, 성명서도 낭독했다.
  두 경우 모두 지역 언론의 보도를 타서 추모예배에 대한 기사가 신문에 실려 한인 사회에 알려졌는데, 문제는 추모예배 기사 밑에 달린 댓글들에서 발생한 것이다.■ 노무현이 크리스천이 아니었는데 왜 추모예배를 드리냐? 신학교에서 불교 신자의 추모예배를 드렸다고 난리다. 노무현이 불교 신자였나? 다른 쪽에서는 빨갱이를 걸고넘어진다. 미국 이민 사회에서 좌파와 빨갱이라는 낙인은 한국 본토에서보다 훨씬 더 강력한 파괴력을 지닌다. 전체 미국 사회에 있는 한인 이민자의 상당수가 박정희, 전두환 시절에 이민 온 경우라, 아직도 반공은 그들의 굳건한 실천이성이다. 이런 까닭에 이민 사회에서 이루어지는 대화와 토론 중에 좌파와 빨갱이가 뜨면 모든 상황은 종료된다. 노무현은 바로 그 좌파다. 그런데, 어떻게 좌파에 대한 추모가 가능하냐는 것이다. 사실 여기까지는 허허 웃으며 넘어갔는데, 죽음과 자살에 대한 물음 앞에서는 말문이 막혔다. 신앙인으로서 죽음을, 그리고 그 죽음을 스스로 결정한 선택과 행위를 어떻게 받아들여야 하는가?

　　미국에 와서 생활하면서 나는 고국에서 들려온 몇 건의 굵직한 자살 소식으로 충격에 빠졌던 기억이 있다. 홍상수 감독의 영화 〈오! 수정〉에 나왔던 영화배우 이은주가 자신의 아파트에서 목을 매어 자살했다는 소식, 그 전에 현대그룹 회장 정몽헌이 자신의 사무실에서 투신하여 자살한 사건, 작년에 있었던 대스타 최진실의 자살, 그리고 노무현 전 대통령의 자살까지…… 인기 스타와 재벌, 그리고 대통령이라 할지

■ 시카고 신학교와 드루 대학에서 드렸던 고 노무현 대통령 추모예배 관련 신문기사와 반응을 아래에 링크한다.
http://chi.christianitydaily.com/view.htm?id=183792&code=cg
http://www.usaamen.net/bbs/zboard.php?id=usa3&no=4588

라도 현재 대한민국 사회에서는 죽음에 대한 유혹과 압제로부터 자유롭지 못하다. 그들을 죽음으로 이르게 했던 강압의 내용이 무엇인지 우리는 알지 못하나, 그들의 죽음은 살아남은 우리에게 충격으로 다가오는 것만은 분명하다.

나는
무엇을 말하고자 하는가?

　　　　　　　　　　이 장의 전체 제목을 "죽음의 고고학考古學"이라 붙였다. 푸코의 개념을 차용한 것이다. '고고학'은 푸코가 그의 초기 저작들에서 관심을 두었던 사항이다. 그의 박사학위 논문이었던 《광기의 역사》, 그를 세상에 알린 《말과 사물》, 그리고 《지식의 고고학》에서 푸코는 다양한 지식들을 둘러싼 관계들의 역학과 역사를 다룬다. 역사적 주류에 의해 정립된 지식 이면에 가리어진, 침묵하는 소리를 발굴하고, 주류 담론학에서는 나오지 않는 잊혀진 과거를 드러내어 당대 지식에 시비를 걸고 흠집을 낸다는 측면에서 푸코의 '고고학'은 탈근대적 가치를 지닌다.●

　　죽음은 인간 지식의 경험적 한계를 벗어난 영역이다. 이런 이유로 죽음은 강박적이고, 그 압박은 인간에게 다양한 방식의 죽음 이해, 죽음 맞이 형태로 나타난다. 인류 역사에서 전개됐던 가장 보편적인 죽음 이해는 죽음 이전과 이후를 분리하여 죽음 이후를 신화화하는 것이다. 대부분의 종교에서 보이는 죽음에 대한 이해가 이에 속한다. 불교에서는 말하는 윤회, 몸과 혼의 급격한 분리 후 구천을 떠도는 영혼(샤머즘), 특별히 기독교에서 죽음은 부활과 한 쌍의 완벽한 조합을 이루어, '고난-죽음-부활-승천-재림-새 하늘 새 땅'으로 이루어지는 기독교 주류 담론의 기틀을 형성했다.

  죽음에 대한 이해가 공통적으로 죽음 전후의 질감 차이로 인한 인간적 상상에 기반한다면, 죽음을 맞이하는 방식은 각 문화별·개인별로 천차만별이다. 죽음에 대한 생각을 은폐하거나 억압하여 죽음으로부터 멀리 도망치는 사람이 있는가 하면, 죽음을 엄연한 삶의 조건으로 강하게 인정한 나머지 죽음의 그림자가 아직 끝나지 않은 삶을 강하게 지배하는 경우도 있다. 죽음을 삶의 한 조건으로 인정한다는 것이 삶에

● 푸코의 고고학

20세기 말부터 진행되고 있는 탈근대에 대한 논의는 각 분야에서 다양한 편차를 지니고 전개된다. 특별히 지성사적 의미에서 보자면 지난 50년간 프랑스 철학계에서 일어난 (탈)구조주의 논쟁을 빠뜨릴 수 없을 것이다. 흥미로운 점은 대표적으로 이 분야의 사상가들로 꼽히는 사람들이 모두 "나는 (탈)구조주의자가 아니다"라고 했다는 점이다. 그만큼 (탈)구조주의는 한마디로 규정하기도, 공통의 분모를 도출해내기도 어렵다는 반증일 것이다. 그럼에도 불구하고 무언가 공통된 문제의식이 있다면, '주체가 과연 어떻게 형성되는가?'에 대한 물음이다. 기존의 철학이 인간 이성의 확실성을 근거로 모든 것이 인간의 이성에서 비롯되는 것임을 밝히는 작업이었다면, (탈)구조주의는 이러한 가정을 뒤엎고 인간을 언어, 역사, 사회구조 등에 의해 형성되는 우연적이고 불안한 존재로 파악하기 시작한다. 이러한 주장의 대표주자가 푸코다. 고고학은 이렇듯 기존 지식체계 안에 내포되어 있는 이데올로기의 음모를 드러내는 푸코의 학문하는 방법이라 할 수 있다.

대한 제한을 의미하는 것이 아님에도 불구하고 말이다.

필자가 이 글의 제목을 "죽음의 고고학"이라 명한 이유는 분명하다. 죽음에 대한 가장 오래되고 일반적인 반응들, 그것은 위에서 언급했던 종교적인 반응들로서 죽음 이후를 내세로 규정하여 관념화하고 그 관념을 신화화·신념화함으로써 죽음에 대한 논의를 보편화시켰던 반응들을 말하는데, 이와는 달리 기존 죽음 논의 이외의 침묵하는 죽음에 대한 증언들, 예를 들어 미술, 역사, 철학 등 다양한 유물(?)을 통해 죽음과 결부된 묻혀 있던 과거를 발굴한다는 점에서 '죽음의 고고학'이다. 이러한 작업을 통해 죽음이 팽배하고 만연한 우리 사회에 죽음을 이해하는 또 다른 창이나 약간의 틈을 낼 수 있다면, 그래서 죽음을 다시 사유하고 물을 수 있다면 그것으로 이 글의 의미는 족하다.

플라톤의 영혼론과
초대교회의 '몸soma' 개념

기독교의 부활사상과 맞물려 다루어지는 죽음 이외에 서양의 철학과 종교에서 죽음이 독자적인 관심과 논의의 대상이 되었던 적은 거의 없다고 해도 과언은 아니다. 현대 철학으로 넘어와서 주로 프로이트와 라깡으로 이어지는 정신분석학을 덕목으로 가져오는 학자들과 비슷한 시기에 프랑스에서 번져나갔던 실존주의 철학자들에 의해 죽음이 다루어지고 있을 뿐, 서양 철학사에서 죽음에 대한 해석이 이루어졌던 기억은 실로 미비하다.

그럼에도 불구하고 죽음이 도대체 무엇인가?라는 물음에 직면했을 때 그 논의의 시작은 플라톤에게로 거슬러 올라간다. 하지만 엄밀하게 말해서 플라톤에게 있어 죽음은 없다. 그는 영혼불멸설을 주장하며 '육체는 영혼의 감옥'이라 말한다.* 플라톤에게 현실의 삶이란 영혼이 육신의 감옥 안에 들어와 있는 것이고, 죽음은 다시 영혼이 육신과 분리되어 원래의 자리, 즉 이데아의 세계로 되돌아가는 것이다.

이러한 플라톤적 도식은 서구 형이상학의 전형이라 할 수 있다. 첫 번째 단계에서 '이데아의 세계'와 '물物의 세계'가 날카롭게 대립한다. 그 다음 단계에서 이데아의 세계는 자신의 속성을 물의 세계로 내어준다. 그것이 플라톤에게 있어 영혼 개념이다. 마지막 단계에서 영혼을 물질에 구현한다. 그것이 현실의 삶이고, 현실의 삶 속에 구현되었던(갇혀 있었던) 영혼이 다시 이데아의 세계로 돌아가는 것이 죽음이다.

헬레니즘적인 사유와 그리스도교의 상관성에 주목하는 견해들은 플라톤적인 급격한 초월이 후에 서구 그리스도교의 발전 과정에서 절묘한 대칭을 이루며 그리스도교 도그마 형성에 영향을 끼쳤다고 주장한다. 태초에 신이 있었다. 신이 인간 세계(피조 세계)를 구원하려고 자신을 내어준다. 그가 예수 그리스도이고, 그는 철저히 인간이라는 물질 안에 구현되었다. 그리고 그는 사망과 권세를 물리치고 부활하여 하늘로 귀환한다. 그 과정을 통해 예수 그리스도는 존재론적으로는 크리스천을 하나님에게로 이어주는 탯줄과도 같은 역할을 하고, 인식론적으

- "우리들이 신체에 사로잡혀 있고, 우리들의 영혼이 이 악으로 뒤덮여 있는 한, 우리들은 절대로 우리들이 얻으려고 애쓰고 있는 것, 즉 진리에 완전히 도달할 수는 없을 것이다."(파이돈, 66b) - J. Hirschberger, *Geschichte der Philosophie*, 《서양철학사(上)》, 강성위 역 (대구: 이문출판사, 1983), 163.

로는 신의 세계를 가늠할 수 있는 근거가 된다. 플라톤의 영혼 개념은 이와 너무나 닮았다. 영혼은 존재론적으로 인간이라는 물의 세계에 구현된 이데아의 역할을 하고, 인식론적으로 이데아를 밝히는 근거가 된다.

하지만, 그리스도교 신학은 플라톤의 영혼불멸설에 대해 일면 수긍을 하면서도 다음과 같은 이유에서 영혼불멸설과 거리를 둔다. 왜냐하면 육체는 죽지만 영혼은 영원하다는 생각은 현세의 삶에 대한 반감과 현실적 문제에 대한 거리두기로 전락하여, 신앙의 역동성을 자칫 개인의 구원에만 한정시킬 수 있기 때문이다. 이는 인간을 죽음으로 모는 체제의 압제와 폭력에 대해 침묵하게 한다. 후에 맑스와 니체가 서구 기독교의 체제 영합적이고 현실 유지적인 면을 비판하면서 '종교는 아편'이라 말했을 때, 그 종교란 영육이원론에 기반한 그리스도교라 할 수 있다. 그러나 그리스도교가 전하는 건강한 부활신앙은 플라톤의 영육이원론에서 벗어나 있다.

이러한 사실은 바울이 고린도전서 15장에서 '죽은 자들의 부활'을 설명하는 대목에서 잘 드러난다. 초대교회에서 "죽은 사람이 어떻게 살아나며, 그들은 어떤 몸으로 옵니까?"(고전 15:35/새번역)라는 물음이 생겨났다. 이에 바울은 다음과 같이 대답한다: "형제자매 여러분, 내가 말하려는 것은 이것입니다. 살과 피는 하나님 나라를 유산으로 받을 수 없고, 썩을 것은 썩지 않을 것을 유산으로 받지 못합니다"(고전 15:50/새번역).

본문(고전 15:50)상으로 볼 때 부활이 살과 육, 즉 사륵스sarks의 부활 아님은 분명하다. 아니면, 바울은 영pneuma의 부활을 말하는가? 그렇다면, 기독교의 부활은 영지주의로 전락한다. 불트만은 초대교회가 어느 정도 영지주의의 영향력 아래에 있었음을 부인하지는 않는다.[■] 하지만, 불트만은 초대교회가 영육이원론에 대한 고착화를 도모하고자 했던 것이 아니라, 표상 방법으로 '영적인 것' 과 '육적인 것' 이라는 표현을 영지주의로부터 끌어왔다고 밝힌다.[■■]

이에 대해서는 안병무도 동의한다. 안병무는 초대교회가 영지주의의 영향을 받았다는 불트만의 해석에 대해 다음과 같이 부연 설명을 한다: "바울이 영적인 것과 육적인 것이라는 표현법을 도입했으나 그 기본 의도는 육과 영을 분리시키는 이원론을 고수하려는 데 있는 것이 아니라 삶의 목표를 어떤 방향으로 설정해야 하는가를 말하기 위함이었다. 그 결과 이원론을 극복하기 위하여 '몸soma' 이라는 개념을 등장시켰다. 그는 육으로는 하나님 나라를 상속받지 못한다고 확언한 반면에 영의 몸, 몸의 부활을 말하고 있다. 그는 몸이라는 개념을 사용함으로써 영과 몸을 구별할 수 없는 통전적인 인간whole being 을 말하려 했던 것이다."[■■■] 이러한, 바울의 몸soma 담론은 후에 우주적 그리스도론, 교회론, 종말론으로 이어지는 그리스도교 특유의 신앙의 연쇄고리를 형성한다.[■■■■]

[■] "바울은 그가 이미 전해 받은, 예수의 죽음은 속죄 제물이라는 해석을 반성 없이 영지주의의 개념들과 이어 놓았다. 그리고 마찬가지로 그는 예수의 죽음과 부활을 해석할 때 밀의종교들과 그들의 성체 신앙의 개념들로 말할 수 있었다." – 루돌프 불트만,《기독교 초대교회 형성사》, 허혁 역 (서울: 이화여자대학교 출판부, 1993), 198.

[■■] Ibid.

[■■■] 안병무,《민중신학 이야기》(천안: 한국신학연구소, 1990), 219.

[■■■■] "그리스도의 죽음과 부활은 '옛것' 에 종지부를 찍고 새것을 일으킨 우주적 사건이다(고후 5:17). 그(바울)에게 있어서 그리스도는 인간 개체의 윤곽을 지닌 형태를 상실했고, 이른바 우주적인 형태, 신앙과 세례에 의해 그의 한 소재가 된 모든 사람에 속해 있는 한 '몸' 이

이와 같이 초대교회가 전파했던 부활은 육, 곧 가장 부정적인 육체성에서부터 가장 이상적인 정신성까지를 포섭한다. 이 말은 초대교회가 증언하는 인간이란 플라톤의 그것처럼 영혼(프시케)과 육체(사륙스)를 두부모 자르듯 나눌 수 있는 존재가 아니라는 말이다. 인간은 영과 육이 결코 분리될 수 없는 전인적인 존재다. 그리하여 바울은 고린도전서 15장에서 통전적인 인간을 서술하는 새로운 개념인 몸(소마)을 소개했고, 그 몸의 부활을 제시했던 것이다.

결국, 초대교회의 발전 과정, 즉 이방세계로 그리스도교가 전파되는 과정에서 당시 지배적인 인식론이라 할 수 있는 영과 육의 이분법으로 해소되지 않는 총체적 인간으로서의 몸의 부활을 초대교회는 이야기했고, 이러한 초대교회가 지녔던 몸 이해는 플라톤식의 영육이원론에 입각한 영혼불멸설을 받아들였던 헬라 문화권의 입장에서 볼 때 충격적인 사건이었음이 분명하다.

아리스토텔레스, 플라톤을 넘어서 or 플라톤의 또 다른 각주?

플라톤의 제자였던 아리스토텔레스에게 죽음의

되었다(고전 12:2f; 갈 3:27f). 왜냐하면 사람들은 '그와 합하여' 세례를 받았고(갈 3:27) '그리스도 안에서' 기독교적 생활은 맴돌기 때문이다. '그리스도 안에서' 라는 표현은 결코 흔히 오해되는 바처럼 신비주의 문투가 아니고 오히려 그리스도의 몸은 교회이기 때문에 교회론적인 표현이라고도 할 수 있는 영지주의적 우주론적 문투이다. 혹은 그리스도의 '몸' 의 구성과 함께 종말론적 사건이 시작되었기 때문에 종말론적인 표현이라고도 할 수 있다." - 루돌프 불트만, 《기독교 초대교회 형성사》, 허혁 역 (서울: 이화여자대학교 출판부, 1993), 198.

의미는 플라톤의 그것과는 달랐다.■ 아리스토텔레스는 영혼을 부인하지는 않았지만, 현실적 삶 속에서 자기라는 것은 육신과 영혼이 현실적 시간과 공간 안에 합치돼 하나가 되어 있는 것이므로,■■ 이것들이 분리된다는 것 자체가 그에게는 파국이 되는 것이었다. 아리스토텔레스는 질문한다: "이데아의 세계로 돌아간 영혼이, 생물학적이고 물리적인 몸을 입고 있었던 자기가 자신이라는 사실을 어떻게 인식하고 그것의 정당성을 무슨 근거로 보장받을 수 있는가?" "나를 나라고 부를 수 있는 근거는 나의 개별적 영혼이 나의 생물학적(물리적) 신체와 하나가 될 때 비로소 완성되는 것이 아닌가?"

아리스토텔레스에게 있어 분명한 사실은 지금 여기에서 내가 나의 육신을 입고 개별적 나의 영혼을 감지하고 있다는 게 생명이라는 것이었다. 그렇기에 이러한 합일이 깨어지는 죽음은 비록 영혼의 죽음이 아니라 할지라도, 내가 나로서 인지될 수 없기 때문에 그의 스승이었던 플라톤과는 달리 생물학적 죽음에 대해 자유로울 수 없었다. 이렇듯 아리스토텔레스는 영혼과 육체가 결합된 현실의 개체에 주목했다. 영혼은 자연과 단절되어 있는 것이 아니라, 연속선상에 위치한다. 아리스토

■ "아리스토텔레스는 그의 인식론을 전개함에 있어서 플라톤의 견해를 무시함으로써 출발하고 있다. 과학은 플라톤이 말한 바와 같은 감각 경험을 넘어서는 이데아들을 필요로 하지 않는다. 이들은 사실상 단지 시적인 은유들일 뿐이다. 과학에 있어서 필요한 것은 '多(many)'를 넘어서는 '一(one)'이 아니라 (즉 플라톤이 얘기한 것 같은 구체적 감각 세계에서는 실현될 수 없는 그러한 순수한 개념들이 아니며) 단지 여러 가지 다른 것들에 하나의 용서를 서술시킬 수 있는 가능성뿐이다." – A. E. Taylor, *Aristotle*, 《아리스토텔레스》, 이정우 역 (서울: 종로서적, 1986), 53.

■■ "한 사람의 성격 자체는 하나의 실체가 아니라 습관들의 복합체 또는 그의 주위를 둘러싼 세계로부터 오는 충격들에 대응하는 일정한 방식." – Ibid., 48.

산치오 라파엘로, 〈아테네 학당〉, 프레스코 벽화, 579.5×823.5cm, 1509~1510년

위의 그림은 바티칸이 스텐차 델라 세냐투라(stanza della Segnatura) 미술관에 소장되어 있는 라파엘로의 〈아테네 학당〉 중앙 부분이다. 그림 오른쪽에 서 있는 플라톤은 왼손에 《티마이오스》라는 책을 들고 오른손으로는 하늘을 가리킨다. 그리고 그 옆에서는 아리스토텔레스가 역시 왼손에 《윤리학》을 들고 오른손으로는 바닥을 땅으로 향한 채 앞으로 뻗고 있다. 《티마이오스》는 플라톤의 우주론을 담은 책이다. 이 책에서 플라톤은 옳고 그름에 대한 이해가 우리 경험의 범주인 공간적·시간적 제한에 갇혀 있지 않다는 것, 그러므로 인간의 삶이 우주적 질서에 순응해야 한다는 것을 강조한다. 반면, 아리스토텔레스의 《윤리학》은 인간이 이 땅에서 어떻게 잘 살아갈 것인가를 다룬다. 이 그림은 관념과 이상의 세계를 추구하는 플라톤과 현실과 경험을 중시하는 아리스토텔레스의 대립을 압축적이고 강렬하게 보여주어 고대 철학을 다루는 책에 심심치 않게 등장한다.

텔레스에게 영혼과 육체는 독자적 실체가 아니라 분리될 수 없는 두 측면이었던 것이다. 분명 아리스토텔레스는 플라톤보다는 전향적인 영혼에 대한 관념을 갖고 있었다.▪

이후 서구 정신사에서 영혼에 대한 논의는 플라톤적인 초월과 아리스토텔레스적인 내재를 사유하는 경향이 주기적으로 반복되며 나타났다. 하지만, 아리스토텔레스적인 내재 역시 엄격히 말하면 초월적 요소를 상당 부분 함축하고 있다. 비록, 아리스토텔레스가 영혼과 결합한 신체에 대한 주장을 제안했다손 치더라도, 신의 선재성과 그에 따르는 영혼의 독자적 가치를 인정했다는 점에서 여전히 그의 스승이었던 플라톤의 그늘 안에 놓여 있음을 부정하기는 어렵기 때문이다.▪▪ 다만 상대적으로 플라톤적인 과격한 초월보다 약하다는 의미에서 아리스토텔레스의 내재를 완만한 초월이라 부르는 것은 가능하겠지만 말이다. 결국, 근대가 도래하기 전까지 수천 년 동안 서구 역사에서 영혼에 대한 논의는 전체적으로 초월적 사유로 이어져 갔다고 볼 수 있다.

▪ J. Hirschberger, *Geschichte der Philosophie*, 《서양철학사(上)》, 강성위 역 (대구: 이문출판사, 1983), 264-265.
▪▪ Ibid., 268.

02.

중세, 죽음이 편재했던 시기

죽음의 무도

2009년 세계 피겨스케이팅 선수권대회에서 국민 여동생 피겨 요정 김연아 선수가 검정색의(빨강이었나?) 드레스를 입고 연기를 펼치다가 급하게 턴을 돌더니 관객들에게 뇌쇄적인 표정을 지으며 자신의 순서를 마무리 짓는다. 언론에서는 여자 선수 최초로 200점이 넘은, 피겨스케이팅 세계신기록이라고 찬사를 보냈다. 당시 김연아 선수가 연기할 때 흘러나왔던 음악이 바로 생상의 〈죽음의 무도〉다. 원래 이 곡은 중세 말기에 유행했던 '죽음의 무도 dance macabre'에서 기원한다. 춤을 추고 추다가 죽음에 이른다는 경이적이고 낭만적인 모멘트, 그 안에 깃든 서글픔, 허무를 초극하려는 의지와 공포에 맞서는 몸부림!

베른트 노트케(Bernt Notke, 1435-1508), 〈죽음의 춤〉(1463년경),
에스토니아 니굴니스테 교회 소장

'죽음의 무도'는 중세 말과 르네상스를 거치면서 서구 종교와 예술 전반의 중요한 모티브가 된다. 위에 걸린 그림 베른트 노트케의 〈죽음의 춤〉을 비롯한 많은 '죽음의 무도'를 그려내는 작품들에 등장하는 인물들을 보면 일반 백성, 귀족, 사제, 심지어는 교황까지 해골과 손을 맞잡고 춤을 춘다. 마치 온 유럽이 죽음과 한판 대동의 춤판을 벌이고 있는 형국이다. 이런 문화사적 영향 때문일까, 그리스도교에서 춤은 중요한 상징이다.

"춤춰라! 어디서든지
신나게 멋있게 춤춰라!"

중·고등학교 시절 내가 자라난 교회에서 즐겨 불렀던 노래 한 곡이 기억난다. 1960년대 미국 사회운동 전성기에 불렸던 노래를 번역한 곡이라고 하는데 〈춤의 왕〉이라는 제목의 노래다. 예수의 일생을 짧게 요약하여 각 절의 가사를 만들고, 후렴구를 반복하는 형식이었는데, 그 후렴구 가사가 이렇다: "춤춰라! 어디서든지, 신나게 멋있게 춤춰라! 나는 춤의 왕, 너 어디 있든지 나는 춤 속에 너 인도하련다." 예수의 춤을 통해 예수의 기억 속에 우리가 새겨진다는 것, 우리의 춤을 통해 우리의 기억 속에 예수가 저장된다는 이 가사의 내용은 사춘기 시절 나에게 인간이 된 신의 아들 예수에 대한, 그리고 그 예수와 인간이 맺는 무리지음에 대한 한없는 감동과 기쁨, 그리고 깊은 울림으로 다가왔었다.

　몇 해 전 카렌 바커-플레처Karen Baker-Fletcher가 《신과 함께 춤을 Dancing with God》을 출판했다.■ 책 제목을 처음 보자마자 중·고등부 시절 자주 불렀던 〈춤의 왕〉이 생각났다. 이 책의 부제가 "The Trinity from a Womanist Perspective"인 것으로 보아 삼위일체 교리를 흑인 신학, 특별히 흑인 여성의 관점에서 풀어내고 있음을 쉽게 짐작할 수 있고, 그 과정에서 바커-플레처는 춤Dance을 중요한 메타포로 사용한다. "그녀에게 있어 춤은 폭력과 고난을 극복해나가는 용기와 치유"라고 이 책의 서평에 참여한 GTU의 아르키 스미스Archie Smiths는 말한다. 결국, 바커-플레처가 이 책에서 끌어온 '춤'이라는 상징도 중세 말 '죽음의 무도' 이후 서구 정신 깊숙이 저장된 춤에 대한 모티브에서 영감을 얻어 그녀 자신의 해석학으로 발전시킨 경우라고 말할 수 있지 않을까?

　기독교뿐 아니라 중세 말 유럽을 강타한 이슬람 신비주의 계열의

■ Karen Baker-Fletcher, *Dancing with God: The Trinity from a Womanist Perspective* (Chalice Press, 2006).

수피교도들에게도 춤은 신에 이르는 중요한 모티브다. 시카고는 미국에서도 대표적인 다민족, 다문화, 다종교 사회다. 이런 까닭에 신학교들마다 유대교와 이슬람에 대한 관심과 대화의 일환으로 이슬람권 학생을 장학생으로 선발하여 이슬람과 신학의 대화를 도모하기도 하고, 유대교 랍비를 교수로 초빙하여 유대교와 기독교 간의 다리를 놓는 강의를 열기도 한다. 이러한 학문적 분위기 속에서 모스크와 유대교 회당을 방문하여 그들의 예전에 참여하고 이슬람 이맘(이슬람 종교 지도자)이나 유대교 랍비들과 대화를 나누고 서로의 궁금증에 대해 묻고 답을 할 기회가 종종 있다.

석사 시절 터키에서 온 이슬람 친구 덕분에 수피교도들이 신과의 만남을 갈망하면서 원색의 양탄자 위에서 빙글빙글 춤을 추며 입신(?)의 경지에 이르는 모습을 볼 기회가 있었다. 그 광경을 보면서 '이제 죽어도 여한이 없겠구나. 이 춤을 추다가, 이 춤을 추고 추다가 죽어도 괜찮겠다'는 위험한(혹은 황홀한) 상상에 빠진 적이 있었다. 어쩌면 모든 종교는 삶과 죽음이 매양 하나임을 말하고 있지 않을까? 각 종교의 제도화된 종파에서는 교리적 잣대로 어느 정도 삶과 죽음에 대한 구분 내지는 그것들의 경계에 대한 엄격성을 유지하겠지만, 모든 종교의 신비주의 계열에서는 삶과 죽음의 경계가 모호해지고 무화된다. 물론, 역사는 그들을 변방에 머물러 있었던 이단아로 적고 있지만 말이다.

이렇듯, 중세 이후 서구 사회 깊숙이 각인된 '죽음의 무도'라는 상징은 죽음의 일상성, 죽음의 편재라는 절망적 상황을 춤판이라는 상반된 이미지와 결합시켜 그 비극미를 극대화시킴과 동시에 인간이라면 누구나, 그(녀)가 비록 대단한 권력과 인기를 가진 왕이나 교황, 혹은 유명한 슈퍼스타라 할지라도 죽음을 피해갈 수 없음을 보여준다. 이를 가리켜 사람들은 '메멘토 모리memento mory' (죽음을 기억하라)라는 말로 표현했다.

중세,
죽음이 편재했던 시기

'메멘토 모리'라는 짧은 경구로 대변되는 삶에 대한 허무와 죽음의 공포는 시대에 따라 그 모양새와 강도가 다르긴 했지만 인류 역사의 발생과 더불어 끊임없이 이어져 내려왔다. '신은 죽었다'고 선언한 니체는 근대 이후 전통적 서구 기독교 가치의 몰락이 사람들에게 삶에 대한 허무를 선물했다고 증언하지만, 서구 역사를 거슬러 올라가다보면 기독교의 가치가 팽배했던 시절에도 그러한 감정이 여전히 인간 사회를 지배하고 있었음을 발견할 수 있다. 중세 말이 그런 대표적인 경우가 아닐까 싶다.

죽음의 테마가 중세 말을 휩쓴 이유들 중 하나는 페스트의 창궐에 있었다. 기록에 따르면 1437년에 발생한 페스트는 3년 만에 대륙 전체를 휩쓸면서 유럽 전체 인구의 1/3을 죽음으로 몰아넣었다. 이후에도 페스트는 10년 혹은 12년을 주기로 비록 소규모였지만 지속적, 국지적으로 발생했다. 그 당시 유럽인들에게 있어 삶은 어쩌면 눈앞에 있는 죽음을 준비하는 기간이었는지도 모르겠다. 죽음에 대한 공포는 푸닥거리를 필요로 했고, 그 푸닥거리에 쓰일 제물로 유대인들이 낙점되었다. 이는 유럽의 대다수 기독교인들에게 쌓여왔던 유대인들에 대한 앙심이 폭발한 것이라 볼 수 있다.

중세가 진행되면서 도시가 발생하고 수공업과 시장경제의 초기 형태가 발전하는 과정에서 유대인들은 고리대금 등 지금으로 따지면 악덕 기업주로서의 면모를 드러내며 막대한 이익을 챙긴다. 이러한 유대인들을 바라보는 유럽인들의 시선이 곱지 않았음은 물론이다. 그러던 차에 일반 유럽인들에 비해 상대적으로 집에서 고양이를 많이 기르고 있었던 유대인들은 페스트로 인한 사망률이 적었다. 그 무렵 유대인들이 기독교 신자들의 우물에 독을 넣었다는 괴소문이 돌기 시작하면서 유대인들을 향한 학살이 자행되었다. 결국, 죽음에 대한 공포는 그 공포의 함량에 걸맞은 희생제의를 필요로 했고, 그 희생은 다시 누군가의 죽음을 부르는 광기의 연속이 중세 말 유럽을 휩쓸었던 것이다.

이 과정에서 교회는 급속히 그 영향력을 상실하고 만다. 전능한 하나님이 다스리는 합리적이고 빈틈없는 우주적 질서와 은총이 넘치는 신의 섭리는 죽음의 공포, 지옥의 공포로 전환되었고, 많은 사람들은 이제 곧 자신에게 닥칠 심판과 죽음에 대해 어찌할 바를 몰라 했다. 그럴수록 로마 교황청은 교회로부터 이탈되는 사람들의 마음을 붙잡기 위해 더욱 죽음의 공포를 강조하면서 기독교 특유의 회개(고백, 고해성사)의 교리를 강요했다. 이는 종교개혁의 불씨가 되었던 면죄부 판매로 이어지면서 중세는 서서히 몰락의 수순을 밟아가는데…….

03.

하이데거를 위하여
― 87년 6월, 그 개시開示의 기억

근대의 탄생, 그리고 와해

역설적이게도, 중세 말 유럽에 휘몰아친 죽음의 테마는 정반대에 놓여 있는 이성주의를 앞당기는 계기가 된다. 존재론적으로 느끼는 삶에 대한 허무와 죽음의 공포를 인식론적으로 회의하기 시작하면서 근대(성)가 시작됐다는 말이다. 중세 철학을 마감했다는 평가를 받는 '모든 것을 회의한다'고 외친 데카르트의 '방법적 회의'와, 후에 근대 철학을 열었다는 칸트의 '주체철학'은 결국 중세 말 죽음의 테마로부터 시작된, 존재에 대한 알 수 없는 허무와 보이지 않는 공포를 극복하려는 회의와 반성적 사유에서부터 시작되었다고 볼 수 있지 않을까? 죽음이라는 알 수 없는 세력을 뚫고 피어오르는 인간 정신의 합리성! 근대는 이렇게 우리의 무지와 그 무지로 인한 공포에 한

줄기 빛을 비추며 시작된다.

　근대 이후에 철학자들(예를 들어 영국의 경험주의, 칸트, 분석철학, 논리 실증주의 등)에게 있어 죽음은 더 이상 논의의 대상이 아니었다. 왜냐하면, 근대 이후 철학에서는 경험이나 관찰을 통해서 증명해낼 수 없는 것들을 철학적 화두에서 배제시켰기 때문이다. 이런 이유로 신이나 죽음, 천국 등 우리가 경험할 수 없는 이슈들에 대해 관심을 갖지 않게 되었고, 우리 감각에 포획되는 확실한 것, 드러난 것, 자명한 것, 눈에 보이는 현상세계들에 집중하게 된다. 그러다가 20세기에 들어와 두 차례의 세계대전을 경험하면서 실존주의자들에 의해 철학 안에서 죽음의 테마는 다시 새롭게 사유된다.

　인간에게 행복을 가져다주리라 믿었던, 근대적 이성에 기반한 기술문명이 전체주의와 결합되면서 어떻게 인류를 재앙에 이르게 했는지? 역사상 유례가 없었던 한 민족을 향한 말살이 어떻게 계몽의 시대를 거치며 진화를 거듭해온 인간 의식 안에서 허용될 수 있는지? 이러한 홀로코스트에 대한 트라우마는 단순히 유태인 혹은 게르만족에게 국한된 문제가 아니라, 20세기 후반 서구 철학, 신학, 역사학, 문학 등 인문학 전반에 원죄의식처럼 새겨져 있다. 그래서 인간들은 다음의 문제들에 대해 다시 질문을 던지기 시작한다: "집단이란 무엇인가? 삶이란 무엇인가? 죽음은 무엇인가? 왜 우리는 자신의 의지와 관계없이 전쟁터로 내몰리는가? 왜 우리는 자신의 의사와 관계없이 누구를 죽여야 하고 누군가로부터 죽임을 당해야 하는가? 혹, 인간 삶의 형태와 내용이 다른 동물의 그것과 별반 다르지 않은 것은 아닌가? 그렇다면, 하나님께서 창조한 고귀한 존재로서의 인간의 삶은, 사실은 인류 전체가 저질러왔던 집단 사기극 아니었던가?"

장 폴 사르트르는 봇물 터지듯 폭로되고 있는 인간 삶 전반에 대한 실존적 물음에 대해 "실존은 본질에 선행한다"■라는 대답을 던지며 인간 존재에 대한 새로운 해명을 시도한다. 플라톤과 아리스토텔레스로부터 이어져오던 서구 전통의 존재론도 아니고, 칸트가 내세웠던 선험적 주체도 아닌, 신으로부터 어떤 선험성도 부여받지 않은 인간! 다시 말해 실존주의적 인간이란 신적 디자인에 의해 움직여가는 존재가 아니라, 스스로가 현실을 향해 투신하면서 어떤 것을 경험하는, 그 과정에서 만나는 순간순간의 갈등, 선택, 결정이 그리는 궤적을 따라 미래를 만들어가는 그런 인간인 것이다.

하이데거,
패러다임의 전환

신적 디자인에 의해 움직여가는 존재가 아니라, 자기 스스로를 현실을 향해 내던지면서 미래를 만들어간다는 실존주의적 인간 유형은 하이데거Martin Heidegger(1889-1976)에 와서 그 절정을 맞는다. 하이데거에 따르면 서구 형이상학의 역사는 '존재 망각의 역사'였다. 그는 인식 주체가 인식 대상을 향한 일방적 포획으로서의 서구 근대 철학은 고전 시대(그리스 시대)가 지녔던 존재 체험을 상실했다

■ Jean-Pual Sartre, *Existentialism*, trans. Bernard Frechtman, (New York: Philosophical Library, 1974), 20.

고 비판한 후, 고대 그리스인들이 지녔던 근원적 존재 체험으로 돌아갈 것을 요구한다. 이는 마치 푸코가 근대적 주체의 문제점을 지적하면서 고대 그리스의 자기 해석으로 복귀했던 것과 형태가 같다. 하지만, 그 목적에 있어 푸코와 하이데거 간 고대 그리스를 향한 동경에는 차이가 있다. 푸코가 근대적 주체에 대한 수정을 고대 그리스인들이 지녔던 자기의 윤리학에서 끌어온다면, 하이데거는 근대적 주체에 대한 대안을 고대 그리스인들이 지녔던 존재 체험 방식에서 찾는다. 푸코에게 고대 그리스가 새로운 주체 형성을 위한 발판이었다면, 하이데거에게 고대 그리스는 우리가 복귀해야 할 원형적인 그 무엇이었던 것이다.

하이데거에 따르면, 고대 그리스인들에게 있어 신전과 신상, 그리고 신화는 그들의 삶과 떨어질 수 없는 불가분의 관계였다. 그들의 생활은 신전을 중심으로 형성되었고, 신화는 그들에게 기억의 반복이자 현실의 원칙이었다. '신전을 세웠다' 함은 근대적 의미로는 인식 주체가 인식 대상을 찾아가는 행위라 표현할 수 있겠지만, 고대 그리스인들에게 그것은 근대인의 의미와는 달랐다. 태초에 신이 먼저 있었고, 그 신이 임재하는 신전을 세움으로 대상과 의식의 합일을 도모했던 근대적 인식론이 아니라, 신전을 건축함으로써 비로소 신이 존재하게 되었고 신을 인식하게 된 것이다. 이것이 바로 하이데거가 말한 '신전을 통해 신이 그 신전 안에 현전한다'는 구절의 의미다.■ 신전을 건축함으로

■ "신전을 통해 신이 그 신전 안에 현전한다. 신이 이렇게 현전함 그 자체가 곧 그 구역을 하나의 성스러운 구역으로의 확장이자 경계 지음이다." - 폰 헤르만, "예술작품의 근원", 《하이데거의 예술철학》, 이기상 옮김 (서울: 문예출판사, 1997), 583.

신의 세계가 열린 것(개시開示)이다. 고대 헬라인들은 신전을 만들어 신을 그 안에 안치시켰고, 그 공간을 중심으로 그들의 삶의 세계, 하이데거적 의미로 '생활세계'를 건설하였다. 이렇듯 고대 그리스인들이 지녔던 생활세계는 실천적 해석을 전제로 했고, 하이데거는 이렇듯 사물의 의미를 실천적으로 드러내는 실존적 주체를 '현존재Dasein'라 불렀다.•

Episode:
1987년 6월

진리가 실존적 삶의 현장에서 개시됐던 사건은 역사상 무수히 많다. 문제는 그 이름 없는 사건이 나의 사건이 되었느냐 하는 점이다. 하이데거가 말한 '신이 신전 안에 현전한다'는 의미는 기독교식으로 '말씀이 육화되었다'는 말과 다름 아니다. 돌이켜보면 내게도 그런 사건이 있었다. 너무나도 또렷하고 생생하게 지금까지 기억하고 있는, 궁극적 진리의 현전을 봐버린 개시의 사건 말이다.

87년 6월이 그러했다. 당시 나는 고3이었다. 내가 다니던 고등학교가 신촌로터리에 있었는데, 학교와 집을 오갈 때 맡았던 매캐한 최루탄 가스와 버스 밖 풍경들, 예들 들어 푸른 옷의 전경들, 닭장차, 괴물 같았던 페퍼포그가 질서 있게 혹은 난잡하게 배치되어 있는 것을 보며 친구들과 나는 현재의 전황에 내기를 걸곤 했다. 이한열의 장례식이 열리던 날이었는데 그날 나는 학교에 가지 않았다. 학교에서 아이들이 신촌 일대에서 어슬렁거리다가 무슨 일이 생길까 봐 임시로 하루 가정학습이라는 명목으로 놀렸던 것 같기도 하고, 아니면 내가 학교를 땡땡이 쳤던 것 같기도 하고, 고3은 학교에 나와 공부하라고 해서 공부하다 사라진 것 같기도 하고……. 어쨌든, 분명한 것은 나는 그날 이한열 장례식에 있었다.

장례식 도중에 문익환 목사님이 등장하셨다. 아버지의 대학시절 스승이셨다는데, 아버지는 문 목사님이 엄격하고 학문에 열중하셨던 구약 선생님이었다고 회고하신다. 유년시절 수유리 고모네 집에 놀러 갈 때마다 아버지는 고모네 옆의 옆집이었던 문 목사님 댁에 먼저 들르셨다. 그 집 대문은 항상 열려 있었다. 나도 따라 들어가 인사를 드렸는

> 전통적인 존재론은 인식 주체와 인식 대상 간의 일대일 대응에만 초점을 맞춘다. 인식론적 물음은 이러한 존재론의 질문에 입각하여 '사유(인식 주체)가 어떻게 존재(인식 대상)를 올바르게 표현할 수 있는가'에 주목한다. 칸트와 헤겔, 그리고 후설을 거치면서 전개되는 서구 근대 인식론은 서로 간 차이는 있었지만 결론적으로는 인간 이성의 능력을 종교적 신비의 영역으로부터 독립시키고 우리의 경험과 감각에 입각한 인식론적 종합을 추구했던 역사라 할 수 있다. 그 결과 사유의 엄격성이 마련되고 과학적 사고방식이 확립되어 인류 문명 전체가 빠른 속도로 진보적(?) 방향으로 나가게 되는 계기는 마련되었지만, 그 과정에서 존재자는 단지 그냥 놓여 있는 분석과 관리의 대상으로 전락하고 말았다. 하이데거는 이러한 서구 정신사를 비난하면서 다시 존재에 대한 근원적 질문을 던진다: "있다는 것은 도대체 무엇인가?" 이러한 문제의식을 바탕으로 하이데거는《존재와 시간》에서 재래의 존재론은 '세계-내-존재'라는 현존재의 (실존론적인) 성격을 간과했다고 꼬집으면서 존재론의 역사를 다시 써내려간다.

03.
하이데거를 위하여 - 87년 6월, 그 개시의 기억

문익환 목사

데, 문 목사님은 집에 계시던 때보다는 안 계셨을 때가 훨씬 더 많았다. 아버지께 "목사님 어디 가셨어?"라고 물으면 아버지는 "감옥에 갔어"라고 말해주었다. 바로 그 문익환 목사님이 감옥에서 출소하시자마자 이한열 장례식 연사로 나오신 것이다.

　단상에 오르시더니 문 목사님은 사자후를 토하시며 "장준하 열사여! ······ 박종철 열사여! 이한열 열사여! ······" 독재정권하에서 죽어간 20여 명의 이름을 하나씩 외치면서 그 넋을 하나씩 불러내기 시작하셨다. 어렸을 때 보았던 만화영화 중 〈이상한 나라의 폴〉이라는 프로그램이 있었는데, 폴이 4차원 세계로 넘어갈 때 화면 전체가 빙글빙글 돌면서 폴이 무슨 소용돌이 속으로 빨려 들어가 이상한 나라로 입성하게 되는데 마치 그와 같았다.

　성서에 나와 있는 성령의 임재를 언급하는 대표적인 대목으로 우리는 사도행전 2장 오순절 성령강림 사건을 거론한다. 각기 배경이 달랐던 사람들, 역사도 다르고 언어도 달랐던 사람들이 성령이 강림하면서 서로의 호환 불가능했던 언어, 정서, 의식이 통했다는 사실, 이는 필자로 하여금 막힌 담을 허무는 역사가 성령의 역사이고, 서로 불통하고 찢겨져 있던 개체들이 하나가 되는 것(혹은 하나가 되어가는 몸부림)이 성령의 역사라는 사실을 깨우쳐주었다. 87년 6월이 꼭 그랬다.■

　이한열 장례식에 모였던 수십만 명의 사람이 하나로 엮어지기 시작하면서 엄청난 에네르기가 그곳을 휩쓸기 시작하더니, 곳곳에서 사람들이 오열하고, 가슴을 치고, 한목소리로 노래를 부르고 그러다가 탈진해 쓰러지고 다시 일어났다. 문 목사님이 죽어간 열사들의 이름을 하나씩 외치기 시작하는 순간부터 나는 4차원의 세계로 빨려 들어가는 폴처럼 새로운 세계로 빙글빙글 돌아 들어가고 있었던 것이다. 지금 생각해보니 그날은 내게 처음으로 성령이 임했던 날이었다.

　내가 무엇을 알았을까? 사람이 어떻게 살아야 바른 것인지에 대한 이데아가 선재하고 있다가 우연히 87년 6월의 역사적 상황이 그것과 맞아떨어져 내가 그 진리를 깨달았다고 생각하지 않는다. 민주와 정의와 자유라는 의미가 내 안에 각인되어 있다가 87년 6월에 불현듯 솟아올라왔다고 말하는 것은 억지다. 87년 6월 한복판에 내가 우연치 않게 그곳에 서 있었고 그 광경을 보고 그 외침과 울음과 노래를 듣고 하는 과정에서 진리가 확 내게 다가온 것이다. 그 사건 이후 나는 하이데거가 말하는 현존재니 현전이니 개시니 하는 암호와 같은 말들을 만날

■ 이한열 열사의 장례식은 1987년 7월 9일이다. 하지만 87년 6월의 상징성을 감안하여 6월로 기술했다.

때마다 87년 6월의 사건을 회상하며 그 의미를 반추한다. 이것이 하이데거가 말하는 '궁극적 진리의 현전에 참여하는 주체'가 아닐는지.

하이데거의 죽음 이해

궁극적 진리의 현전에 참여하는 주체, 즉 실존론적인 주체 개념하에서 하이데거는 죽음조차 현실적 삶이라는 것 안으로 끌어들여(선취하여) 사유한다.▪ 인간은 태어나고 죽는 시간의 흐름을 따라 산다. 인간은 세계에 내던져진 존재지만, 시간이 경과함에 따라 이러한 세계를 자신의 품 안에 받아들이고 나름의 이해를 통해 자신만의 세계 지평을 갖는다. 시간의 경과 속에서 사건이 발생하고 그 벌어진 사건에 맞서는 인간의 응전을 삶이라 부르는 것인지도 모르겠다. 그러므로 인간은 자신이 던져진 세상과 '맞짱' 뜨는 적극적인 측면과 자신이 던져진 세상 속에서 시간의 흐름에 따라 되어져가는 수동적인 측면을 모두 갖는다. 이런 점이 바로 하이데거의 주저라 할 수 있는 《존재와 시간》의 내용이라 할 수 있다.

인간이 그럴 수 있는 이유는 스스로가 죽는다는 사실을 인식하고 있기 때문이다. 인간은 자기가 죽음을 향해 가는 존재라는 사실을 자각

▪ "죽음은 아직도 앞에 놓여 있지 않는 것이나 최소로 환원된 최후의 나머지가 아니라 오히려 직면하고 있는 것이다." – Martine Heidegger, *Being and Time*, Trans. John Macquarie and Edward Robinson (London: SCM Press, 1962), 293-294.

하고, 죽음에 대한 불안을 자기 실존의 본질로 깨닫는다.■ 죽음에 대한 불안을 통해 인간은 '무Nichts' 앞에 서게 되며, 실존적 결단을 하고 깨어 있는 본래적인 인간(존재)가 된다.■■ 자신의 죽음을 앞질러 달려가 봄으로써 개시된 근원적 진리를 확인한 현존재가 비로소 전체로서의 진리(인간 존재)와 대면하게 되는 것이다. 그런 의미에서 죽음은 인간 이해의 근본 조건이다.

　종합하면, 하이데거는 존재가 현존재 속에서 존재를 온전히 드러내는, 근원적 진리로서의 '개시開示'를 제시함으로써 대상과 사유의 일치라는 근대적 패러다임에서 성립하는 파생적 진리와는 다른 진리 체험을 이야기하는데, 이는 죽음에 대한 그의 이해에도 영향을 끼친다. 인간의 존재가 인간의 현존재 속에서 죽음을 선취함으로써 그 존재감을 온전히 드러내기 시작하면서 비로소 인간은 온전한 주체로 다시 태어나게 되는데, 그 과정에서 하이데거는 인간이 죽음을 그릴 수 있는 것처럼, 경험할 수 있는 것처럼, 주체가 죽음을 선택할 수 있는 것처럼 이야기한다.

■ Ibid., 294-295.
■■ Ibid., 328-329.

04.

레비나스, 하이데거를 넘어서

앞 장, "메멘토 모리: 죽음을 기억하라"는 노무현 전 대통령의 자살로 기인한 죽음에 대한 단상에서 비롯되었다. 그 글이 쓰이고 있던 기간에도 우리는 김대중 전 대통령의 죽음, 구약학자 김찬국 교수의 죽음 그리고 영화배우 장진영의 죽음을 경험했다. 처음에 글을 시작하면서 노무현 전 대통령의 자살, 톱스타 최진실의 자살, 좀 오래된 정몽헌 현대그룹 회장의 자살을 이야기하며 대한민국 사회는 재벌, 스타, 심지어 대통령까지 자살에 대한 압제와 억압에서부터 자유롭지 않다는 사실, 그렇다면 크리스천으로서 자살을 어떻게 이해해야 하는가에 대한 문제의식에서 글을 시작한다고 밝힌 바 있다.

필자는 자살에 대한 논의는 죽음 그 자체에 대한 논의로부터 시작해야 한다고 생각했다. 왜냐하면 자살 역시 인간이 맞는 죽음의 방식(형태)이기 때문에 그러했다. 이런 이유로 필자는 앞의 글에서 플라톤,

아리스토텔레스 그리고 중세의 세계관과 근대 철학, 현대 실존주의 철학에 나타난 죽음에 대한 사람들의 이해를 간략하게 언급했고, 이제 하이데거와 하이데거를 넘어서는 레비나스의 죽음 이해에 이르렀다. 레비나스는 죽음에 대해 언급한 후에 자살에 대한 의견도 피력하는데 그 부분과 자살이 만연하는 한국 사회의 자살현상학에 대한 부분은 다음 장에서 전개될 마지막 주제를 위해 남겨둔다.

**여전한 '빛의 폭력者',
하이데거**

레비나스에게 있어 죽음은 하이데거와는 달리 주체가 주체로서 온전히 힘을 행사하지 못하는 것을 의미한다. 그는 《전체성과 무한 Totality and Infinite》과 《시간과 타자 Time and Other》에서 하이데거의 죽음 이해와는 다른 접근을 시도한다. 레비나스에게 있어 하이데거의 죽음은 마치 빛의 인식구조 안에 놓여 있는 무엇이다: "죽음으로 향한 존재는 하이데거의 본래적 실존에 있어서 최고의 밝음이며 그렇기 때문에 또한 최고의 남성다운 힘이다."■ 레비나스는 하이데거가 죽음으로 향하는 존재의 양태를 설명하며 '최고의 밝음', 즉 명증성 lucidity(lucid는 '빛나는, 밝은'을 의미)이라는 표현을 썼다고 지적한 후, 하이데거 역시 서구 형이상학의 특징이라 할 수 있는 '빛의 현상학' 안에 있음을 꼬집는다.

■ 임마누엘 레비나스, 《시간과 타자》, 강영안 옮김 (서울: 문예출판사, 1996), 77-78.

태양(밝음, 이데아, 근원적 진리 등)을 중심으로 하는 서구 형이상학의 동심원적 구조는 변방과 주변으로 갈수록 어두워지고 빛의 영향력을 점점 상실한다. 중심으로부터 멀어지면 멀어질수록 서구 역사의 전개 과정에서 그 대상들은 타자로 설정되었고 빛의 영역이 미치지 않는다는 이유로 정복과 타도와 착취와 왜곡의 대상이 되어왔다. 그것은 '여성/이교도/흑인/유대인/장애자/동성애자/이주노동자/좌파 · 빨갱이' 등등의 이름으로 치환되어 당대의 상황에 따라 각기 다른 이름으로 불려왔지만 기본적으로 똑 같은 논리다.

중세를 마감하고 근대를 열었다고 평가되는 '계몽주의'의 영어 스펠링이 'Enlightenment'인데, 가운데에 빛을 의미하는 단어 'light'가 배치되어 있는 것도 중세를 암흑(타자)이라 상정하고 그것을 비추고 밝힌다는 의미에서의 '빛' 이다. 이렇듯 서구 형이상학 곳곳에는 빛에 대한 동경과 집착이 짙게 배어 있다. 하이데거가 서구 형이상학에 대해 근원적 문제 제기를 하지만, 레비나스가 볼 때는 하이데거 역시 서구의 인식론적 방법의 한계를 벗어나지 못하는 '빛의 폭력者' 인 셈이다.

레비나스의
죽음 이해

'주체의 죽음' 으로 대변되는 현대 철학계의 흐름 속에서 주체에 대한 분석은 다양한 스펙트럼상에 존재한다. 주체란 그리스 신화에 등장하는 오디세이처럼 험한 여정을 마감하여 자기 자신에게로 귀환하는, 그래서 자아의 존재를 기어코 발견하고야 마는 가열

찬 의지를 지닌 반성적인 주체고, 이는 세계사를 신의 자기 인식, 자기 생성으로 파악한 헤겔류의 역사철학에 등장하는 무한 진보 신화에 빠져 있는 근대적 주체철학으로 계승되었다. 이에 반해 '주체의 죽음'을 선언하는 후기 구조주의 계열의 학자들은 근대적 프로젝트 일반에 대한 폐기를 선언하면서, 인간의 계몽, 근대적 인식론, 근대적 주체론 등 이른바 근대성의 신화에 입각한 주체에 대한 무효와 해체를 주장한다.

임마누엘 레비나스는 주체의 존재를 절대화한 독일 관념론의 전통에 대해서도 비판적이었지만, '주체의 죽음'을 운운하는 프랑스 후기 구조주의자들과도 선을 긋는다. 주체의 죽음을 선언하는 무리들 역시, 그보다 앞섰던 사람들과 마찬가지로 개인의 인격성과 타자성, 인간 존재의 윤리적 의미를 제대로 파악하지 못했다는 이유에서다.■

레비나스의 죽음에 대한 이해에서 중요한 사실은 하이데거와는 달리 죽음이 알 수 없는 실재, 즉 삶의 타자라는 사실이다. 이에 대해 레비나스는 다음과 같이 설명한다: "(이는) 죽음과의 관계가 빛을 통해서 맺어질 수 없다는 것을 의미하며 주체가 자신으로부터 유래하지 않는 것과 관계 맺고 있다는 사실을 의미한다. 주체가 신비와 관계하고

■ 데리다는 자신의 초기 저작인 *Writing and Difference* (Chicago: University of Chicago Press, 1978) 안에 있는 논문 "Violence and Metaphysics: An Essay on the Thought of Emmanuel Levinas"에서 레비나스를 신비적이라고 비판하면서, 레비나스의 타자 인식에 대해 분명한 반대 입장을 표명한다. 1995년 레비나스가 죽은 후에 데리다는 레비나스를 회상하며 "아듀! 레비나스"라는 유명한 추모연설을 하는데, 그 내용이 *Adieu to Emmanuel Levians* (Stanford: Stanford University Press, 1999)란 제목의 책으로 엮어져 출판되었다. 그 대목에서 데리다는 레비나스적 타자 발상을 상당 부분 수용한다. 레비나스와 데리다의 타자를 둘러싼 논쟁은 타자 담론의 결정판이라 할 수 있다. 이 부분은 다음 기회에 "타자를 둘러싼 논쟁사: 레비나스와 데리다를 중심으로(가칭)"라는 주제로 차후에 〈제3시대〉 웹진을 통해 발표할 계획이다.

있다고 말할 수 있을 것이다."■ 죽음은 빛의 영역(인식, 경험, 지식) 밖에서 일어나는 경험, 주체가 더 이상 주체로 설 수 없는 지점에서부터 도래하는 사건이다: "주체는 이제까지 능동적이었다. 나는 '수동성의 경험'이라 말한다. 왜냐하면 경험은 항상 이미 인식, 빛, 주도권을 의미하기 때문이다. 그렇지만 신비로서의 죽음은 그렇게 이해된 경험과는 구별된다. 내가 만나는 대상은 파악되고, 간단히 말해서 나를 통해 구성된다. 그런데 죽음은 주체가 그 주인이 될 수 없는 사건, 그것과 관련해서 더 이상 주체가 아닌 그런 사건을 알려준다."■■

하이데거에게 죽음은 내가 주인이 되는, 내가 주도권을 갖고 끝까지 밀어붙이는 그것이었지만, 레비나스에게 있어 죽음은 절대적으로 알려질 수 없는 상황, 다시 말해 빛의 명증성으로부터 멀리 떨어진 어두움이고, 우리를 엄습하고 우리를 사로잡는 그 무엇(타자)이다. 그 상황은 《시간과 타자》를 비롯한 그의 저서들에서 '얼굴/미래/여성성/타인과의 만남' 등 레비나스 특유의 레토릭으로 전개된다. 특별히 그의 주저라고 할 수 있는 《전체성과 무한》■■■에서, 레비나스는 소위 '얼굴의 현상학'을 전개하면서, 타자는 얼굴로 우리에게 다가온다고 말한다.

얼굴은 레비나스에게 있어 현시가 아니다. 얼굴은 물리적 시·공

■ 《시간과 타자》, 77.

■■ Ibid., 77.

■■■ Emmanuel Levinas, *Totality and Infinity: An Essay on Exteriority*, Trans. Alphonso Lingis (Pittsburgh, PA: Duquesne University Press, 1969). - 레비나스는 《전체성과 무한》 후반부 전체를 '얼굴의 현상학'을 테마로 하여 그의 타자이론을 전개하고 있다. 레비나스의 얼굴의 현상학과 관련된 부분은 이 책 IV부 "타자의 윤리" 중 2장 "타자의 얼굴에는 무엇이 있나?"에서 이미 언급했으니 참조하기 바란다.

간에 위치를 점하는 감각적인 상이 아니라는 말이다. 얼굴은 우리에게 깊이와 근거를 알 수 없는 흔적으로 남아 있지만, 그럼에도 불구하고 그 얼굴은 우리를 향해 침투하고 관여한다. 우리를 향해 손짓하고 아우성대며 우리의 응답을 촉구한다. 레비나스가 윤리학을 '제1철학'으로 놓는 이유가 여기에 있다. 타자를 전통적인 인식론적 차원이 아니라, 응답의 차원, 책임의 차원으로 보고 있기 때문이다.■

이 원리는 레비나스가 자살을 반대하는 이유를 설명하는 데도 유용하다. 인간의 주체성을 거론할 때 빼놓을 수 없는 것이 자발성이다. 주체란 무엇인가를 자발적으로 한다는 의미에서 주체다. 그런 의미에서 "죽음도 인간의 자발성의 영역이 아닐까?"라는 물음도 가능하다. 실제로 현대 철학자들 중에는 자살로 생을 마감한 사람들이 몇몇 있는데, 최후의 순간 자신의 존엄을 스스로 지켜내기 위해 자발적으로 죽음을 선택했다고 말할 수도 있을 것이다. 하지만, 레비나스는 이러한 선택에 대해 "아니!"라고 답한다. 레비나스에게 있어 인간의 주체성은 자발성과 비자발성에 있지 않다. 책임을 다하는 존재가 주체라는 것이다.■■ 죽음은 자발적인 선택이 아니라, 자기의 책무를 다했을 때 맞이하는 사건이다.

■ 레비나스는 《전체성과 무한》에서 윤리가 왜 제1철학인지에 대해 다음과 같이 부연한다: "책임성이 단지 주체의 속성 가운데 하나가 아니라는 말이다. 마치 윤리관계 이전에 주체가 이미 있는 것처럼 볼 수 없다는 말이다. 주체는 자기에 대해 있지 않다. 다시 한번 말하지만 주체는 처음부터 다른 사람에 대해 있다." - *Totality and Infinity*, 125.

■■ "나는 책임성을 주체성의 바탕을 이루는 제1구조로 보았다. 윤리의 각도에서 주체성을 기술했기 때문이다. 여기서 윤리란, 무슨 실존의 바탕이 미리 있고 거기에 덧붙여진 것이 아니라, 윤리 곧 책임성 안에서만 주체의 실마리가 풀린다." - Ibid., 123.

그렇다면, 책임의 근거는 어디에서 오는 것일까? 레비나스는 '희망'이라 말한다: "주체의 지배가 보장되는 현재에는 희망이 있다. 희망은 일종의 목숨을 건 모험이다." 계속하여 레비나스는 빅토르 위고의 《노트르담의 꼽추》에 나오는 대사를 인용하며 "나는 숨쉰다, 나는 희망한다"라고 선포하는데,■ 이러한 고백은 전적으로 레비나스가 나치 치하 포로수용소에서 했던 체험에 기인한다.

Episode:
아우슈비츠에서 들려온 목소리

시카고 신학교에 올해 나이로 96세인 노학자가 있다. 시카고에 있는 대표적인 진보 색채의 신학교라 할 수 있는 시카고 신학교와 노스웨스턴 대학 안에 있는 게렛 신학교에서 유대교를 가르치고 있는 라비 샤알만Rabbi Schaalmann 교수다. 마틴 부버와도 교분을 가졌던 분으로 현재 유대교 학자 중에는 최고 원로급이며, 그 자체가 교과서인 신화적 인물이다. 실제로 강의실에 들어가면 텍스트 없이 수업이 진행된다. 학생들이 질문하면 교수님이 대답하는 형식인데, 모든 질문과 어떠한 상상도 허락되는 시간이다. 교수님은 학생들의 질문에 대답하면서 가끔씩 2차 세계대전 당시 아우슈비츠에서 경험했던 일들을 들려주신다.

수용소에서 죽어가는 형제, 자매, 친구들, 가스실, 삶을 차단해버

■ 《시간과 타자》, 82.

린 높은 담장과 철조망. 얼굴에 핏기가 없으면 노동생산성이 떨어지는 것으로 판단되어 끌려가 죽는다. 얼굴에 생기가 있게 비치기 위해 입술을 깨물어 피를 내어 얼굴에 바르는 사람들……. 나치는 응징과 공포의 차원에서 몇몇 마음에 안 드는 유대인들을 골라 시범 케이스로 교수대 위에 목을 메달아 공개적으로 죽였다고 한다. 그(녀)가 죽을 때까지 나머지 유대인들은 고개를 들고 그 죽음을 처음부터 끝까지 목도하면서 교수대 밑을 빙빙 돌아야 한다. 이렇듯 죽음이 선포되고, 집행되고, 확인되는 아우슈비츠 수용소에서, "우리가 어떻게 신을, 인간을 다시 만날 수 있을까?"라는 피맺힌 절규가 울려 퍼졌다고 샤알만 교수는 회고한다. 그때 누군가가 이렇게 외쳤다: "이번에는 우리가 신을 용서할 차례다. 이제 우리의 신을 놓아주자!" 그 말을 처음 들었을 때는 몰랐는데, 계속 의미를 묻고 질문을 하면서 새로운 희망이 생겼다고 샤알만은 고백한다. 신을 용서하고, 신을 놓아버리니까(사실, 그 의미가 정확히 뭔지 필자는 잘 모르겠다. 96살이 되면 그 경지에 이를 수 있을는지?), 그전에는 몰랐던 수용소 하늘만큼의 자유가, 그리고 희망이 여전히 내게 있다는 것이 전해져왔고, 죽음의 가스실 담벼락을 비집고 난 풀 한 포기 혹은 감방 창살을 뚫고 들어오는 햇살 아래로 파랗게 낀 이끼들을 보며 여전한 생명에 대한 고귀함과 집착을 느꼈다고 그는 증언한다. "그 힘이 우리를 끝까지 살아남게 했다"고 말이다.

　　레비나스의 책을 읽다보면 죽음과 자살, 그리고 희망을 언급하는 대목에서 급격한 비상이 일어나는데, 이는 레비나스를 읽는 독자들에게 난제로 다가오는 대목이다. 이는 다분히 아우슈비츠에 대한 전 이해 부족과 유대 신비주의에 대한 몰이해에 기인한 것이라고 샤알만 교수는 지적한다. 아우슈비츠에서의 죽음 경험은 그것을 경험한 대부분의 유대 사상가들에게 그렇듯이, 레비나스에게도 절대적으로 영향을 끼쳐 그가 구사하는 문장 곳곳에 숨어 있다. 죽음의 수용소에서 살아나온 레비나스는 이런 이유로 "주체의 지배가 보장되는 현재에는 희망이 있다. 희망은 죽음의 언저리에, 죽음의 순간에, 죽어가는 주체에게 주어진다"고 말한 후에 "자살은 모순적 개념"이라고 선언하기에 이른다.■

레비나스의 제안

죽음의 수용소에서 삶에 대한 의지와 희망을 발견했다는 레비나스는 자살에 대해 부정적 입장을 표명했다. 그가 그럴 수 있었던 것은 유대 민족 특유의 메시아 사상이 있었기에 가능했다. 죽음이 인간 실존의 본질이라 할 수 있는 시간과 공간에 근거하고 있는 한, 죽음의 압제에서 벗어날 수 있는 유일한 방법은 시간과 공간의 제약으로부터 벗어나는 것이다. 그것은 그리스도교 전통에서 메시아의 구원을 통해 이루어진다. 그날이 오면 우리를 짓눌러온 모든 폭압의 구조들이 심판을 받게 될 것이고, 그날이 오면 지금까지 불확실했고 불확정적이었던 사건과 역사의 진리들이 낱낱이 밝혀질 것이다. 진리와 심판의 순간과 더불어 시작되는 새로운 나라에서는 더 이상 죽음이 우리를 삼키지 못한다.

■ 《시간과 타자》, 82.

레비나스는 이 메시아적 도래를 현실에서의 '타자의 얼굴'로 치환한다. 인간 의식의 동심원적 범주 안으로 포획되지 않는 얼굴과의 대면, 그것을 '책임'이라 부르든 '제1철학'이라 부르든, 그것이 바로 메시아적 도래를 체득하고 경험하는 것이기에 우리는 죽을 수 없고 죽어서도 안 된다. 왜냐하면, '타자의 얼굴'로 상징되는 메시아적 도래는 우리에게 인간 존재에 대한 물음, 즉 타자에 대한 관심, 배려, 환대로 요약되는 책임적 존재로서의 인간에 대해 다시 묻기 때문이다.

그러기에 우리는 살아남아서 오로지 자본 획득만을 목적으로 하는 세계화라는 야만성에 떠밀려 국경을 넘는 불법 이주 노동자들의 애환에 반응해야 하고, 이런 이유로 우리는 신자유주의가 만들어놓은 좌우명인 "무한경쟁 - 2등은 기억되지 않습니다"라는 원칙하에서 도태되고 제거되는 수많은 타자들의 절망에 슬퍼해야 하는 것이다. 뿐만 아니라 우리는 이런 이유로 현실 세계를 지배하고 있는 각 분야(이념, 계급, 성, 인종, 종교 등)의 패권적 질서와 몸과 마음이 다르다는 이유로 핍박받는 모든 타자들의 아픔에 동참해야 한다. 그것을 이루어가는 하나하나의 과정과 사건의 연속이 메시아적 도래이고 죽음의 극복이라고 레비나스는 말하고 싶었던 것이다.

05.

자살
공화국,
"아~ 대한민국!"

자살

공화국

통계에 따르면 2008년에 12,027명의 한국인이 자살했다고 한다. 하루 평균 33명이 바위에서 떨어지고, 목을 매고, 약을 마신다. 누구도 예외일 수 없다. 대통령, 스타, 재벌에서부터 비정규직 노동자, 장가 못 간 시골총각, 어린 중고등 학생들까지 우리 사회는 거의 무방비 상태로 자살에 노출되어 있다. 이는 인구 10만 명 중 24.8명에 해당되는 수치로 OECD 국가 중 부동의 1위이고, 전 세계적으로도 거의 1~2위를 다투는 수치라고 한다. 자살은 한국인의 사망 원인 중에서도 암, 뇌혈관질환, 심장질환에 이어 네 번째 순위에 위치한다. 교통사고로 죽는 사람보다 더 많은 숫자라고 하니, 외출하는 식구들에게 '차 조심 하라'는 말보다 '자살하지 마라'는 경구가 더 필요한 시대를 우리는 살아가고 있는 셈이다.

왜 자살을 할까? 어리석은 질문이지만 문제 해결의 중요한 단서가 될 수 있으리라 본다. 무엇이 우리를 기꺼이 스스로 목숨을 끊어도 될 만큼 모질게 만드는가? 혹자들은 살기 힘들어서 죽는다고 한다. 물론 살기 힘들어서 죽는다. 하지만 세계에서 제일 가난하다는 방글라데시나 기아에 허덕이는 아프리카 사람들의 자살률이 높다는 이야기는 들어보지 못했다. 오히려 삶에 대한 만족도 부분에서는 우리보다 상위에 링크되어 있는 것을 보면, 단순히 살기 힘들다는 이유로 자살한다고 둘러대기에는 뭔가 부족하다.

통계를 분석한 사람들에 따르면 한국의 자살률은 매우 독특한 그래프를 그리고 있다고 한다. 1995년 통계를 보면 4,840명이 자살하여 인구 10만 명당 11.8명꼴이었는데, IMF를 겪은 1998년에 10만 명당 자살률은 19.9명으로 거의 배로 급성장을 했다는 것이다. 그리고 2005년 인구 10만 명당 26.1명으로 세계 최고로 등극했고, 2008년에 다소 줄어들긴 했지만 여전히 인구 10만 명당 24.8명이라는 세계 정상급의 자살률을 자랑하고 있다.

이상의 분석에서 보듯이 IMF로 대변되는 지금의 금융자본주의가 한국 사회의 자살 현상을 설명할 수 있는 중요한 포인트라는 사실은 분명해 보인다. 늘어나는 수명과 반비례하여 줄어드는 정년, 신자유주의 경제학자들이 그토록 고무·찬양하는 노동시장의 유연성, 인간의 욕망을 저당잡고 팽창하는 암세포 같은 금융 자본. 이렇듯 현재의 자본주의는 아무런 저항과 대응논리 없이 민중들이 짜낸 기름을 동력으로 활활 타오르고, 더 짜낼 기름이 없는 민중들은 어쩔 수 없이 자본이라는 제단 위로 몸을 던져 스스로 자본의 불쏘시개가 되는 것으로 생을 마감한다.

'불가리스~'를 기억하시나요?

　　　　　　오래전에 "불가리스~" 하면서 경쾌하게 시작되던 광고가 떠오른다. 화면은 어느 유럽 촌동네를 비추면서 그 동네에 유독 장수하는 노인들이 많다는 사실, 그리고 장수의 원인을 추적했더니 그 지방 특유의 발효식품 '불가리스'가 장수의 원인이었음이 밝혀졌다는 사실을 전하며, 광고는 다시 경쾌하게 "불가리스~"를 외치며 끝이 난다. 기능성 요구르트의 상징이라 할 수 있는 '불가리스'를 세상에 처음 알린 이 광고는 지금까지도 많은 사람들이 기억할 것이다.

　　광고의 배경이 되었던 지역은 터키와 그리스 위쪽 불가리아에 속해 있는 마을이다. 불가리아 남쪽에는 해발 1천 미터 이상 되는 고산지역을 따라 장수촌이 분포하는데, 그중에서도 대표적인 곳이 '스몰랸' 지방의 '바니테'라는 마을이다. 이 지역은 인구 1000명당 38명이 100살이 넘는다고 한다(1990년 이전 통계). 장수의 원인을 분석했는데 공기 좋은 고산지대에 살면서 적당한 노동과 운동, 채식 위주로 조금씩 자주 먹는 식습관, 그리고 이 지방 특유의 발효유, 즉 요구르트를 주식과 함께 자주 마시는 게 이유라고 추정한다. 이것이 기능성 요구르트 '불가리스'의 탄생 배경이다.

　　그러나 지금 그 지역은 장수촌이 아니다. 요구르트의 효험이 다한 것인가? 1990년대 소련 붕괴 이후 사회주의 경제원칙을 근간으로 하던 동구 유럽 국가들은 하나씩 무너지기 시작하면서 급박하게 자본주의 내지 자본주의 색채가 강한 경제 시스템으로 그 체질을 전환한다. 불가리아는 다른 동구 유럽 국가들에 비해 자본주의 경제 시스템으로 전환이 늦었지만 자본의 원칙은 어김없이 그곳을 비껴가지 않았다. 세계 자본주의Global Capitalism라 불리는 새로운 자본주의는 세계를 하나의 시장으로 만들어놓고, 노동, 자본, 재화, 정보의 흐름과 교환을 100% 시장에 맡겨버렸다. '무한경쟁', '2등은 기억되지 않습니다' 등 당시 등장했던 광고 문구들은 난장판이 되어버린 시장, 상도가 무너져 개판이 되어버린 세상을 향한 찬미 내지는 진혼곡이라고 할 수 있을 것이다. 어떻게 인간을 무한 경쟁의 약육강식 논리로 재편하려 하는가? 기억되는 않는 2등, 3등, 4등…… 꼴등은 어찌 살란 말인가?

하지만, 자본에 의한 전 지구적 재편은 신속하게 진행됐고, 그 경과에 맞추어 불가리아에 있었던 장수촌도 하나씩 사라지기 시작한다. 1990년대 이후 진행되었던 동구 유럽의 자본주의화와 발맞추어 노인들의 사망률이 급격히 증가하면서 이제는 예전 불가리아 장수촌 지역과 다른 지역의 장수 노인 비율이 별 차이가 없다고 한다. 왜, 불가리아의 장수 마을은 사라졌을까? 그래도 예전에는 부족하지만 일정량의 양식이 인민들에게 정기적으로 분배되어 가슴을 졸이지 않아도 살아갈 수 있었는데, 새로운 경제체제하에서는 날고뛰어야 살아남을 수 있다. 먹을 것이 전보다 많아지고 다국적 유명 브랜드들이 거리를 메우면서 우리에게 많은 기회를 선사하는 것처럼 보이지만, 잠시라도 정지하는 순간 우리는 금방 도태된다. 이 강압을 자본의 원칙에 노출이 적었던 순박한 불가리아 산골 사람들은 견뎌내지 못했던 것이다. 굳이 실패한 현실 사회주의에 대한 향수를 들먹이는 것은 아니지만, 위의 예가 한국 사회의 자살 현상을 이해하는 데 중요한 단서를 제공할 수 있으리라 본다.

참을 수 없는
존재의 버거움

IMF 이후 지난 10년간 한국 사회는 진정한 계급 사회로 진입했다. 더 철저하고 완고해진 부와 지식의 대물림! '콩 심은 데 콩 나고 팥 심은 데 팥 난다' 는 속담은 이럴 때 쓰는 말이다. 실례로, 시카고에 있는 유명한 사립대학인 노스웨스턴 대학과 시카고 대학에 있는 한국 유학생들은 거의 대부분 대학교수, 의사, 변호사, 대기업 임원, 정부 관료의 자식들이라 해도 과언은 아니다. 이곳에서 오랫동안 거주하고 있는 한국인 교수들은, IMF 이전에는 그래도 장학금 받고 아르바이트 하면서 열심히 공부하는 한국 유학생들이 많이 있었는데, IMF 이후 달러 강세와 미국 경제 악화로 인한 미국 대학의 인터내셔널 학생들에 대한 장학금 축소 정책 이후 이른바 미국 내 명문대학(명문대학들은 대부분 비싼 학비를 자랑한다)에 있는 한국 유학생들은 실력도 실력이지만, 우선 학비와 생활비를 감당할 재력이 있어야 미국 유학을 올 수 있게 되었다고 입을 모은다. 당연히 있는 집 자제분들 아니면 꿈도 못 꾼다. 이렇게 세습된 부와 지식의 혜택을 받은 젊은이들은 해외 유학 이후 유망한 직장에서 자리를 잡고 강남 아파트에 살면서 외제차를 굴린다.

반면에 평범한 집에서 태어나 그럭저럭 지방대학 나온 청년들은 취직도 잘 안 될 뿐 아니라, 설사 취직이 되었다 하더라도 비정규직으로 '88만원 세대'라는 꼬리표를 붙이고 힘겨운 하루하루를 살아간다. 한국 사회에서의 교육은 더 이상 시골의 야심 찬 어린 학생들에게 꿈과 희망을 심어주는 통로가 아니라, 부모의 계급과 재산과 지식을 대물림하는 확고한 계급 재생산의 도구로 변질되었다. 심지어는 교회조차 아버지 목사에서 유학 갔다 온 아들 목사에게로 대물림되어 유전된다. 한국 사회는 이렇듯 성聖과 속俗 모든 영역에서 급진적인 양극화 단계로 진입했다.

미국 진보신학의 현재라 평가되는 여성신학과 퀴어신학은 서구 사회에서 오랫동안 배제와 억압의 대상으로 여겨져 왔던 인종Race과 성Sexuality 정체성, 그리고 그로 인한 폭력의 (철학적, 신학적, 정치적, 사회학적) 구조와 연쇄고리에 대한 폭로를 시도한다. "나의 피부 색깔과 내가 지닌 성적 정체성은 나의 의지와는 관계없이 다분히 태생적이고 존재론적이다. 그럼에도 불구하고, 세상에 태어나 눈을 뜨자마자, 평생을 살아갈 이 세상에서 내가 어느 특정한 곳에 위치되어져야 함을 본능적으로 직감했을 때 느꼈던 서늘함과 분노와 좌절을 그대들은 아는지? 흑인으로 그것도 흑인 여성으로 살아왔던 내 삶을, 혹은 동성애자 신학자로 목회자로 내가 교계와 신학계에서 받았던 '특별한 관심(?)'을 이해하겠느냐?" 하는 질문들을 접하면서 내가 들었던 생각은, 성격과 강도가 다르긴 하지만, 2009년 현재 한국 사회의 고착화된 계층구조 역시 한국이라는 틀 안에서 이미 확고한 존재론적인 함의와 법칙을 띠고 있다는 사실이다.

노무현 전 대통령은 상고를 나와 고시를 공부해서 나중에는 대통령까지 되었다는데, 이명박도 노가다 뛰고, 노점상 하다가 대통령 되었다며, '젊어 고생은 사서도 한다'고 껄껄거리며 희망을 가지라 말하지만, 그 희망은 이미 부와 지식을 대물림한 사람들의 것이다. 옛날에는 소 팔고 논 팔아서 자식 교육시키면 가난한 촌부의 자식들도 판검사와 의사가 되고, 배 나온 사장님도 될 수 있었는데, 이제는 그런 희망이 없다. 존재론적으로 태생적으로 한국 사회의 판이 전보다 더 운명결정론적으로 촘촘히 짜인 까닭에 초등학교 6학년이면 삶의 윤곽이 대충 판가름 난다. 역전은 허용되지 않는다. 그렇게 쭉 가는 거다. 그래서 인생은 버겁다.

'무한 경쟁'의 시대에서 승부는 이미 정해져 있다. 예정된 패배를 경험하고 난 후 스스로에게 부여하는 낙오자라는 낙인, 가난을 혹은 좌절과 실패를 오직 그(녀)의 무능과 책임 탓으로 돌려버리는 사회 풍토, 돈이 사람을 평가하는 기준이 아님에도 불구하고 유일한 잣대가 되어 그 절정을 구가하는 사회가 지금의 한국 사회다. 그리하여 최종적으로 돈 없고 빽 없는 사람들은 단순히 가난하고 남루한 삶을 살아가는 것으로 그치는 게 아니라 자기 존재의 존엄을 스스로 불신하고 혐오하기에 이른다.

결론적으로 말하면 신자유주의는 최소한의 사회적 안전망까지 걷어치우는 잔인한 게임이다. 한국은 미국식 신자유주의의 가장 충실한 실험장이고, 이런 시스템 속에서 희망과 자신에 대한 존엄성을 상실한 개인, 이런 개인들끼리의 아픔을 공유할 수 있는 최소한의 공간(공동체)

조차 확보하고 있지 못한 현실이 2009년 자살률 1위를 자랑하는 한국 사회의 자화상인 셈이다.

메멘토 모리,
"죽음을 기억하라"

신자유주의 체제 속에서 벌어지는 새로운 형태의 죽음 문화에 우리는 어떻게 '맞짱'을 떠야 하는가? 처음 질문으로 돌아왔지만, 난 여전히 그 죽음을 배회한다. 어느 시인은 이를 '살아남은 자의 슬픔'이라고 하고, 어떤 이는 남은 자들의 몫이라고도 말한다. 슬픔이 기억에서 연유하고, 몫이 미래를 위해 남겨진 부분이라면, 죽음을 감싸고 있는 기억과 그 죽음으로부터 촉발되는 미래에 대한 전망은 죽음을 사유하는 커다란 두 개의 축이다.

또 한 해가 저물어간다. 누구 말처럼 올 한해 대한민국은 1년 내내 상중이었다는 말이 과장만은 아닌 것 같다. 김수환 추기경과 노무현, 김대중 대통령의 죽음은 그 이름이 곧 시대였고, 당대 의식을 규정했던 별들이었다는 점에서 우리에게는 큰 상실이었고 슬픔이었다. 그 밖에 용산참사로 돌아가신 여섯 분의 죽음과 배우 장자연의 죽음은 2009년 한국 사회의 단상을 극명하게 보여주는 상징적인 죽음이라는 측면에서 우리의 마음을 무겁게 한다.

'어떻게 죽었는가?'는 '어떻게 살았는가?'에 대한 반증이다. 이런 이유로 우리는 노무현의 죽음에서 그가 지녔던 삶의 치열함과 비장함을 보았고, 용산의 죽음에서 우리는 21세기 민중들이 지니는 한과 울분을 다시금 목도했다. 이렇듯 우리가 그들의 죽음을 삶만큼이나 주목하는 이유는 죽음이 그들의 삶을 가장 정제된 언어와 압축된 밀도로 보여주고 있다는 사실에 기인하고, 이러한 사실은 우리로 하여금 그들의 죽음이 우리의 삶으로 이어진다는 고백과 믿음을 형성케 한다. 그리고 그 고백과 믿음은 마침내 미래에 대한 새로운 각오와 전망으로 우리를 내몬다. 어쩌면 역사는 이 진리를 계속 증언해 왔는지도 모르겠다. 예수의 죽음이 그랬고, 본회퍼와 마틴 루터 킹 목사의 죽음도 그랬다. 전태일의 죽음이 그랬고, 문익환 목사의 이름도 마찬가지다. 그렇게 죽음은 부활하여 우리를 깨어 있게 하고 지금 우리와 함께 맞물려 쭉 지속된다. 그러니 부디 살아서 그 죽음들을 두 눈 부릅뜨고 똑똑히 지켜보자. 그러면서 기억하고 다짐하고 이야기하자. 그 죽음들의 의미와 살아남은 우리의 몫을 말이다.

"메멘토모리 – 죽음을 기억하라!"

신학, 해체론과 만나다

제 VI 부

01.

'데리다로 신학하기'를 위한 말걸기

시카고 통신:

여기는 시카고…

　　　　　시카고는 전미 최대의 신학 인프라를 갖추고 있으며 단일 지역으로는 가장 많은 신학생들이 배출되는 고장이다. 시카고 지역의 가장 큰 신학적 특색은 초교파적으로 구성된 11개의 신학교가 연합체(ACTS: The Association Of Chicago Theological Schools)▪를 이루고 있다는 사실이다. ACTS에 속한 신학교의 모든 학생들은 어느 학교에서든 수업을 들을 수 있다. 이와 더불어 노스웨스턴 대학, 로욜라 대학, 드폴 대학, 위튼 대학, 시카고 대학 등에 있는 종교학과, 철학과와도 연관을 맺어 필요에 따라 언제든 수강이 가능하다.▪▪

▪ ACTS 홈페이지 http://www.actschicago.org

ACTS에 소속된 학교들의 면모를 살펴보면 메인라인Mainline 진영 (진보적)의 학교와 복음주의Evangelical 진영(보수적)의 학교, 그리고 천주교 학교에 이르기까지 신학적 스펙트럼도 다양하다. ACTS에 소속된 전임 교수는 400여 명, 학생은 3,000여 명, 1년에 개설되는 강의는 총 1000여 강좌에 육박한다. ACTS는 또한, 11개의 멤버 학교 외에 자이곤 센터(종교와 과학), LGBT 센터(퀴어신학), 크리스천-무슬림연구소 Christian-Muslim Studies, 크리스천-유대교연구소Christian-Judaism Studies, 흑인신학연구소Center for Study of Black theology, 한국기독교연구소 Center for Study of Korean Christianity 등 신학과 각 분야 연구를 위한 열 개가 넘는 센터를 포함하고 있으며, 이 연구소들을 중심으로 장르와 주제를 넘나드는 신학적 대화와 공방이 일 년 내내 현기증 날 정도로 펼쳐지고 있다.

그러나 이토록 풍부한 신학적 토양에도 불구하고 시카고 한인 교회의 현실은 너무나도 척박하다. 대부분 1970년대 말 80년대 초·중반에 이민 온 세대가 시카고 한인 교회들의 주된 회중이다. 본토보다 더 강한 반공의식, 더 철저한 가부장 제도를 바탕으로 교회가 운영되고 있으며, 그러한 (한국) 전통의 고수가 한인 교회의 정체성이 되어버렸다. 70~80년대 한국 교회의 정서가 그립다면 시카고 교회에 있는 한인 교

■■ 특별히, 데리다와 레비나스에 관한 미국 내 권위자들이 시카고에 몰려 있다. *How to read Derrida*로 유명한 도이처 교수(노스웨스턴 대학 철학과), 미국 내에서 데리다의 후기 저작들을 번역하여 소개하고 있는 마이클 나스(드폴 대학 철학과), 미국 내 최고의 레비나스 권위자라 평가받는 페이퍼 젝(로욜라 대학 철학과), 그리고 미국 내 인문학도들 사이에서 여신처럼 추앙받는 사회철학의 대가 누스바움(시카고 대학교)까지 이름만 들어도 가슴이 뛰는 학자들이 시카고 시내에서 30분 내 거리에 몰려 있다.

시카고 남부 하이드파크(Hyde-Park)에 있는 시카고 대학과 시카고 신학교 전경•

오바마의 정치적, 사상적 고향이라 할 수 있는 시카고 남부 하이드파크(Hyde-Park)는 미국 흑인 인권 운동의 상징적 지역이라 할 수 있다. 살아 있는 흑인 인권 운동의 대부인 제시 잭슨 목사, 오바마의 멘토로 유명한 제레마이어 라이트 목사 등이 모두 시카고 신학교에서 신학 수업을 받았다. 위의 사진은 하이드 파크에 있는 시카고 대학과 시카고 신학교 전경이다. 우측 하단에 거대하게 버티고 있는 건물이 시카고 대학을 건립한 록펠러를 기념하여 세운 록펠러 채플(①)이고, 바로 건너편 빨간 벽돌로 높이 솟아 있는 탑이 시카고 신학교(②)다. 사진 중앙을 가로 지르고 있는 길이 대학로(University Ave, ③)다. 그 길 건너편으로부터 본격적으로 시카고 대학이 펼쳐진다. 좌측 중앙에 보이는 회색 건물이 시카고 대학 메인 도서관이라 할 수 있는 레겐스타인 도서관(④)이다. 대학로를 따라 걷다보면 신학자 폴 틸리히가 자주 갔다는 맥주집이 길모퉁이에서 아직도 성업 중이다. 저 멀리 시카고 다운타운이 보이고, 사진 상단 파란 부분은 남한 땅이 풍덩 빠져도 남는다는 미시건 호수(⑤)다.

회를 한번 방문해보기를 권한다. 특별히 안타까운 것은 요 근래 시카고를 대표하는 몇몇 대형 교회들이 30년 가까이 시카고 이민 1세대를 목양했던 초대 목회자들의 은퇴 후, 2대 목회자로의 리더십 교체 과정에서 혹독한 교회 분쟁에 휘말려 있는 경우가 많다는 사실이다. 필자도 그 교회 중 한곳에서 유학생 청년 사역을 하고 있는데, 교회 분쟁 과정에서 30년 이민 생활을 함께했던 교우와 친지들끼리 순식간에 편이 갈려 서로를 비방하고 저주하는 모습을 보면 가슴이 아프다.

이러한 시카고 한인 교계의 현실에 대한 반성과 성찰을 도모하는 기획 (인터뷰) 기사를 시카고에 있는 한 기독언론사에서 시리즈로 연재하고 있다. 첫 회가 시카고의 보수적 진영 신학교를 대표하는 트리니티 신학교에서 공부하는 목사의 인터뷰였고, 두 번째 차례로 시카고의 진보 진영 신학교에 속한 인물 중에 어쩌다 필자가 선정되었다. 인터뷰의 내용은 최근 진보 진영 기독교 윤리학의 동향과 시카고 한인 교회를 위한 기독교 윤리적 대안이 무엇인가에 대해 기자가 질문을 하면 이에 답하는 형식이었다. 그런데, 문제는 인터뷰 기사 밑에 달린 보수 진영 사람들의 댓글에서 발생했다.■ (아래에 댓글 일부를 소개한다.)

케리그마 님: 목사님 말씀 중에 신의 다차원적인 존재방식에 대해서는 동의 할 수가 없군요.

흠흠 님: 이상철 목사님은 동성애, 이슬람의 테러에 관해서는 어떻게 보시는지…….

■ http://chi.christianitydaily.com/view.htm?id=184373&code=pd

유일신자 님: 타자의 윤리에 포커싱하다보면 윤리적 기준이 상실된다는 점입니다. 성경에 계시된 하나님을 말씀으로 바로 알고 경험으로 바로 믿자는 것이 기독교라고 할 수 있는데 혹시 이 의견에 코멘트가 있으신가요?

난 지금 이 댓글들에 댓글하기 위하여 30분이 넘게 노트북 앞에 앉아 있다. 나날이 발전하는 첨단 테크놀로지에 바탕한 기술문명과 현란한 자본의 논리가 판치는 세상 속에서 여전히 변치 않고 강력한 영향력을 행사하는 교회의 퇴행적 근본주의! 이렇듯 서로 다른 포물선을 그리는 이 분열된 21세기 사회 속에서 신학은, 교회는 어떤 의미를 지니는가? 이 글이 끝날 무렵 난 위에 있는 저 괴물 같은 질문들에 대해 답을 달 수 있을까?

혜자,
장자에게 길을 묻다

필자는 I부의 3장 "현대 기술문명을 둘러싼 타락과 상승의 변증법"에서 '동양적 전통에서 기술이 어떻게 도의 경지로까지 상승하는가?'를 설명하면서, 《장자》 '양생주'에 등장하는 포정이 소를 잡는 이야기를 소개한 바 있다. 이 장에서는 《장자》의 첫 번째 장인 '소요유逍遙游(자유롭게 노닐다)'에 나오는, 대상을 바라보는 서로 다른 혜자와 장자의 대화를 잠시 언급하고자 한다.

혜자가 장자에게 말했습니다. "나에게 큰 나무 한 그루가 있는데, 사람들이 가죽나무라 하네. 그 큰 줄기는 뒤틀리고 옹이가 가득해서 먹줄을 칠 수 없고, 작은 가지들은 꼬불꼬불해서 자를 댈 수 없을 정도지……. 지금 자네의 말은 이처럼 크기만 하고 쓸모가 없어서 사람들이 거들떠보지 않는 걸세."

장자가 말했습니다. "자네는 너구리나 살쾡이를 본 적이 없는가? 몸을 낮추고 엎드려 먹이를 노리다가, 이리 뛰고 저리 뛰고, 높이 뛰고 낮게 뛰다 결국 그물이나 덫에 걸려 죽고 마네. 이제 들소를 보게. 그 크기가 하늘에 뜬구름처럼 크지만 쥐 한 마리도 못 잡네. 이제 자네는 그 큰 나무가 쓸모없다고 걱정하지 말고, 그것을 '아무것도 없는 고을' 넓은 들판에 심어 놓고 그 주위를 하는 일 없이 배회하기도 하고, 그 밑에서 한가로이 낮잠이나 자게. 도끼에 찍힐 일도, 달리 해치는 자도 없을 걸세. 쓸모없다고 괴로워하거나 슬퍼할 것이 없지 않은가?"■

혜자는 전국시대의 사상가로 위나라의 재상까지 올랐던 실용주의 정치가였다. 그가 커다란 나무가 있는데 도대체 쓸모가 없다고 푸념하면서, 은근히 장자의 사유가 지닌 비현실성과 허황됨을 비판하고 있다. 이에 대해 장자는 "그 나무 아래서 노닐다가 드러누워 낮잠을 자라"는 말로 응수한다. 장자 특유의 무위자연에 입각한 현실 논리를 비트는 답변이라 할 만하다. 하지만, 장자의 대답은 현실주의자인 혜자의 입장에서 보자면 절대 수긍이 가는 답이 아니다.

■ 장자,《장자》, 오강남 풀이 (서울: 현암사, 1999), 53-54.

혜자의 시각으로 보면 장자가 말하는 가치란 세상 안에서, 현실 세계에서 운영되는 원리가 아닌, 세상 밖의 질서다. 무한질주와 무한경쟁의 시대에서 느림을 이야기하고 탈속적인 이상을 언급하는 장자의 궤변에 혜자는 아마도 치를 떨었을 것이다. 그것은 장자도 마찬가지다. 왜 그렇게 현실 원칙에 매여 스스로를 학대하느냐고, 왜 그렇게 갑갑하게 세상 속에 갇혀 있냐고 하면서 혜자를 이해 못 한다. 이상에서 보듯이 장자와 혜자는 서로 다른 대척점에 서 있다. 장자에게 혜자는 세상 안으로만 수렴되는 존재고, 혜자에게 장자는 세상 밖으로만 발산되는 존재다. 혜자는 세상 안에 갇혀 있다는 측면에서, 장자 역시 세상 밖에 갇혀 있다는 측면에서 둘은 내용은 다르지만, 동일한 방식으로 운동을 한다는 점에서는 서로를 닮았다.

둘의 대립은 기독교적으로는 초월과 내재의 갈등이라고 말할 수 있을 것이고, 철학적으로는 주관과 객관/내용과 형식이 어떻게 화해할 수 있는가에 대한 오랜 물음이기도 하다. 둘의 갈등은 또한 무속巫俗의 견지에서 보면 시간과 공간이 지니는 한계를 초월하지 못하는 육체와 이제는 육체를 벗어난 혼이 더 이상 육체에 스며들지 못해 구천을 떠돌며 육체와 대립하는 것이라고도 말할 수 있으리라. 이렇듯 우리가 살아가는 세상은 애초부터 소통보다는 불통이, 통일보다는 차이가 삶을 지배했던 운영원리가 아니었나 싶다. 그렇다면 신학은 이런 불통과 차이에 대해 어떤 답변을 준비해야 하는 것일까?

시대의 질문,
신학의 대응

     20세기 신학자들이 가장 많이 했던 질문은 'How to explain what happen to you?', 즉 '신학적 대상 what'과 '신학적 방법 How'에 대한 문제였다. 지난 20세기는 실로 야만과 광기의 시대였고, 그것에 맞서는 투쟁과 싸움이 신학적 긴장의 원천이었다고 해도 과언은 아닐 것이다. 근대 계몽주의에 영향을 받은 19세기 자유주의 신학에 반기를 들었던 신정통주의 신학을 낳았고, 20세기 초반 발생한 미국의 경제 공항은 자본주의의 폐단에 대한 신학적 문제 제기를 일으켜 사회복음 Social Gospel 운동으로 이어졌다. 2차 세계대전은 신학적으로 많은 물음과 고민을 던져주었던 사건이었다. 서구 신학은 아우슈비츠 이전과 그 이후로 나뉜다는 말이 있을 정도로 아우슈비츠 이후의 신학은 악에 대한 문제, 인간의 고난에 대한 문제, 그리고 신에 대한 물음에 있어 전면적인 도전과 이에 걸맞은 새로운 답변을 신학자들에게 요구했다.

  2차 세계대전 이후 지속된 이데올로기적 대립은 정치신학에 대한 관심을 불러일으켰고, 기독교와 맑스주의와의 대화를 여는 계기가 되었으며, 인간 해방과 자유, 사회 정의를 위한 포괄적 물음으로 번져나갔다. 이는 구체적 상황 context에 기반한 신학적 답변을 낳았는데, 흑인신학, 여성신학, 해방신학, 민중신학 등 소위 '눌린 자들의 하나님'에 대한 서로 다른 경험들이 소중히 발굴되어 진지하게 이야기되기에 이른다. 20세기 말 불어 닥친 냉전의 종식과 신자유주의로 요약되는 자본의 전 지구적 승리는 21세기를 살아가는 우리에게 자본에 대한 경각

심을 불러일으킴과 동시에, 이에 대한 신학적 응전이라는 새로운 과제를 남겼다.

이상에서 잠시 살펴본 바와 같이 지난 세기는 사태와 진상에 대한 분명한 이슈와 선명한 대책을 요구하는 신학적 글쓰기를 요구했고, 이런 까닭에 당대의 문제의식들에 대해 어느 입장에 서 있든 신학적으로 '무엇을What'과 '어떻게How'를 밝히는 것이 급선무였던 시대였다.

하지만 지금 세기는 그 어디에도 신학이 가야 할 바가 전 시대처럼 분명히 보이지 않는다고 한다. 21세기, 자본과 결합한 테크노피아 세계 속에서 우리의 치열했던 신학은 점점 생기와 긴장을 잃어가고 있고, 테크노피아에 길들여져 그 안에서 기쁨을 얻는 행복과 번영의 신학만이 만개하고 있다. 그 결과 본래 신학이 붙들고 있었던 시대와의 대립과 긴장은 시대착오적 발상이 되어버렸다. 이러한 정황 속에서 신학하는 우리는 다시 신학함에 대한 근본적인 물음으로 내몰리고 있는 형국이다.

이러한 질문들은 시대의 격변에 따른 종교의 정의와 역할에 대한 재구성이라 할 만하다. 이는 신학자와 목회자의 입장에서 보자면 '왜 선포하는가?/쓰는가?'의 문제이고, 신자의 입장에서 보자면 '왜 읽는가?/듣는가?'이며, 일반인(크리스천이 아닌)들에게 있어서는 '왜, 한국의 기독교가 개독교인가?/그것은 정확한가?'의 문제로 전환되어 다가온다. 총체적으로는 '왜 우리는 신학하는가? 왜 우리가 신앙인인가?'에 대한 물음이다.

합리와 효용과 속도가 강조되는 시대에 웬 종교성? 그것은 암흑시대였던 중세에나 가능했던 질문 아닐까? 맞는 말이다. 하지만 역설적이게도 종교에 대한 일반인들의 관심과 호기심은 시대와 문명이 발전하고 진보할수록 퇴색하는 것이 아니라, 더 다양한 형태로 이어지면서 우리에게 새로운 답변을 요구하고 있다.

미국 사회에서 일고 있는 신비적 종교에 대한 관심이 그것을 입증한다. 선불교, 단학, 이슬람 수피교, 요가, 티벳 불교 등은 매년 급격한 성장을 보이고 있고, 또 최근 통계에 따르면 아프리카와 라틴아메리카에서 번지는 성령 체험을 강조하는 오순절 계열의 그리스도교 전파 또한 괄목할 만하다. 한국 사정도 비슷하여 최근 발표된 종교 현황을 보면 천주교 신자들이 근 10년 동안 배에 가까운 성장을 보였다는 점도 현대인들의 종교적 신비에 대한 갈구가 어느 정도인지를 예측케 하는 중요한 단서가 된다.

아울러, 냉전 종식 이후 불어 닥친 이슬람 세계와 그리스도교 세계 간의 갈등과 공산권의 붕괴로 인한 종족 분쟁에서 보는 바와 같이, 21세기 갈등과 분쟁은 전前 시대의 이념(내지 계급) 혹은 인종 간 대결보다는 종교 간 갈등으로 인해 촉발되는 경우가 허다하다. 이 점은 신자유주의 시대에 첨단의 과학기술 혜택을 누리며 살아가는 현대인들의 삶 속에서 종교가 비록 사적 영역에서는 전 시대만큼의 영향력은 아닐지라도, 여전히 전체 사회를 지배하는 실재임을 상징적으로 보여주는 사건이라 할 수 있다.

이러한 현대 사회의 분위기 속에서 데리다가 내리는 종교에 대한 진단은 기존의 교리와 전통에 매여 있는 화석화된 종교 이해를 넘어선 것으로 우리에게 신선한 자극을 선사함과 동시에 우리를 혼란으로 몰아넣는다.

신학,
데리다를 초대하다

데리다Jacques Derrida(1930-2004)는 해체주의의 대명사다. 전통 신학의 입장에서 볼 때 의미의 결정불가능을 거론하는 해체주의는 필연적으로 신에 대한 존재론적 부정을 낳는 것으로 의심되고, 이는 1960년대 '신 죽음의 신학'을 연상시키는 악성코드로 간주된다. 이런 이유로 'Radical Orthodoxy(급진 정통주의)'■의 선두주자라 할 수 있는 밀뱅크John Milbank는 데리다가 니체 이후 허무주의를 부활시킨 인물이라 비난한다.■

이렇듯 논란이 되는 데리다의 종교관을 요약하는 문장이 바로 '메시아주의 없는 메시아적인 것'■■이다. 여기에는 다양한 질문이 내포되어 있다. "역사적 메시아주의로부터 '메시아적인 것'을 어떻게 분리해낼 수 있는가?" "나는 왜 메시아주의를 거부하는가?" "그렇다면, '메시아적인 것'이란?" "종교적 믿음의 차원이 어떻게 정치적 해방의 차원으로 변환될 수 있으며, 왜 우리는 하필 종교적 언어로부터 현 질서의 해방을 꿈꾸는 동력을 끌어오는가?" 등 데리다를 반대하는 사람들, 아니 데리다 본인조차 이런 질문을 던지며 상대에게, 그리고 스스로에게 묻는다.

이 대목에서 주의해야 할 사항은 종교성을 전 시대와 같은 현실로부터의 이월(도피) 내지 영적 황홀경에 대한 동경으로만 해석하지 말자

- John J. Milbank, *Theology and Social Theory: Beyond Secular Reason* (Malden: Blackwell, 1991), 278-280.
- ■ Jacques Derrida, *Acts of Religion*, Edited by Anidjar (N.Y.: Routledge, 2002), 56

급진 정통주의(Radical Orthodoxy)에 대한 미국 진보 신학계의 대응

영미 신학계에서 급진 정통주의가 차지하는 위상은 보수주의 좌파쯤으로 간주된다. 미국 듀크 대학의 스타신학자인 스탠리 하우어와스(Stanley Hauerwas)와 영국 캠브리지 대학의 밀뱅크(Milbank)를 중심으로 그 세력이 두텁게 형성되어 있는 급진 정통주의는, 포스트모던이라는 조류에 맞서 새로이 구성된 보수 정통주의 신학의 다른 이름이라 할 만하다. 자유주의 신학에 맞서 신정통주의(Neo Orthodoxy) 신학이 말씀의 신학을 모토로 개혁주의 신학의 깃발을 올렸던 것처럼, 급진 정통주의 역시 포스트모던이 추구하는 거대 담론의 붕괴에 맞서 전통(어거스틴, 중세 스콜라 철학 등)에 대한 회복을 강조하면서, 기독교 전통으로의 복귀가 포스트모던의 허무주의에 맞서는 대안임을 명백히 한다. 미국 진보 신학계에서 급진 정통주의를 바라보는 시선은 곱지 않다. 얼마 전 시카고 신학교에 있는 로렐 슈나이더(Laurel Schneider) 교수와 드루 대학의 캐서린 켈러(Catherine Keller) 교수가 편집한 *Polydoxy: Theology of Multiplicity and relation* (New York: Routeldge, 2011)은 급진 정통주의에 대한 미국 진보 신학계의 대응이라는 측면에서 주목받고 있는 책이다. 과정신학, 데리다의 해체주의, 들뢰즈의 노마디즘 등의 이론들을 통해 굳게 영토화되어 있는 신학의 폐쇄성을 극복할 방안을 이 책은 도모한다.

메사아주의 없는 메시아적인 것

데리다의 전기 사상이 언어적 전회를 통한 서구 형이상학 전반에 대한 해체를 시도했다면, 후기 데리다는 이를 바탕으로 각론으로 들어가 종교적·사회적·윤리적 이슈들에 대한 적용을 감행한다. 'a messianicity without messianism'은 데리다 후기 철학을 대변하는 구절이다. 데리다의 해체(Deconstruction)에 대한 오해와 그것이 지니고 있는 신학적·윤리적 함의를 말하는 것은 녹록치 않은 작업이다. 결론부터 말하자면 데리다는 오랜 세월을 돌아 그의 생의 마지막 얼마를 '메시아적인 것'에 천착한다. '메시아적인 것'은 어느 때 도래하는가? '메시아적인 것'은 현실 세계에서 어떻게 작동하는가? 결론적으로 '메시아적인 것'에 입각한 '정의란 무엇인가?' 그 과정에서 데리다는 바울을 다시 독해하고, 죽은 맑스를 되살리며, 레비나스의 타자론도 제휴하면서 그의 정치적·윤리적·신학적 담론을 펼쳐나간다.

는 것이다. 데리다에 따르면 지금 언급하는 종교란 저 피안의 세계에 무엇이 존재한다는 사실만은 아닐 것이다. 그것은 신학적 도그마와 신앙고백적 환상이 무엇이고, 그것이 과연 실재하는가에 대한 몰두가 아니라, 어떤 '메시아적인 것 a messianicity'이 나를 떠다니게 하고, 나를 한곳에 정주하지 않게 하며, 나를 체제에 순응하지 못하게 한다는 점에서 메시아적이다. 더 이상 '인민의 아편'으로 현 종교적·정치적 질서를 엄호하는 메시아주의가 아닌, 도래할 해방과 정치에 대한 물음을 담지하고 가능케 하는 동력으로서의 '메시아적인 것'을 데리다는 제안하고 싶었던 것이다.

그런 '메시아적인 것'에 휩싸인 우리는, 체제가 완성한 매트릭스

(예: 신자유주의, 일방적 성공만을 추구하는 번영신학, 뉴타운, 빨갱이……)를 향해 침 한번 '찍!' 뱉으며 딴지를 거는 우리이고, 혹은 그(것)들을 상대로 "놀고들 있네!" 혹은 "지랄하고 자빠졌네!!"라고 읊조리면서 비웃어주는 우리이며, 또는 절정을 구가하는 무소불위한 현 자본주의 체제에 흠집을 내기 위해 위험하고 불온한 상상을 하고, 그것을 스멀스멀 감행하고 도발하는 우리이다. 데리다의 표현을 빌리면 마치 '유령' 처럼 말이다. 이것이 데리다가 말하는 '메시아주의 없는 메시아적인 것' 속에 숨겨진 음모이고, 그 음흉한 속삭임이 지금 우리를 유혹한다.

보론補論

데리다의 '메시아적인 것'에 관한 변명

미국 진보 신학계의 핫 이슈:
좌파적 철학자들과 바울의 만남

벤야민이 '역사철학 테제'[•]에서 시도했던 역사적 유물론과 신학과의 화해는 근래에 일고 있는 뉴바울New Pual 논쟁, 즉 바디우, 아감벤, 타베스Taubes, 데리다, 지젝 등 소위 말하는 좌파 성향의 철학자들에 의한 바울 해석에 이르러 절정을 맞고 있는 듯하다. 이렇듯 바울과 21세기 사상가들과의 대화는 전 지구적으로 펼쳐지는 자본주의의 세계화(제국화)라는 문제와 맞물려 현재 미국 진보신학 진영에서 급부상하고 있는 이슈이기도 하다. 필자가 현재 재학 중인 시카고 신학교에서도 이 부분에 대한 세미나가 '맑스와 포스트-맑시즘Marx and Post-Marxism' 또는 '바울과 철학자Paul and Philosopher' 등의 이름으로 개설되고 있다.[••]

무엇 때문에 바울이 2000년이 흐른 지금 부활하여 담론의 중심에 서 있는가? 이 질문은 뉴바울 논쟁을 처음 대할 때 우리가 만나는 가장 중요한 쟁점 중 하나다. 21세기 초 현재의 상황을 투박하게 분석하자면, 한 축에는 20세기 말 포스트모더니즘의 광풍이 불어 닥친 이후 일반화된 진리에 대한 상대화의 경향이, 다른 한 축에는 사회주의 붕괴 이후 전 지구적으로 재편이 완성된 거대 자본의 보편성이 버티고 있는 형국이다.

이와 같이 서로 어울릴 수 없을 것 같아 보이는 상대주의와 보편주의는 '세계화'라는 이데올로기 아래 하나로 통합된다. 포스트모더니즘 논쟁을 의심하는 학자들은 포스트모더니즘 계열의 범박한 상대주의가 자본의 세계화 과정에서 발생하는 무역 장벽의 제거, 노동시장의 유연성 확보, 세계 경제의 단일화로 인한 문화적·사회적 블록의 해체 등의 문제에 있어서 더없이 낙관적이고 관대하다는 이유로 포스트모더니즘 논의에 대해 의심에 찬 눈초리를 보낸다. 이처럼 변혁에 회의적인 포스트모던 담론의 한계를 극복하고 변혁의 이론적·실천적 가능성을 모색하는, 미국 사회에서도 보기 드문 철저한 반체제 사상가 노엄 촘스키는 지금의 현실에 대해 다음과 같은 진단을 내린다. "허울뿐인 민주주의적 형식 안에 있는 전체주의적 본성에 의해 지배되고 있는 세상"■이라고 말이다.

촘스키의 발언은 우리에게 많은 것을 시사한다. 흔히 한국 사회에서 시민운동세력 내지 노무현류의 중도좌파들이 상대(한나라당)를 비판

■ Noam Chomsky, *World Orders, Old and New* (London: Pluto Press, 1997), 188.

Walter Benjamin, "Theses on the Philosophy of History" in *Illuminations*, with an introduction by Hannah Arendt (New York: Schocken Books, 1968), 253-264: 벤야민은 "역사철학 테제" 서문에서 신학과 사적 유물론(historical materialism)의 결합을 동화와 같은 비유로 설명하고 있다. 체스 게임 판 앞에 터키풍의 의상을 입고 파이프를 물고 있는 인형이 앉아 있다. 이 인형은 게임을 매번 승리로 이끈다. 하지만 그 인형은 체스 판 밑에 쭈그리고 앉아 인형을 조정하는 게임의 명수인 난쟁이 꼽추와 줄로 연결되어 있다. 벤야민은 인형을 사적 유물론으로, 체스의 명수인 꼽추를 신학으로 비유한 후에 결론적으로 다음과 같은 말을 한다. 신학과 사적 유물론이 결합한다면 "우리는 누구와도 쉽게 맞짱 뜰 수 있을 것(It can easily be a match for anyone…)"이라고 말이다.

신학은 하나님 나라가 이 땅 위에 건설되는 것을 꿈꾼다. 그것은 서양 역사에서 메시아 사상, 유토피아 혹은 천년왕국 등으로 버전을 달리하며 불렸다. 그렇다면, 신학이 역사적 유물론으로 상징되는 인형을 조정하고 있다는 말은 무슨 의미일까? 또 (모습이 드러나지 않은) 신학에 의해 인도되는 현실 세계에서 작동하는 인형, 즉 역사적 유물론의 승리는 무엇을 상징하는 것일까? 왜, 신학은, 메시아는, 유토피아는 정체를 드러내지 않는가? 실제로 난쟁이 꼽추는 현실을 장악하고 있으나 수면 위로는 등장하지 않는다. 우리의 현실이 유토피아적인 열망과 메시아를 기다리는 염원에 의해 지배당해야 하지만, 그것이 현실 세계에 존재해서는 안 되는 이유는 무엇인가? 데리다는 이와 같은 벤야민의 문제의식에서 그의 유명한 명제인 'a messianicity without messianism'의 단초를 끌어오면서 본인 특유의 해체주의적 정치학과 윤리학으로 나아간다.

바울과 현대 철학 간의 대화에 관심 있는 분들을 위해 시카고 신학교에서 개설되었던 〈Marx and Post-Marxism〉과 〈Pual and Philosopher〉 세미나에서 읽었던 도서 목록을 아래에 남긴다.

(1) 〈Marx and Post-Marxism〉 세미나 도서목록

The Marx-Engels reader, edited by Robert C. Tucker (New York: Norton, 1978); David Harvey, The condition of postmodernity: an enquiry into the origins of cultural change (New York: Blackwell, 1989); Rosa Luxemburg, The accumulation of capital (New York: Monthly Review Press, 1968); Adam Kotsko, Zizek and Theology (New York: T&T Clark, 2008); Louis Althusser, For Marx (London: Verso, 1986); Louis Althusser, Lenin and philosophy, and other essays (New York: Monthly Review Press, 1971); Jacques Derrida, Specters of Marx (New York: Routledge, 1994).

(2) 〈Pual and Philosopher〉 세미나 도서목록

Fridrich Engels, Primitive Christianity (In Marx and Engels On Religion) (California: Scholars Press, 1964); Martin Heidegger, The phenomenology of religious life (Bloomington: Indiana University Press, 2004); Jacob Taubes, The Political theology of Paul (California: Stanford University Press, 2004); Alain Badiou, Saint Paul: the foundation of universalism (California: Stanford University Press, 2003); Slavoj Zizek, The puppet and the dwarf: the perverse core of Christianity (Mass.: MIT Press, 2003); Giorgia Agamben, The time that remains: a commentary on the letter to the Romans (California: Stanford Univ Press, 2005); Theodore W. Jennings, Jr., Reading Derrida/Thinking Paul: on justice (California: Stanford University Press, 2006); Jean Luc Nancy, Dis-enclosure: the deconstruction of Christianity (New York: Fordham University Press, 2008).

하고 정죄했던 제목이 권위주의, 밀실 정치, 차떼기로 상징되는 전체주의였다. 하지만, 이러한 일반화는 지금의 현실과 역사를 이해하는 데 있어 아무런 도움이 되지 못한다. 오히려 그것이 근본적인 사유와 행동으로 나가는 데 잘못된 방향으로 우리를 이끌어가기 때문이다. 바로 이 지점에서부터 지젝, 바디우, 아감벤 등 요즘 '뜨는' 정치사상가들의 사유가 시작된다. 그들은 신자유주의로 대변되는 전 지구적으로 영향을 미치는 자본주의가 더 강력한 전체주의이며, 이것은 한나라당이나 북한의 세습 권력 체제를 비판하면서 수구꼴통 내지 파시스트라며 "전체주의적이다!"라고 비판하는 것과는 다른 차원임을 지적한다. 오히려 이념과 계급과 국경을 무너뜨린 자본의 법칙, 즉 이제는 그 어떠한 거대 담론도 허락지 않는 자본의 원리와 그것에 순응하는 체제가 진정 전체주의적임을 그들은 지적해냈다.

    이러한 흐름 속에서 바울에 주목하는 좌파 철학자들의 논의는 다음의 몇 가지 문제의식으로 요약될 수 있다. 우선은 자본의 논리가 보편적 질서가 되어버린 21세기 상황과 바울 당시 '팍스 로마'가 전파했던 제국의 보편성 간의 유사성을 밝히는 것이 논의의 일차적인 과제다. 그 다음 단계에서는 예수 사건이라는 특수하고 지역적이고 전혀 보편적이지 않았던, 한 식민지 변방에서 벌어졌던 에피소드가 어떻게 바울로 상징되는 초기 그리스도교의 전파 과정에서 로마 제국의 견고한 보편성을 뚫고 들어와 제국의 아성에 틈을 낼 수 있었는지 주목한다. 그 과정을 역으로 추적해 들어가면서 '21세기형 제국이라 할 수 있는 신자유주의 자본의 법칙을 붕괴시킬 수 있는 단서를 찾을 수 있지 않을까?'라는 기대 섞인 예감을 하는 것은 맑스의 세례를 받았던 사상가들에게는 어쩌면 당연한 귀결인지도 모르겠다.

결론적으로, 전략적인 면에서 약간의 차이는 있을 수 있겠지만, 신자유주의의 음모를 은폐하는 장막에 대한 철거, 포스트모던 시대의 정치적 냉소주의와 탈정치적 흐름으로부터 다시 해방을 위한 정치의 복원을 도모한다는 측면에서 이들은 공동전선을 이루었고, 그 과정에서 신학은 다시 지배 이데올로기에 대항하는 반이데올로기로 상상된다.

오고 간 대화들:
데리다의 '메시아적인 것'을 둘러싼 공방

바울과 제국의 관계에 주목하는 이들에게 있어서도 '메시아적인 것'에 대한 함의는 중요한 문제다. 제국에 틈을 내고, 제국의 질서에 반했던 세력을 그리스도교라 했을 때, 로마 제국의 질서 안에 있었던 크리스천들을 사로잡았던 것이 바로 '메시아적인 것'에 대한 확신(상)이었다. 이 부분은 메시아 사상, 종말론 등의 주제로 그리스도교 사상에 있어 중요한 축을 담당해왔다. 그런 의미에서 데리다의 '메시아적인 것'을 둘러싼 논의는 현대 철학과 바울을 잇는 핵심적 연결고리라 할 수 있을 것이다.

바로 앞 장에 있었던 졸고 "데리다로 신학하기를 위한 말걸기"는 웹진 〈제3시대〉 제23호(2010. 5. 13)에 게재되었던 글이다. 이후에 몇몇 분들이 필자의 거친 데리다 해석, 특별히 데리다의 '메시아적인 것' 안에 담긴 함의에 대해서 다른 의견을 전해왔다. 필자 또한 그분들의 지적에 대해 문제의식을 인정하고 답변을 하면서 많은 공부가 되었다.

보론의 이름을 빌려 그간 오갔던 데리다의 '메시아적인 것'을 둘러싼 공방을 따라가 본다. '이슈가 되는 쟁점이 무엇인지? 그리고 각각의 주장들이 담고 있는 사회적 함의와 실천적 강령으로 우리는 무엇을 상상할 수 있는지?' 가늠해보는 기회가 되었으면 한다. 문제가 되었던 부분은 앞 장 결론부에 있었던 아래 문장이었다.

> 그런 '메시아적인 것'에 휩싸인 우리는, 체제가 완성한 매트릭스(예: 신자유주의, 일방적 성공만을 추구하는 영광의 신학, 뉴타운, 빨갱이……)를 향해 침 한번 '찍!' 뱉으며 딴지를 거는 우리이고, 혹은 그(것)들을 상대로 너무 격렬하지 않게 "놀고들 있네!" 혹은 "지랄하고 자빠졌네!!"라고 읊조리면서 살짝 비열하게 비웃어주는 우리이며, 또는 절정을 구가하는 무소불위한 현 자본주의 체제에 흠집을 내기 위한 위험하고 불온한 상상을 하고, 그것을 스멀스멀 감행하고 도발하는 우리이다.

* * *   * * *   * * *

달님: 위에서 언급되고 있는 '메시아적인 것'에 휩싸인 우리는 오늘날의 후기 자본주의의 명령인 "네 멋대로 해라"와 곧장 조응하는 것 같습니다. 그것은 사실상 체제를 오히려 유지하는 냉소적인 어떤 것처

■ 필자와 독자들 간 데리다의 '메시아적인 것'을 둘러싼 의견 교환은 아래 주소로 가면 확인할 수 있다. http://minjungtheology.tistory.com/190

럼 보입니다. 하지만, 데리다에게 있어 '메시아적인 것' 이란 언제나 한 사회를 정초하고 있으면서 또한 파괴하는 어떤 사건이자 존재론적인 차원이 아닌지요? 그런 면에서 그것의 도래, 혹은 유령의 귀환은 서술하신 것보다 훨씬 더 그 "존재에서부터" 위협적인 어떤 것이 아닐까 하는 생각이 듭니다.

필자: 좋은 지적입니다. 그 이유는 흔히 우리가 말하는 후기 구조주의 계열의 학자들(사실 그 누구도 자신이 후기 구조주의라고 말한 사람은 없지만)을 향한 비판의 주된 내용이 바로 달님이 지금 거론하신 부분이기 때문에 그렇습니다. 이 부분은 이성에 의한 이성의 자기비판 내지 자기 갱신의 가능성에 무게를 두는 하버마스 같은 사람들이 하는 문제제기와도 일맥상통한 부분이라 할 수 있을 것입니다. 하버마스는 들끓는 이성애理性愛를 바탕으로 탈이성을 주장하는 사람들에게 딴지를 걸지요. 달님의 댓글은 현대 사상계에서 다루어지는 이러한 논쟁의 핵심을 잘 지적한 것이고, 이 문제는 앞으로도 우리에게 계속 남아 유령처럼 떠돌 것입니다.

푸코가 니체를 읽고 나서 단 하나의 니체주의, 정전正典으로 받아들일 수 있는 유력한 니체주의가 있다는 생각에 반대했다지요. 다종의, 다성의 니체를 상정할 수밖에 없다는 고백일 것입니다. 데리다 역시 그런 인물이 아닐까 싶네요. 데리다는(지금까지 제가 독해한 바로는) 단 한 번도 메시아에 대해 말하지 않았습니다. 메시아로 상징되어져서 무언가를 정초 지으려는 집단, 구호, 인물, 생각 등등을 완곡하게 거부합니다. '메시아적인 것' 이란 달님이 말씀하신 대로 '(……)을 파괴하는 사건'이라는 지적은 옳습니다. 하지만 그것이 '존재론적인 차원'이라는 지적에는 언뜻 동의할 수가 없네요. 데리다에 의하면 그 존재론적인 확신이 역사상 등장했던 수많은 '메시아주의'로 환원되어 광기로 전환되었기 때문입니다. 물론, 달님의 지적처럼 이런 주장이 후기 자본주의의 명령인 '네 멋대로 해라'와 조응할 수도 있을 것입니다. 하지만, 데리다는 본인의 후기 철학으로 갈수록 실천적·윤리적 덕목을 많이 드러내면서 적극적으로 후기 자본주의가 양산한 모순들과 구체적으로 대결합니다.

존재론적인 차원에서 데리다를 변호하자면 기존의 본질존재론 Ontology of Being 관점에서 탈피하여, 베르그송, 들뢰즈로 이어지는 생성존재론 Ontology of Becoming, 즉 '사건의 존재론' 계열이라고 할 수 있을 텐데…… 글쎄요, 데리다가 이 부분에 동의를 할지는 모르겠네요. 워낙 존재론 Ontology에 대해 히스테리적인 반응을 보였던 인물이라……. 결국, 문제는 So What? "데리다가 우리 삶에서 갖는 효용이 무엇인가?"라는 물음입니다. 1천 가지의 데리다가 등장합니다. 사람들마다 저마다 자기가 읽은 데리다를 말하는데, 솔직히 말해 저는 계속 미끄러지면서 그 의미를 유보하고 있습니다. 하버마스는 이런 핑계로 답변을 유보하는 사람들에게 "언제까지 그렇게 유랑하며 살래? 그 따위로 살지 마!"라고 비난하는데…… 저 역시 당분간 그런 비난을 면하기 어려울 것 같네요. 다시 한번 좋은 지적 감사드립니다.

별님: 일차적으로 이상철 님의 글보다는 달님의 글이 데리다의 종말 개념을 더 잘 담지하고 있다는 생각이 듭니다. 제가 보기에 '메시아

적인 것'이란 적어도 이상철 님께서 말씀하시는 '이죽거림'보다는 좀 더 강한 그 어떤 무엇, 즉 역사의 계기에서 스스로를 산종하다가 메시아적 계기를 불어넣고 다시 체계에 갇히지 않고 사라지는 그러한 역사의 새로운 것이라고 생각합니다. 헤겔적인 새로움이 기실 변증법의 포로에 불과하다면, 데리다에게서 메시아적인 것이란 변증법을 넘어서서 그 여백에서 변증법을 조롱하고 그 예측 불가능성 속에서 사라지는 것에 가깝습니다. 기표가 차연을 통해서 영원히 지연되는 의미의 껍데기만을 지속적으로 산출해내는 것처럼, 역시 메시아적인 것은 하나의 기표일 뿐이고, 이 지점에서 그 일어난 메시아적인 것 역시 단순히 껍데기로서 이후의 전혀 새로운 산종에 자신을 양도하는 것이죠.

필자: 위에서 제시한 별님(달님 포함) 발언에 동감을 표합니다. 데리다의 '메시아적인 것'에 대한 별님의 해설은 제가 접했던 많은 그것들 중에서도 단연 이해하기 쉽고 분명한 언어로 쓰인 글이라는 생각입니다. 저의 정리되지 않은 '(데리다의) 메시아적인 것'에 대한 이해에 큰 도움이 되었습니다. 우선, 제가 원 글의 말미에 '메시아적인 것'에 대해 다소 거칠게 툭 던지며 글을 끝맺은 것에 대한 변명을 할 필요를 느낍니다. 두 분의 경우는 데리다의 '메시아적인 것'에 대한 방법론적 측면을 강조한 반면, 저는 그 안에 깃들어 있는 해체적 열망에 더 초점을 두고 싶었습니다. 저에게 다가오는 데리다의 '메시아적인 것'은 어떤 게임의 법칙이라기보다는 한순간도 멈춰 서지 않는 해체를 지향하는 운동성입니다. 그 지향성을 현실에서 드러내는 저의 태도를 별님은 '이죽거림', 달님은 '네 멋대로 해라류의 냉소'라고 지적하시며 그것

보다는 '더 강한 그 어떤 무엇'이 있어야 한다고 말씀하셨는데 일면 공감합니다.

그럼에도 불구하고 채워지지 않는 갈증은 '메시아적인 것'을 설명하기 위해 끌어온 (별님의) '더 강한 그 어떤 무엇', '역사의 계기', '변증법' 등등의 용어가 일정의 시간과 공간을 거친 인간적인 대지大地를 항상 의식하고 전제하고 있지 않나 하는 의심입니다. 다시 말해 별님이 전개한 내용의 근저에는 하이데거류의 인간, 즉 자기 스스로를 현실을 향해 내던지고 미래를 만들어나가는 인간이 있고, 세계를 그 인간 중심으로 해석해내려는 끈질긴 의지가 내재되어 있지 않나 하는 점이죠. 이 부분은 데리다가 항상 경계했던 부분이기도 합니다. 데리다의 '메시아적인 것'은 멈추지 않는 의문과 의심에 휩싸인 그 무엇이 아닐까요? 중심은 비어 있어야 중심입니다. 누구나 그곳을 잠시 차지할 수 있지만, 그 누구도 그곳에 정착할 수 없는 헛헛함! '메시아적인 것'이란 그 헛헛함의 환유인 셈이죠. 저와 경로는 약간 달랐지만 별님께서도 본인의 글에서 이러한 점을 강조하셨다고 봅니다: '다시 체계에 갇히지 않고 사라지는 역사의 새로운 것', '그 예측 불가능성 속에서 사라지는 것', '이후의 전혀 새로운 산종에 자신을 양도하는 것'.

결론적으로, '메시아적인 것'이란 현실의 담론 너머 가능성의 형태로 존재한다고 봅니다. 그것이 설사 어떠한 정의와 규격 안으로 매몰되는 불상사가 발생한다 해도, 그것은 단지 우발적 사건의 예로 기록되어진 후에 다시 괄호 밖의 가능성으로 퇴각하는 존재입니다. 현실의 논리와 법칙을 바탕으로 미래의 가능성을 타진하려는 의도, 내일에 대한 희망을 근거로 대지에 깃발을 꽂고 휘날리며 영토화하려는 음모들을 데리다는 경계합니다.

그와 동시에 '메시아적인 것'은 우리 인식 밖의 알 수 없는 영역이 있음을 또한 전제합니다. 그것은 우리 밖에 엄연히 존재하는 타자의 형태로 우리 현실을 향해 독설을 퍼붓고 주문을 걸며, 용기를 주며, 다시 탈주하라고 속삭입니다. 그것을 데리다는 달리 표현할 말을 만들어내지 못한 채 전전긍긍하다가 '메시아적인 것'이라 끼적이지 않았을까? 엉뚱한 상상을 해봅니다. 이야기가 장황하게 흘렀네요.

기본적으로 데리다의 글쓰기 스타일은 무척 독특하죠. 제가 한글 번역본, 영어본, 불어본을 비교하면서 읽어본 적이 있습니다(불어본은 미국 친구들의 도움을 받아서). 마치 어렸을 때 했던 놀이 중 '말 전달하는 게임'을 연상시킵니다. 처음 읽고 전달했던 문장이 마지막 주자에 이르러서는 그 형태를 알아볼 수 없을 정도로 왜곡되어 생산이 되죠. 데리다의 글들과 번역본들이 그렇습니다. 보통 데리다의 작품에는 철학적 글쓰기의 특징인 논리적인 면이 많이 생략되어 있고, 반대로 문학작품처럼 수사적이고 반복적이며 많은 아포리즘과 단편들이 글을 뒷받침합니다. 이런 이유로 데리다 읽기는 많은 오해와 오독을 동반합니다. 번역 과정에서는 말할 것도 없고요. 어쨌든 저의 데리다에 대한 부족한 생각에 의견을 내주시고 제안을 해주신 달님과 별님에게 다시 한번 감사드립니다.

02.

자크 데리다 특별 기고[■]:
천안함 침몰을 둘러싼 해체론적 독법

**해체론,
비어 있는 중심을 꿈꾸다**

　　　　　　　　세상에는 우리가 뭐라고 꼭 집어서 말하거나 드러내 보일 수는 없으나, 그 집단의 성원들이 모두 '있는 것'으로 암묵적으로 합의한 무언가가 있습니다. 그것이 광의적으로 인간 일반 전체에 형성되어 있는 것을 고르라면 종교라고 할 수 있겠죠. 일정 지역, 일정 거민들에게 통용되는 그것을 분석하려면 그 지역의 역사와 사회, 문화 전반에 대한 공부가 필요합니다.

[■] 데리다는 2004년 세상을 떴다. 물론, 졸고는 가상이다. 이번 장에서는 천안함을 둘러싼 데리다의 해체론적 독해가 지니는 함의에 대해 다룰 것이고, 뒷장에서는 지젝의 시선으로 '미국의 이라크 침공 발표'와 한국 정부의 '북한의 천안함 침몰 발표' 간의 상동성을 밝히며 지젝의 이데올로기 분석 안에 내포된 의미를 다룰 것이다.

예를 들어, 2010년 한국 사회를 진단한다고 했을 때, 이를 위해서는 한국 현대사를 장식하는 몇 가지 키워드에 대한 학습이 필요합니다. 대표적인 것들로 일제 식민지 시절, 광복, 분단, 한국전쟁, 군사독재, 민주화 운동, 반공, 빨갱이, 좌파 등을 들 수 있겠죠. 이런 격동 속에서 한평생을 요동치며 살아온 한국 보수층의 눈으로 볼 때, 북한이 천안함을 타격했다는 것은 그들이 확실히 물증을 제시할 수 없고 밝힐 수 없다손 치더라도 그것이 (북한이) 거기에 (천안함을 침몰시켰다는 것) 있었다는 것은 대부분의 한국 보수층들이 동의하는 사실입니다. 미국의 경우도 마찬가지입니다. 문명충돌론, 이슬람 강경테러분자, 헤즈볼라, 9.11, 오사마 빈라덴, 사담 후세인…… 이런 기표들은 부시로 상징되는 미국 보수층들에게 이라크가 대량살상무기를 숨기고 있다는 것을 입증할 수 없지만 진실은 그것이 (대량살상무기) 그곳 (이라크)에 있다는 것입니다. 한국과 미국이 설정하고 있는 천안함과 이라크를 둘러싼 그들의 진실은 '미지의 무언가' 로부터 유래합니다. 결과와 양상은 다르지만 '미지의 어떤 것'에 의지한다는 점에서는 해체론의 그것과 너무나도 닮았습니다. 저는 그것을 '메시아적인 것'이라 표현한 바 있습니다.

하지만 저는 메시아로 상징되어져서 무엇인가를 정초하고 토대 지어 깃발을 펄럭이며 그 아래로 사람들을 줄 세우는 것은 배격합니다. 왜냐하면 그러한 존재론적 확신이 역사의 진행 과정에서 수많은 메시아주의를 낳아 사람들을 광기로 몰아넣었기 때문입니다. 천안함 침몰을 둘러싼 한국 사회의 논의 과정, 이라크 침략을 둘러싼 미국의 그것은 해체론과 동일하게 '알 수 없는 어떤 것'(저의 용어로는 '메시아적인 것')에 기인하나, 그것들은 해체론과는 반대로 너무나도 빠르고 확고하게 중심을 가득 채우는 기재로 작용하고 있습니다. 이 점이 바로 해체론에서 가장 경계하는 대목입니다.

저에게 '메시아적인 것'이란 멈추지 않고 의혹에 휩싸여 있는 그 무엇입니다. 그곳은 누구나 들어올 수 있으나, 그 누구도 정착할 수 없는 탈영토화된 공간입니다. 설사 그곳에 일정 기간 동안 시대를 대표하는 듯한 지배적 정서가 있어 호령했다손 치더라도 그것은 일시적·예외적 사건의 예로 기록된 후에 다시 괄호 밖으로 미끄러지는 것에 지나지 않습니다. 이 부분이 바로 백악관이나 청와대와는 다른 해체론의 수사학입니다. 어떤 미지의 것에 기대어 이라크의 살상무기, 북한의 천안함 타격을 당연시하는 그들의 논리는 언뜻 해체론과 방법적인 면에서 공통점이 있는 듯하나, 해체론에서 담론 너머 가능성의 형태로 남기고자 하는 부분을 그들은 가득 채우고 있다는 점에서 근본적으로 해체론과는 다릅니다. 그들은 자신들의 광기 안으로 미지의 타자를 끌어들이고 그 미지의 타자를 다시 투사하여 자신들의 논리를 정당화합니다. 하지만 해체론은 오히려 그와 반대로, 내 안에 도사리고 있으면서 호시탐탐 출몰을 꿈꾸는 광기의 욕동을 부단히 경계하며 그 요소들을 미지의 타자에 기대어 밖으로 쫓아냅니다. 그리하여 오늘의 우리를 부단히 반성하고 수정하도록 합니다. 바로 이 점이 해체론이 오늘을 사는 우리에게 주는 메시지라 할 수 있을 것입니다.

나는 왜 해체론으로 세상을 읽는가?

벌써 20년 전 일이네요. 레닌의 동상이 붉은광장에서 철거되는 것을 지켜보며 저는 적잖은 충격에 빠져들었습니다. 한동안 아무것도 할 수가 없었습니다. 얼마만큼의 시간이 흘렀는지 모르겠는데…… 저에게 두 가지 질문이 생겼습니다. 하나는 '현실 사회주의는 왜 좌절됐는가?'에 대한 부분입니다. 이 물음은 문제의 원인을 외부(자본주의의 발전과 승리)에서 찾기보다는 사회주의 내부의 문제, 즉 '사회주의 혁명이 어떻게 전체주의적 폭압으로 전도됐는가?'에 대한 뼈아픈 자기반성과 관계된 부분이라 할 수 있습니다.

다른 하나는 신자유주의에 대한 문제였습니다. '자본의, 자본에 의한 전 지구적 재편이 완료된 시점에서 어떻게 다시 혁명을 사유하고 실천할 수 있는가?'에 대한 과제가 우리에게 주어졌습니다. 그 무렵 지은 책이 《맑스의 유령들 Specters of Marx》(1993)입니다. 이 책을 전환점으로 하여 저는 윤리적·정치적 이슈들에 대해 신자유주의가 양산한 문제들에 적극적으로 도전하기 시작했습니다. *Gift of Death* (1995), *Of Hospitality* (2000), *Acts of Religion* (2001), *For What Tomorrow* (2004) 등이 그런 작품들이라 할 수 있을 겁니다.

제가 저의 후기 사상에서 말하고자 했던 것은 전과 같은 헤겔류의 강렬한 유토피아적인 열망도 아니고 그것을 위한 가열찬 투쟁 의지도 아닙니다. 아니, 더 정확하게 말하면 그런 순차적 역사 발전에 따른 유토피아적인 것들의 실현에 저는 더 이상 관심이 없습니다. 역사는 미래에 대한 확신을 제공해주기보다 오히려 우리를 당황하게 만들기 때문입니다. 역사는 늘 우리에게 판단력을 요구하고, 기존의 사고방식과 가치관을 흔들어놓습니다. 따라서 항상 자신을 새로운 실험적 상황에 던지는 것을 두려워해서는 안 됩니다. 이런 의미에서 저는 연극 〈햄릿〉의 대사를 인용하여 "The time is out of joint(세상은 난장판이다)"■라는 말을 했습니다. 그 발언 이후 안토니오 네그리, 프레드릭 제임스, 데리 이글턴 같은 사람들과 역사와 진보, 맑스주의와 해체론과의 상관관계에 대해 많은 대화를 나누었던 것이 기억납니다.■■ 어느새 10년도 훨씬 지난 일이 되어버렸네요.

시간이 어떤 연속적인 마디와 분절로부터 어긋나 있다는 저의 주장은 사람들의 오해와는 달리 시간의 형태가 불순, 왜곡, 일탈되어 있음을 뜻하는 것이 아닙니다. 시간은 본래적으로 연속적이지 않고, 어디서부터 갑자기 도래하는 무언가에 의해 굴절이 되며, 그리하여 간극이 생기는 낯설음을 조건으로 갖습니다. 그 왜곡과 일탈, 불연속과 굴곡은 역사적 기록 속에서는 통상 불순, 불행, 악으로 기록돼왔으나, 사실 그것들은 정의와 해방, 메시아가 도래하는 조건이자 통로가 됩니다.■■■

■ Jacques Derrida, *Specters of Marx*, tr., Peggy Kamuf (New York: Routledge, 1994), 20.

■■ 데리다의 《맑스의 유령들》 출판 이후 좌파 진영 학자들 사이에서 이 책에 대한 논란과 질문이 쏟아졌고, 후에 마이클 스프린커(Michael Sprinker)가 9명의 논쟁적인 글을 편집하여 *Ghostly Demarcation: A Symposium on Jaceques Derrida's Specters of Marx* (New York: Verso, 1999)라는 제목으로 출판했다. 데리다는 2002년 이에 대한 답변을 담은 *Marx & sons* (PUF/Galilee, 2002) 통해 본인의 유령론과 이데올로기에 대한 견해, 그리고 이슈가 되었던 '메시아적인 것'에 대한 사람들의 오해에 대해 강한 어조로 반박하고 있다. 2009년 한국에서 *Ghostly Demarcation*에 실려 있는 9편의 글 중 3편과 데리다의 *Marx & sons*를 진태원과 한형식이 번역하여 하나로 묶어서 《마르크스주의와 해체 – 불가능한 만남?》(서울: 도서출판 길, 2009)이라는 제목으로 출판했다.

부연하면, 근대적 의미의 유토피아를 향해 가는 시간의 연속이란 라깡적으로 말하면 상징계 속 질서인데, 그 시간에 틈을 내고 불연속과 굴곡이 만들어진다는 것은 오히려 상징계의 질서를 뛰어넘는 실재계 속 정의와 해방의 도래를 가능하게 하여 상징계, 즉 현실의 모순과 불임을 해결하는 역할을 하기 때문입니다. 그리하여, 해체론은 최종적으로 우리를 열려 있는 가능성의 공간으로 개방하게 합니다.

하지만, 해체는 결코 포스트모던류의 상대주의나 결정을 유보하는 미끄러짐이 아닙니다. 그것은 "항상 지금 여기서, 독특한 방식으로 수행되어야 하는 불가피성"■이고, "도착할 수도 있고 도착하지 않을 수도 있는(절대적 타자성의 조건) 사건에 대한 맡김"■■의 자세입니다. 마치 주사위 던지기 놀이처럼 말입니다. '지금-여기'에 대한 불가피성과 사건에 대한 맡김의 자세는 해체론의 실천적 측면이라 해도 무방합니다. 하지만, 그 실천이란 과거처럼 정해진 길을 지시하는 명령이나 유토피아적인 환상에 의지하지는 않습니다. 바로 이것이 '메시아주의 없는 메시아적인 것'의 요체라면 요체가 아닐까 싶네요.

■■■ "메시아적인 것은 모든 지금-여기에서 가장 구체적이고 가장 현실적인 사건의 도래, 곧 가장 환원 불가능하게 이질적인 타자성을 지시한다. …(중략)… 비록 여기에는 어떤 기대, 예상이 포함하는 외관상 수동적인 한계가 존재하지만, 도착할 수도 있고 도착하지 않을 수도 있는 (절대적인 타자성의 조건) 사건에 대한 이러한 맡김은 기다리지 말고 참여하라고 명령하는, 진실로 사건을 회피하지 말라고 금지하는 약속과 명령으로부터 분리될 수 없다. … (중략)… 이것은 또한 가장 구체적이고 가장 혁명적인 긴급성이다. 결코 유토피아적인 것이 아닌 메시아적인 것은 지금 여기서 사태, 시간, 역사의 통상적인 경로를 중단시킨다. 그것은 타자성 및 정의에 대한 긍정과 분리될 수 없다." - 자크 데리다 외, 《마르크스주의와 해체》, 진태원, 한형식 옮김 (서울: 도서출판 길, 2009), 214-215.

■ Ibid., 215.
■■ Ibid., 214.

최종적으로 정리하면 이렇습니다. 저의 요즘 관심사는 근대적 시간관과 인식론에 입각한 진보에 대한 신화를 비신화하는 것입니다. 연극이 끝나고 난 뒤의 무대처럼 쓸쓸하고 공허한 탈중심화된 상태, 즉 기표가 사라진 혼돈을 사랑하고, 큰 타자의 부재를 인정하는 것이죠. 그 부재와 어긋남과 불연속은 상징계 속 현실 논리인 예측 가능성과 합법칙성, 인과성에 구멍을 내어 새로운 시간의 도래와 타자의 등장을 옹호합니다. 이를 위한 동력이 '메시아적인 것'이고, 바로 이 지점으로부터 제가 근래에 주장하는 정의론이 시작됩니다.■

제게 있어 정의란, "텅 비어 있는 현실의 공간에서 어떻게 하면 모든 하나하나의 개체들이 (불법) 외국인 노동자라는 이유로, 피부색이 다르다는 이유로, 제3세계 민중이라는 이유로, 늙었다는(혹은 어리다는) 이유로, 동성애자라는 이유로, 여자라는 이유로, 이념이 다르다는 이유로 무리에서 소외되지 않은 채 참된 민주적 소통을 할 수 있을까?" 다시 말해, "텅 빈 실재의 공간에 어떻게 하면 공적 자유의 바람을 흐르게 할 수 있을까?"입니다. 다시는 그 무엇에 의해 점거당하지 않은 채로 말입니다.

그런 의미에서 진리를 갈구하던 니고데모를 향한 예수의 답변, "바람은 불고 싶은 대로 분다. 너는 그 소리는 듣지만, 어디에서 와서 어디로 가는지는 모른다"(요 3:8)라는 경구는 저로 하여금 많은 상상을

■ 시카고 신학교의 테드 제닝스(Ted Jennings) 교수는 2006년 출판된 그의 저서 *Reading Derrida/Thinking Pual* (C.A.: Stanford Univ., 2006)에서 데리다가 말하는 '메시아적인 것'을 정의와 연결시키며 다음과 같이 적고 있다: "데리다는 법의 테두리를 넘어선 정의와 경제적 원칙을 넘어선 선물, 그리고 환대와 호의에 대한 그의 해석에 있어 메시아주의가 아닌 메시아적인 것에 대한 해석의 중요성을 언급한다"(163).

하게 합니다. 또한 "이 성전을 허물라"시던 예수 자신의 외침과 후대 사람들이 했던 "자기를 비워서 종의 모습을 취하시고 사람과 같이 되셨다"라고 하는 예수에 대한 평가 또한 제가 추구하는 해체론에 입각한 정의의 개념과 전략적 제휴가 가능한 대목이라 하겠습니다. 해체론과 정의, 해체론과 신학 간 대화는 현재 제가 하고픈 가장 매력 있는 작업이자 저의 최후 작업이 되지 않을까 싶군요.

**오바마,
너마저도!**

합조단의 발표가 있은 지 며칠 후(2010년 5월 24일), 이명박 대통령은 천안함과 관련하여 북한에 대한 경고를 내용으로 하는 대국민 담화를 발표했습니다. 이에 미국은 한국 정부의 대응에 대해 절대적 신뢰를 보냈다고 합니다. 반백 년 넘게 이어온 한미 간의 공조로 미루어볼 때 별 놀랄 만한 일은 아니지만…… 개인적으로는 오바마 역시 다른 미국의 대통령들이 했던 보편적인 나쁜 짓을 어느 정도는 다 하는 것 같아 씁쓸합니다.

저는 꿈을 잘 꾸지 않지만, 그날(이명박의 대국민 담화가 있었던)은

■ 시카고 노스웨스턴 대학 안에 있는 게렛 신학교에서 윤리를 가르치고 있는 노련한 윤리학자 켄 벅스(Kenneth Vaux) 교수가 2009년에 출판한 *America in God's World: Theology, Ethics, and the Crises of Bases Abroad, Bad Money, and Black Gold* (Oregon: Wipe & Stock, 2009)는 세계화된 국제질서 속에서 미국의 토지정책과 금융정책, 그리고 대외정책이 어떻게 자국의 이익을 위해 입안이 되고 운용이 되고 있는지에 대한 신학적 비판을 담고 있는 책이다.

오바마, 너마저도!

시카고 신학대학원(Chicago Theological Seminary, 이하 CTS)의 교수, 동문, 학생들이 느끼는 오바마에 대한 애정은 남다르다. 잘 알려진 바와 같이 시카고는 오바마의 정치적 고향이고 삶과 사상의 근거지다. 오바마의 집이 CTS와 5분 거리이고, 오바마가 20년 동안 다니며 결혼하고 자녀들도 세례받고 선거운동 직전까지 출석했던 시카고 트리니티 UCC 교회가 CTS가 속한 미국에서 가장 진보적인 UCC 교단이라는 점. 지난 대선 기간 중 '갓 뎀 아메리카' 논쟁으로 선거 초반 최대 정치적 이슈를 이끌어냈던 시카고 트리니티 UCC 교회 담임목사이자 오바마의 멘토인 제레마이 라이트 목사와 오바마의 정치적 후견인이라 할 수 있는 현존하는 흑인 인권의 상징이자 민주당 대통령 후보 경선에도 참여한 바 있는 제시 잭슨 목사 등이 모두 CTS 출신이라는 점. CTS 교수님 중 몇 분은 오바마와 같은 교회에 출석하면서 직·간접적으로 몇 가지 이슈들(예: 동성애, 낙태 문제 등에 대한 기독교적 대응)에 있어 오바마캠프에 영향을 미쳤다는 점에서 CTS는 마치 집안사람이 대통령이 된 듯한 착각과 황홀경에 빠져들었었다. 이번(2010년) CTS 여름학기에도 제레마이 라이트 목사가 일주일간 '미국 정치와 인권, 기독교' 뭐 그런 내용으로 강의하고 있다. 새삼 그 모든 것들이 씁쓸하게 다가오는 것은 왜일까? 미국 진보세력의 희망이라 불렸던 오바마 역시 미국의 국익에 충실한, 보통의 미국 대통령이었다. 물론 국내 정치에 있어서는 미국 진보 진영의 숙원사업이었던 의보개혁안을 통과시키고, 동성애자의 군복무에 대한 평등권을 추진하는 등 전직 대통령들과는 다른 행보를 보이고 있다고는 하나, 외교 부분에서는 다른 미국의 대통령들과 크게 다르지 않다. (아프간 전쟁이나 천안함 침몰을 둘러싼 입장 표명에서 보듯이) 미국의 정의와 이익을 위해서라면 물불 안 가리고 유령의 등장을 묵인하고 그것을 이용할 줄 아는 그런 대통령 말이다. 어쩌면 미국의 대통령이라는 자리는 미리 유령들이 짜놓은 판(매트릭스)대로 말판을 놓는 역할만을 담당하는 허수아비가 아닐까? 오바마에게 너무 큰 기대를 했었나보다.

간만에 꿈자리가 사나왔습니다. 영화 〈링〉의 마지막 장면이었던 것으로 기억하는데 텔레비전 밖으로 귀신이 머리를 풀어헤치고 기어 나오는 장면과 유사한 꿈이었습니다. 화들짝 놀라 일어나 주방으로 나와 냉수를 벌컥벌컥 들이키고는 잠이 깼는데, 정신이 차려지면서 한동안 잊고 지냈던 과거 군사독재 시절 대한민국을 감싸고 있었던 음습하고 공포스런 기억들이 스멀스멀 기어 올라오더군요. 정말 기분 '엿' 같았습니다. 대한민국 구천을 떠도는 잡다한 유령들이 다시 출몰하는 겁니까? 어디서 용한 무당 한분 모셔다가 푸닥거리라도 해야 하지 않을까요? '잡귀야 물러가라!' 하면서 말입니다.

덧붙임

엊그제 부시 전 미국 대통령이 지난 6월 말에(2010년) 한국을 방문해 한기총(?)에서 주관하는 무슨 집회에 참석했다는 소식을 접했습니다. 대형 운동장에 수만 명이 모여 미국을 찬양하고 북한의 도발을 규탄하는 집회였고 은혜롭게 행사가 마무리되었다는 기사였습니다. 이라크전을 일으켰던 유령과 천안함을 둘러싸고 있는 유령 간의 극적인 회합이었겠군요. 재미있었겠네요. 누가 후일담 좀 들려주십시오.

03.

지젝으로
천안함 읽기:
천안함 침몰과 이라크 침공,
그 기묘한 상동성

한국의

천안함 침몰 발표

얼마 전(2010년 5월 20일) 나는 천안함 침몰에 대한 한국 정부의 공식 발표를 인터넷을 통해 접했다. 천안함 침몰 사고 원인을 조사해온 민군합동조사단(이하 합조단)은 "북한에서 제조한 고성능 폭약 250kg 규모의 중어뢰에 의한 수중폭발로 (천안함이) 침몰했다"고 밝혔다. 이날 합조단은 북한 어뢰가 분명하다고 주장하며 '북한체 글씨 1번'이 새겨진 어뢰 추진부 뒷부분을 결정적 증거물로 제시했다. 합조단은 또한 "100m 높이 물기둥 봤다. …… 수병 얼굴에 물이 튀었다"라고 하면서 천안함 침몰의 직접 원인을 어뢰에 의한 폭발임을 재차 강조했다. 곧이어 청와대는 이런 반응을 보였다: "이명박 대통령은 국정 최고책임자, 군 통수권자로서 결연한 각오로 임하고 있다. 응분의 책임을 묻기 위한 단호한 (대북 제재) 조치를 곧 결심할 것이다"(박선규 청와대 대변인).

　나는 대표적인 한국의 수구언론이라 알려진 조선일보의 반응이 궁금해졌다. 조선일보는 "國論 하나로 모아 안보 비상 상황 넘자"라는 제목으로 아래와 같은 사설을 달았다: "정부는 오늘 이 같은 조사 결과를 공식 발표한다. 대한민국은 이 발표 위에 서서 국가적 차원의 비상非常한 결단을 내려야 한다. 북한이 어뢰로 우리 군함을 두 동강 내 장병 46명의 목숨을 앗아간 것은 사실상 대한민국에 전쟁을 선포한 것이다. 이런 도발에 제대로 대응하지 않으면 훗날 더 큰 도발을 부를 수 있다."▪

미국의
이라크 침공 발표

　　　　　천안함 침몰과 관련된 일련의 한국 정부와 한국 사회의 대응을 접하며 나는 몇 해 전에 있었던 미국의 이라크 침공이 오버랩되면서 머리끝이 쭈뼛해졌다. 2003년 봄 미국이 이라크 침공을 감행하며 내세운 명분은 이라크 어딘가에 숨겨져 있을(숨겨져 있어야만 하는) '대량살상무기' 제거였다. 이에 대한 근거를 뒷받침하기 위해 부시는 2003년 5월에 다음과 같은 주장을 했다: 'For those who say we haven't found the banned manufacturing devices or banned

▪ http://news.chosun.com/site/data/html_dir/2010/05/19/2010051902552.html

weapons, they're wrong, we found two trailers. Them being Iraq's supposed mobile bio weapons labs." (금지된 생산 장비나 금지된 무기를 찾지 못했다고 말하는 사람들은 틀렸습니다. 저희는 2대의 트레일러를 찾아냈습니다. 그것들은 이라크에서 이동화학실험실이라 알려졌던 것을 말합니다.)■

2006년 4월 12일자 〈워싱턴 포스트〉는 미국 정보관리들이 당시 부시의 발표가 거짓말이었다는 사실을 알고 있었다고 전했다. 이 문제에 관여했던 한 정보관리의 증언에 따르면 정보국에서 문제의 2대의 트레일러가 화학무기 제조와 상관이 없는 것임이 밝혀졌다는 보고를 부시에게 했음에도 불구하고 백악관은 이를 묵살하고 이라크 전쟁의 정당성 확보를 위해 허위 발표를 했다는 것이다. 문제의 트레일러는 기상관측용 기구에 수소가스를 주입해 띄우는 시설이라는 설이 유력한데, 당시 조사관들이 '세계에서 가장 큰 사막 화장실the biggest sand toilets in the world'로 불렀던 사실로 미루어 분뇨탱크, 즉 똥차가 아니었을까 재치 있게(?) 추측하는 사람도 있다. 정말 똥차였다면 코미디같은, 아니 코미디보다 더 웃긴 일이 아닐 수 없다. 세계 평화 유지를 위한 지구방위대 미국이 이라크에 있는 '대량살상무기 제거'를 위해 장엄하고 숭고하게 깃발을 올리고 진군을 하는데 그렇게 고대하던 대량살상무기가 고작 똥차 2대였다니…… 이건 정말이지 '거침없이 지붕뚫고 하이킥'보다 더 웃긴 시트콤 아닌가?

물론 당시는 부시가 재임된 이후였고 후세인도 체포된 다음이었다. 차기 대선을 위한 공화·민주 양당의 밑그림이 그려질 무렵이었고,

■ http://www.bushwatch.com/bushlies.htm

'대량살상무기 제거'라는 이라크 침공에 대한 정당성은 이미 허구였다는 것이 밝혀진 이후였으니 새삼 놀랍거나 문제될 것은 없었지만, 부시와 그 일당들의 간교함에 대해서는 다시 한번 도마에 올랐던 사건으로 기억된다.

내가 이해할 수 없는 부분은 "무엇이 그 엄청난 거짓을 가능케 했고, 그럼에도 불구하고 별다른 처벌 내지 문제 제기 없이 부시와 그 일당들은 어떻게 무사히 그 시기를 넘어갈 수 있었는가?" 하는 점이다. 미국의 정치가들이 섹스 스캔들 혹은 뇌물 스캔들로 정치적 생명을 접는 경우가 허다한데, 수백만 명의 생명을 담보로 벌이는 전쟁의 명분을 거짓으로 조작했음에도 불구하고 왜 부시는 무사할 수 있었을까? 무엇인가 알 수 없는 힘이 있음을 직감케 하는 대목이다. 정녕, 부시를 지지했던 미국 근본주의 기독교 세력의 '영빨'에 경의를 표해야 하는 것인가? 우리는 그 이유를 설명해내야 한다.

지젝에 묻다,
과연 실재는 존재하는가?

합조단에서 발표한 '어뢰 추진부 뒷부분에 새겨져 있다는 북한체 글씨 1번'과 부시가 말하는 '대량살상 화학무기를 탑재한 트레일러 2대'는 한국과 미국 사회에서 동일한 기표 역할을 수행한다고 볼 수 있다. 요즘 뜨고 있는 슬라보예 지젝Slavoj Zizek(1949-)은 이데올로기와 기표 사이에 작동하는 함수관계를 폭로하면서 세상에 자신의 이름을 알렸다. 그의 초기작 *The Sublime Object of Ideology*

(1989)는 바로 이러한 내용을 다루고 있다.

지젝에 따르면 기표란 단지 떠돌아다니는 무엇이다. 기표들이 풀려 있다가 어떤 이데올로기적 매듭에 의해 통일된 장으로 구축된다는 것이다.■ 그렇게 고정된 기표들의 세계를 라깡은 '큰 타자'라 불렀다. '큰 타자'는 아버지의 이름이다. 상징적 질서의 권위가 우뚝 발기되어 있는 그 무엇 말이다. 프로이트에게 오이디푸스 단계의 아버지가 현실적 아버지였다면, 라깡의 경우에 아버지는, 아버지의 이름으로 상징되는 사회문화적 규범이나 법을 뜻한다. 오이디푸스 콤플렉스도 프로이트는 남근의 유무에 따른 생물학적 성차별로 환원하나, 라깡은 상징적 의미를 강조한다. 이때 남근phallus은 남자의 성기pennies가 아니라 사회질서를 구축하는 법과 규범을 의미하는 일종의 기표이며, 거세 공포 또한 남근 제거의 공포라기보다 사회적 인정의 박탈을 뜻하는 상징적 기표라 볼 수 있다. 결국, 기표는 '오이디푸스 콤플렉스'와 '거세 공포'로 상징되는 위협을 통해 아이로 하여금 욕망을 억압하게 하고, 아버지의 이름으로 상징되는 초자아를 형성케 하여 사회문화적 질서에 순응하도록 한다.■■

라깡에 따르면 이러한 과정에서 억압된 욕망이 무의식을 형성하여 우리가 상징적 질서에 거주하는 한, 욕망은 영원히 충족될 수 없는 그 무엇이다. 무의식의 이러한 해석은 "나는 생각한다. 고로 존재한다"

■ Slavoj Zizek, *The Sublime Object of Ideology* (New York: Verso, 1989), 87.
■■ Mardan Sarup, *Jaques Lacan* (Toronto and Buffalo: University of Toronto Press, 1992), 105-107.
■■■ Jacques Lacan, *Ecrits: A selection*, translated by A. Sheridan (New York: W.W. Norton, 1977), 166.

는 데카르트의 제1원리를 "내가 존재하지 않는 곳에서 나는 생각한다. 고로 내가 생각하지 않는 곳에 나는 존재한다"■■■로 전환시켜 이른바 주체적 인간을 근간으로 했던 근대(성)에 대한 전면 해체를 주장하기에 이른다. 영원한 자기 동일성으로서의 주체는 존재하지 않는다. 주체란 언제나 '분열된 주체'고, 분열된 채로 자기 정체성을 구성해나가는 주체다. 그 주체가 바로 라캉이 말하는 주체다.

라캉에게 있어 무의식의 주체가 아버지의 이름으로 억압당한 주체라면, 지젝은 아버지의 이름이라는 상징계의 기표를 향해 조소를 날린다. 단지 이름만 있을 뿐이라고 말이다. 그러면서 아래와 같은 재미있는 예화를 들려준다.

두 남자가 기차에 앉아 있다. 그중 한 사람이 물었다. "저기 짐칸에 있는 꾸러미가 뭡니까?" "아, 예. 그것은 맥거핀(MacGuffin)입니다." "맥거핀은 뭐죠?" "그건 스코틀랜드 고원지대에서 사자 잡을 때 쓰는 연장입니다." "하지만, 스코틀랜드 고원지대에는 사자가 없는걸요." "그래요, 그럼 그건 맥거핀이 아닌가 보네요. 아님, 말구!"■

맥거핀(스코틀랜드 고원지대에서 사자 잡을 때 쓰는 연장), 북한체 글씨 1번(천안함을 침몰시킨 북어뢰 추진부 뒷부분에 새겨져 있었다는 문자), 대형 트레일러 2대(대량살상 화학무기를 탑재한 이라크의 테러 및 전쟁을 위한 장비)는 각각 괄호 안의 상징적 질서 안에 묶여 있는 기표들이다. 그것들

■ Slavoj Zizek, *The Sublime Object of Ideology* (New York: Verso, 1989), 163.

은 실재계the Real에서는 존재하지 않지만, 아버지의 이름으로, 이데올로기의 폭압으로, 사회화라는 명목으로 강력한 영향력을 우리에게 행사한다. 서울시청 광장에서 재향군인회와 한기총이 집단으로 북한을 저주하고 미국을 찬양하며 좌파 척결을 다짐하는 무슨 궐기대회, 혹은 '나라를 위한 기도회'를 지속적으로 개최하는데, 그 푸닥거리들이 바로 한국 사회의 대표적인 상징계 속 기표를 따라 부유하는 찌꺼기들 아닐까?

    지젝은 기표들은 "그 자체로 존재하지 않고 오직 일련의 효과들 속에서 항상 왜곡되고 빗나간 방향으로만 현존하는 원인"■의 역할을 한다고 꼬집은 후, 상징적 체계의 권위를 지워버린다. 그렇다면 그 비워진(탈중심화된) 공간은 무엇으로 메워야 하는가? 우리의 고민이 시작되는 지점이자, 지젝의 진가가 발휘되는 지점이기도 하다.

지젝이 지닌
비범함

    지젝이 지닌 문제의식을 한마디로 요약하자면, '우리는 어떻게 실재the Real와 만나는가?' 다. 라깡은 상징계 속 기표들의 꽉 짜여진 질서와 구조에 의해 현실이 작동된다고 말하지만, 지젝에 따르면 그곳에서 활동하는 주체란 상상계에서 상징계로 넘어오는 과정에서 빗금이 그어지고 결핍과 균열을 경험한, 그의 책 제목 *The Fragile*

■ Ibid.

*Absolute*처럼 깨어지기 쉬운 믿음의 체계 위에 서 있는 존재들이다.

하지만, 지젝의 발언은 포스트모더니즘 계열의 학자들이나 신자유주의자들이 말하는 이데올로기의 종언 혹은 거대 담론의 붕괴 이후 전개되는 '네 멋대로 해라' 식의 유토피아적 열망은 아니다. 실재에 대한 믿음을 놓아버린 그들은, 예를 들어 후쿠야마의 '역사는 끝났다' 식의 발언에 의지하여, 조화와 관용을 글로벌 시대의 새로운 윤리적 강령으로 내세운다. 이러한 차이의 존재론에 기반한 포스트모던 계열의 다름에 대한 무조건적 긍정이야말로 지젝은 또 다른 이 시대의 보이지 않는 전체주의의 한 형태라 의심한다.

바로 이 대목에서 지젝식 이데올로기 분석의 진가가 드러난다. 자본주의 체제에서 이데올로기의 역할이란 체제가 만들어놓은 환상을 지속적으로 지탱하고 확대재생산하는 기능을 수행하는데, 그것은 라깡식으로 말하면 상징계를 유지하는 원리, 즉 자아의 대타자를 향한 욕망에 근거한다. 지젝은 자본주의를 지탱하는 이데올로기가 철저히 욕망에 저당 잡힌 원리임을 지적해냈던 것이다. 이런 이유로 사람들은 지젝을 맑스의 이데올로기 분석을 라깡식의 정신분석으로 풀어냈다고 하여 '라깡니언 맑시스트'라 부른다. 지젝이 속한 슬로베니아 학파를 중심으로 전개되는 정신분석학과 맑시즘의 만남은 신자유주의 체제에 대한 이데올로기 분석과 비판, 신자유주의에 대항하는 정치학과 윤리학의 모색, 신자유주의 문화비평 등으로 그 영역을 확대하면서 21세기 진보 사상계의 중요한 거점이 되고 있다.

결론적으로, 지젝이 의도하는 바는 이것이 아닐까 싶다. 선언적으로 차이를 옹호하고 상대주의를 부르짖는 것은 간편한 일이다. 문제는 우리의 구체적 현실에서 '포스트모던 담론들이 지닌 세련되고 폼 나는 선언들이 단순한 구호의 나열이 아니라, 우리의 행위로 어떻게 이어질 수 있는가?' 혹은, '가치의 차이를 인정하면서도 실천적인 측면에서 상대주의로 매몰되지 않는 해법은 무엇일까?' 다. 그것은 지젝에 와서 큰 타자의 부재와 상징계의 질서를 둘 다 옹호하는 것으로 나타난다. 현실 상징계의 질서는 큰 타자가 지배하던 사회인데, 큰 타자가 부재한 현실에서 다시 혁명에 대한 꿈을 불어넣기 시작하면서 지젝의 정치학과 윤리학은 새롭게 작동된다. 이런 이유로, 일부 사람들은 혁명이 사라진 시대에 혁명에 대한 사유를 재개하고, 그에 걸맞은 새로운 보편성을 정초했다는 측면에서 넓은 의미로 지젝을 헤겔리언으로 분류하기도 한다.

 신학은 그 과정에서 기존의 이데올로기에 대항하는 반이데올로기로 새롭게 사유되면서 지젝식 실천철학(정치학과 윤리학)에 생기를 불어넣는 기재로 작동되고 있고,• 근래에 주목받는 바디우, 아감벤, 타베스, 테드제닝스 등의 좌파적 사상가들과 신학자들의 담론을 통해 신학은 신자유주의 체제를 전복시키는 새로운 상상력으로 부각하고 있다. 이러한 논의의 한가운데 슬라보예 지젝이 있다.

한국에서도 지젝에 대한 열풍이 대단하다고 들었다. 지젝의 글쓰기는 가히 인문학의 종합선물세트라 불리며 미국에서도 광범위한 마니아를 거느리고 있다. 필자와 함께 시카고 신학교에서 공부하고 2009년 5월에 철학박사 학위를 받은 아담 코츠코(Adam Kotsko)라는 친구가 있다. 그가 미국에서 진보적 신학책을 출판하기로 유명한 T&T Clark출판사에서 Zizek and theology (2008)라는 책을 출판했다. 단행본으로는 아마도 지젝과 신학을 연결시킨 최초의 작품이 아닐까 싶다. 코츠코는 시카고 신학교를 대표하는 학자라 할 수 있는 *Reading Derrida/Thinking Paul* (2006)의 저자 테드 제닝스(Ted Jennings) 교수의 제자로서, *Zizek and theology* 출판을 계기로 미국 진보 신학계에 자신의 이름을 알린 셈이다. 이 책은 지젝 사유를 정초했다고 평가받는 *The Sublime Object of Ideology* (1989), *The Ticklish Subject* (1999), *The Fragile Absolute* (2000)에서부터 신학 관련 주제를 논술한 *The Puppet and the Dwarf* (2003)까지 지젝이 지닌 사유의 궤적을 따라가면서 신학적 물음과 대답, 그리고 비판을 던지고 있다. 물론, 지젝을 이해하려면 많은 총알이 필요한 것이 사실이다. 칸트와 헤겔을 읽어야 하고, 프로이트와 라깡을 정복해야 하며, 맑스의 기운까지 느끼고 있어야 비로소 지젝에게 다가갈 수 있다고 사람들이 겁을 준다. 코츠코가 쓴 *Zizek and theology*는 필자와 같이 지젝에 대한 두려움 때문에 빙빙 지젝 주변을 서성이기만 했던 사람들에게 지젝에 대한 두려움을 해소하는 데 도움을 줄 것이다. 개인적으로 이 책의 안내를 받은 후 지젝의 처녀작인 *The Sublime Object of Ideology*를 읽었다. 라깡에 대한 전 이해가 있어야 하는 책이었는데, 지젝 사유 전반을 이해하기 위해서는 반드시 넘어야 하는 책이라는 느낌을 받았다.

04.

해체론적 성서 읽기는 가능한가?

해체론에 대한

농담, 거짓말 그리고 진실

데리다는 이런 질문에 항상 시달렸다고 한다: "해체 이후에는 무엇이 남는가?", "해체 이후의 대안이 무엇인가?" 만나는 사람마다 이런 질문을 했을 텐데…… 정말 짜증났을 것 같다. 해체라고 했을 때 사람들은 흔히 파괴를 떠올린다. 그래서 불안한 것이고, 그러기에 불온한 것이다. 아마도 한국 사회에서 '빨갱이'라는 용어만큼이나 심한 주술적 위력을 보이는 개념과 집단을 꼽으라면 해체론과 동성애가 아닐까 싶다. 아니 오히려 이제는 빨갱이라는 말에는 워낙 익숙하고 내성이 강해진 터라 해체론과 동성애가 현 시점에서는 더 진한 주홍글씨일 수 있겠다.

해체론을 언급할 때 가장 많은 시간을 할애하는 부분이 바로 이러한 해체론에 대한 편견과 오해를 가라앉히는 것이 아닐까 싶다. 데리다에게 있어 해체란 즉물적인 의미에서 무엇인가를 파괴하는 것이 아니다. 기존의 관념 이면에 묻혀 있었던 것을 발굴하여 원래 저자도 의도하지 못했던 진실을 밝혀내는 것이다. 이는 데리다가 지니고 있었던 문헌학자로서의 특이한 이력의 소산이라 할 수 있다. 그는 플라톤이나 아리스토텔레스, 후설, 하이데거, 소쉬르 등의 책을 면밀히 분석하면서 기존의 관점이 아닌 새로운 시각으로 면밀한 독해를 시도한다.■

예를 들어 플라톤의 《파이드로스》에 보면 발명의 신 테우스와 타무스 왕에 대한 이야기가 나온다. 테우스가 문자와 과학을 발명하고는 이것이 인간 삶의 질을 향상시킬 것이라 자신하며, 특별히 문자는 사람들의 지혜와 기억력을 높여줄 것이라 장담했다. 하지만 타무스 왕은 사람들이 문자에 의존하게 되어 기억력이 쇠퇴하고, 지혜의 실체보다 지혜의 외관에 치중하는 결과를 가져올 것이라 반박했다. 이것이 데리다가 파악한 서구 정신사의 전개 과정에서 드러난 음성언어가 문자언어보다 우위에 있다는 소위 '음성중심주의Logocentrism'●의 기원이다. 그러나 이 대목에서 우리는 플라톤이 범하는 오류를 발견한다. 만일 문자가 타무스 왕이 말한 것처럼 해악한 것이라면, 왜 플라톤은 소크라테스의 대화를 문자로 기록했는가? 혹 겉으로는 문자언어에 대해 폄하하면

■ "내가 플라톤, 아리스토텔레스 그리고 다른 사람들을 독해하고자 했던 방식은 이러한 유산을 자유자재로 구사하고 반복하고 보존하는 그런 방식이 아니었다. 그것은 어떻게 그들의 사유가 작동하고 있는지 또는 작동하지 않는지를 발견하고자 하는, 그리고 그들이 남긴 언어 자료 안의 긴장, 모순, 이질성을 발견하고자 하는 그런 하나의 분석이다." – Jacques Derrida, *Deconstruction in a Nutshell*, Ed. John D. Caputo (New York: Fordham University Press, 1997), 9.

음성중심주의(Logocentrism)

'형이상학이 무엇인가?'라고 물었을 때 우리는 두 가지 답변을 할 수 있을 것이다. 하나는 우리가 살고 있는 일상세계 저편에 완전한 세계가 있을 것이라는 발상이다. 그것은 플라톤의 '이데아론' 이래로, 칸트에 의하면 '물자체'로, 헤겔에 있어서는 '절대정신'으로 나타난다. 다른 하나는 이 진리(이데아)는 반드시 인간 언어(이성)에 의해 포획될 수 있다는 확신이다. 물론 우리의 공부가 부족해서 지식의 한계가 있을 수 있지만, 공부가 끝나는 그날 우리는 그 진리들을 몽땅 우리의 언어로 다 말할 수 있으리라는 확신, 그리하여 당당하게 하산할 수 있으리라는 희망이 인간에게 있는 것이다. 이렇듯 우리 이성(언어)에 의해 세계를 모두 이해할 수 있다는 사고방식을 '음성중심주의'라 부른다.

데리다에게 음성중심주의는 소크라테스와 플라톤 이래로 서구 문화를 근거지우는 중요한 지침이다. 음성중심주의하에서는 '말하는 것'(시니피앙)과 화자가 '말하려는 의미'(시니피에)가 일치한다. 이러한 견해가 대상과 인식의 일치, 내용과 형식의 조화, 주관과 객관의 통일을 매개하여 진리에 대한 확신을 보증하고, 따라서 이것이 서구 형이상학 전체를 지탱하는 '현전의 형이상학'을 형성했다. 데리다는 이 연쇄고리를 서구 정신사가 이룩해놓은 커다란 허상이라 지목하며 해체를 주장한다.

서도 속으로는 문자언어에 대한 동경의 마음이 있었던 건 아닌가?
    데리다가 플라톤의 저작에 등장하는 데미우르고스의 우주 창조 시 물질의 역할을 했던 '코라'를 재발견하는 것도 이런 맥락에서다.

> "나는 플라톤을 연구하는 매 순간마다 그의 작품 안에 있는 이질성hetero-geneity을 발견하려고 노력한다. 예를 들어, 티마이오스Timaeus에 등장하

는 코라Khora가 어떻게 플라톤이 전제하고 있는 체제 속에서 양립할 수 없는지 찾으려고 한다. 나는 플라톤에 대한 존경과 사랑, 그리고 플라톤을 충실히 이해하기 위해 그의 작품에 대한 작용과 반작용을 공히 분석한다."●

데리다의 코라(Khora)

플라톤으로부터 시작된 서구 철학은 "형상과 질료, 주체와 대상, 주관과 객관이 어떻게 조화를 이룰 수 있는가?"를 둘러싼 철인들의 투쟁의 역사였다고 할 수 있다. 특별히 플라톤은 우주의 창조를 설명하면서 형상(이데아)이 어떻게 질료 위에 구현되어 사물들이 형성되는지에 관심을 두었고 그 과정에서 조물주(데미우르고스)가 개입한다고 보았다. 물론 플라톤의 주된 관심사는 이데아(형상)였다. 현실은 이데아의 모방이고, 현실에서 이러한 이데아가 구현되는 질료, 터, 대지를 '코라'라 불렀다. 이데아는 질서(Order)이고 코라는 혼돈(Chaos)을 상징한다. 이데아를 코라에 이식함으로 코라는 혼동을 이겨내고 안정과 질서를 찾을 수 있다. 이렇듯, 플라톤의 우주론에서 이데아는 주인공, 코라는 이데아를 떠받히는 조연의 역할을 한다고 볼 수 있다. 그러나 데리다는 (플라톤 자신도 인식하지 못했던) 플라톤 텍스트 내에서 코라가 차지하는 비중을 새롭게 발견한다. 즉, 코라 없이는 이데아가 발현되지 않더라는 것이다. 중요한 것은 이러한 사실을 외부에 있는 다른 문건이나 자료를 통해 찾아낸 것이 아니라, 플라톤의 텍스트 내에 이미 그러한 요소가 있더라는 것이다. 코라는 논외의 영역이고, 중요하지 않은 단지 이데아를 빛나게 하는 엑스트라 역할을 하는 것으로만 알고 있었는데, 꼼꼼히 플라톤을 읽어보니 코라 역시 이데아 못지않은 중요한 역할을 하고 있음을 데리다는 지적해냈던 것이다. – Jacques Derrida, *Deconstruction in a Nutshell*, Ed. John D. Caputo (New York: Fordham University Press, 1997), 9에서 인용.

위의 인용구에서 보듯이 데리다는 이분법적인 구조에 입각한 위계적인 구조보다는 작품 내 등장하는 요소들의 상호의존성에 주목한다. 플라톤에게 코라는 이분법적인 구도 속에서 하층부에 있는 억압당하는 물질을 상징한다. 하지만 데리다는 이러한 플라톤의 코라에 대한 이해를 해체하여, 생명을 담지하고 있는 가능성과 잠재태의 영역으로서의 코라를 다시 읽어낸다. 즉 동일성(이데아)의 법칙에 의해 '배제된 것'(코라)이 어떻게 실제로는 그 규범(동일성)을 유지하기 위한 내부적 요인으로 작용하는가? 이러한 데리다의 플라톤의 코라에 대한 해석은 우리가 어떤 사물의 '그것 됨'을 판단할 때 그 사물과 다른 대상과의 표면적 대립(차이)을 통해 그 사물의 정체성을 확인할 수 있다는 정설을 뒤엎는, 그 사물 안에 이미 외부적으로 대립해왔던 대상이 들어와 있음을 전제한다는 점에서 텍스트 분석에 있어 새로운 상상력을 제공한다고 하겠다.

그렇다면 데리다의 텍스트 독해 방식을 성경 읽기에도 적용해볼 수 있지 않을까? 이 글에서 나는 데리다의 코라에 대한 새로운 읽기 방식을 마태복음 1장에 나오는 예수의 족보와 열왕기상에 나오는 솔로몬의 재판에 적용해보고자 한다.

'빛나는' 예수의 족보 안에 스며 있는 '부정한' 것들

신약성서의 첫 번째 책인 마태복음은 예수의 족보로 시작한다. 예수의 족보를 살펴보면 아브라함으로부터 다윗까지, 다윗에서 스룹바벨로 상징되는 바벨론 시기까지, 바벨론에서 다시 그리스도까지 공히 열네 대씩을 지나 예수에게로 이스라엘 민족의 정통성이 흘러왔다고 밝히고 있다. 아브라함-이삭-야곱으로부터 시작하여 다윗을 거쳐 예수에게로 깨끗한 선민의 피가 유구한 세월 동안 틀림없이 이어져왔음을 강조하고 싶은 것이다. 그럼으로써 예수의 족보에 흐르는 깨끗한 선민의 피는 이방신을 섬겼던 주변 오랑캐의 족보와는 뚜렷한 외면적 차이와 대립을 보이면서 그 정통성을 인정받는다. 그런데 예수의 족보 안에 그토록 경멸하고 외부적으로 대립해왔던 이물질이 들어와 살며시 숨어 있다면?

실제로 예수의 족보에는 시아버지와 정사를 벌인 다말이, 이방인 기생 라합이, 이스라엘 백성들이 그토록 오랑캐라 경멸했던 모압 여인 룻이, 다윗에게 겁탈당한 유부녀 밧세바가, 그리고 저주받은 땅 갈릴리 처녀 마리아의 이름이 버젓이 올라 있다. 예수의 족보에서 강조하고자 했던 아브라함-다윗-예수로 이어지는 이스라엘 상층부의 역사를 배반하는 정반대의 부정한 이름들이 예수의 족보에 포함되어 있는 것이다. 그렇다면, 우리는 예수의 족보를 어떻게 이해해야 하는가?

예수는 분명 '아브라함-이삭-야곱-다윗'을 거쳐 내려오는 선민 이스라엘의 정통성을 상징한다. 하지만, 예수는 또한 라합, 다말, 룻, 밧세바, 마리아로 상징되는 하층민들, 소수자들, 변방에 머물러 있는 타자들까지를 포함하는 그런 인물인 것이다. 이런 해체적 독법을 통하여 예수의 외연은 이스라엘 상층부의 역사에만 매몰되지 않고 그것을 뛰어넘을 수 있었다. 이렇듯 외부적으로 대립하는 것이 자기 내부에서 발견될 때 그것을 데리다는 '차연'이라 불렀고, 해체론은 대상 속에 이미 내재하고 있는 그 차연을 발견하고 폭로하여 사물이 지녔던 본래의 의미에 틈을 내고 주름을 만들어 그것의 체적을 늘리고 연장시킨다.■ 이렇듯, 데리다의 해체론은 기본적으로 텍스트에 대한 다시 읽기를 통해 숨겨져 있었던 의미를 발견해내고 그럼으로써 종전의 해석을 전복시켜 독자들로 하여금 새로운 해석의 창에 이르게 한다. 우리가 잘 알고 있는 '솔로몬의 재판'(왕상 3:16-28)을 예로 다시 한번 데리다를 따라가 보기로 하자.

칼의 왕, 솔로몬

두 여인이 한 아기를 놓고 저마다 자신이 낳은 아이라고 우기는 사건이 발생했다. 점점 사건은 미궁으로 빠져들고 급기야는 솔로몬에게까지 이르게 되는데…… 자칫 미궁으로 빠질 뻔한 이

■ 데리다는 줄리아 크리스테바와의 대담에서 차이와 텍스트의 관계에 대한 그녀의 질문에 다음과 같이 대답한다: "새로운 글쓰기의 개념을 산출하는 것이 중요합니다. 우리는 그것을 차이(difference)로 부를 수 있을 것입니다. 차이들의 유희는 실제로 어떤 순간에, 어떤 의미에서도 어떤 단일한 요소가 그 자체로 현전하거나, 스스로만을 참조하는 것을 금지시키는 종합과 참조를 전제로 합니다. 말해진 담론의 영역이건 쓰여진 담론의 영역이건 간에 어떤 요소도 그 역시 단순히 현전하지 않는 또 다른 요소를 참조하지 않고서는 기호로서 기능할 수 없습니다. 이러한 연쇄적 맞물림은 각 '요소'가 그 자신 속에 체계의 다른 요소들의 흔적에 의거해 구성되게 합니다. 이러한 연쇄적 맞물림의 망의 구조가 텍스트이며 한 텍스트는 또 다른 텍스트의 변형 속에서만 산출됩니다. …(중략)… 차이로서 문자는 그러므로 현전/부재의 대립에 의해 더 이상 사유될 수 없는 구조입니다. 차이는 요소들이 서로를 참조하는 차이들, 혹은 차이들의 흔적의 그리고 공간화의 체계적 유희입니다." - 자크 데리다, 《입장들》, 박성찬 편역 (서울: 솔, 1992), 49-50.

사건은 솔로몬의 지혜로운 판결에 의해 해결이 되었다. 하나님이 자신에게 준 지혜를 이용하여 생모를 구별해냈다는 이 이야기는 솔로몬을 지혜의 왕으로 등극시킨 결정적인 본문이다. 교육열 높기로 유명한 우리나라의 학원 이름 혹은 학습지 제목을 훑어보면 아마도 하버드만큼이나 솔로몬이란 이름도 많을 것이다. 이 모두가 '솔로몬 = 지혜'라는 잘못된 신화에 기인한 웃지 못할 진풍경이라 할 수 있다.

본격적으로 성서에 나와 있는 솔로몬에 대한 재판을 해석하기에 앞서 피로 점철되었던 솔로몬 가계의 역사와 솔로몬의 권력투쟁에 대해 살펴볼 필요를 느낀다. 다윗은 헤브론에서 6명의 아들을 두었고, 이스라엘에서 13명의 아들을 낳았다. 성경에 나오는 굵직한 다윗의 자손은 암논, 압살롬, 다말, 아도니야 그리고 솔로몬이다. 이 중 솔로몬만 예루살렘 세대라 할 수 있고, 나머지 자식들은 헤브론 출신이다. 전체 족보상으로 다윗의 장남은 암논이다. 그런데 암논이 이복 여동생 다말을 겁탈하는 사건이 발생한다. 다말의 친오빠였던 압살롬은 이에 분노하여 암논을 살해했고, 아버지 다윗에게까지 반란을 일으켰다가 군사령관 요압에게 죽임을 당한다. 솔로몬은 성장하면서 이러한 피로 점철되었던 자기 가문의 현실을 목도하고 권력의 생리를, 칼의 논리를 온몸으로 체득하며 자라났다.

솔로몬 권력투쟁의 절정은 다윗의 노쇠로 인한 레임덕 상황에서 발생했다. 다윗 구파라고 할 수 있는 요압 장군과 아비아달 제사장의 비호를 받는 아도니야 對 예언자 나단과 밧세바가 지원하는 솔로몬의 마지막 대결에서 솔로몬은 최후의 승자가 된다. 족보상으로는 솔로몬보다 형인 아도니야가 왕이 되었어야 맞다. 하지만 권력을 향한 야망에 가득 찬 사람들에게 그런 족보 같은 것이 뭐 큰 대수이고, 삶의 도리가 무슨 소용이 있겠는가? 솔로몬은 권력에 오르자마자 자기 형인 아도니야와 자기 아버지의 평생 측근 요압 장군을 처형했고, 제사장 아비아달은 멀리 추방했다.

이러한 역사를 종합해보면, 솔로몬은 참 불행한 사람이었다. 아비가 아들을 죽이고, 오라비가 여동생을 강간하고, 형제가 형제를 죽이는 모습을 다 지켜봤던 사람이 솔로몬이고, 급기야는 자기 역시 (그동안 살아오면서 보고 듣고 배운 대로) 자기 형을 죽이고 왕이 되었던 인물이 솔로몬이다. 솔로몬의 히브리어 뜻이 '평화롭다'라고 하니 얼마나 이율배반적인 일인가? 그렇다면, 평생 평화롭지 못했던 솔로몬에게 있어 지혜란 무엇이었을까? 이제야 비로소 '솔로몬의 재판'을 이야기할 시점에 이른 것 같다.

그 재판장에서는 무슨 일이 있었나?

두 여인이 한 아기를 두고 바락바락 우겨대는 사건이 솔로몬 눈앞에서 발생한다. 더군다나 두 여인은 천한 창녀였다. 각각의 변론을 들어보니 죽은 아기는 상대방의 아이고, 살아 있는 아기가 자기 아이란다. 이런 골치 아픈 일이 벌어졌을 때 어떻게 했었지? 살아오면서 대화와 타협, 화해와 용서의 경험이 없었던 솔로몬이다. 대화와 타협보다는 음모와 배신이, 화해와 용서보다는 처벌과 죽임이 솔로몬이 문제를 풀어가는 방식이었다. 솔로몬은 두 여인의 변론을 듣고 나서 본능적으로 칼을 가져오라고 명한다. 이 대목에서 주석가들은 솔로몬이 지혜를 발휘하여 두 여인의 속마음을 떠보려고 이처럼 말했다고 하지만, 과연 그랬을까?

인생이 솔로몬에게 준 교훈이 무엇이었나? 골치 아픈 일이 발생했을 때, 어려운 상황에 직면했을 때 솔로몬이 그 위기를 벗어나고 살아남을 수 있었던 유일한 방법은 칼이었다. 솔로몬에게 지혜란 언제 누구에게 어느 시점에서 칼을 정확하게 쓸 것인가를 가늠하는 것이다. 그것이 솔로몬의 지금을 있게 했고, 앞으로도 당연히 그럴 것이다. 솔로몬은 이러한 칼의 논리에 아주 충실했던 사람이었고, 그것에 입각해 칼을 가져다 아이를 잘라 반반씩 나누라고 한 것이라면 너무 불손한 해석인가?

극의 반전은 그 다음에 일어난다(왕상 3:26). 성경은 그 아이 어미의 마음이 "아들을 위하여 불붙는 것 같았다"(개역)고 적고 있고, "자기 아들에 대한 모정이 불타올랐다"(표준새번역)고 기록하고 있다. 그러고는 진짜 어미가 "살아 있는 아기를 저 여인에게 주어 죽이지 말라달라"라고 솔로몬에게 애원했다고 전하고 있다. 이게 웬 황당한 시추에이션? 솔로몬은 놀랐을 것이다. 다른 여인은 상식적으로 칼로 아이를 잘라 반씩 나누자고 말하는데, 그것이 내가 아는 선에서 최선의 선택이고 바른 판단인데, 저 여인의 행동과 말과 표정과 눈물은 무엇이지? 왜 '오바' 하는 거야? 생전 처음 벌어진 칼의 논리가 아닌 다른 해법을 접하고 솔로몬은 당황해 한다. 세상에 뭐 이런 게 있어? 내가 그동안 뭔가를 놓치고 살아온 것이 아닐까?

그 다음 구절에서 표준새번역 성경은 이렇게 적고 있다: "그때에 드디어 왕이 명령을 내렸다"(왕상 3:27). 나는 이 구절을 이렇게 바꾸고 싶다: "그때에 드디어 왕에게 지혜가 임했다"고 말이다. 그리하여 솔로몬은 생에 최초로 칼의 논리에 의해서가 아니라, 다른 기준으로 판정을 내린다: "산 아이를 저 여자에게 주고 결코 죽이지 말라 저가 그의 어머니이니라." 칼과 죽임의 논리에 빠져 있던 솔로몬에게 살림과 생명의 논리가 최초로 선포되는 장면이다.

'저 하늘에 별이 빛나듯 내 마음에는 도덕률이 빛난다' 고 칸트가 그랬다지. 자고로 동서고금을 막론하고 지혜는 천상의 영역이었고 선택된 자들만이 닿을 수 있는 영역이었다. 플라톤에게 지혜와 진리는 정치학의 기초로 가장 선한 자, 즉 가장 우수한 자가 국가를 통치해야 했다. 중국에서도 국가 경영의 모델은 언제나 요순시대나 삼황오제 같은 성군들의 차지였다. 이렇듯, 인간의 마음에 있는 지혜와 도덕, 그리고 명석한 판단은 높이 있는 별을 따듯이 높은 양반들만이 그곳으로 올라가 잡을 수 있는 것이다. 우리는 그동안 솔로몬을 이러한 원칙에 부합하는 대표적 인물이라 생각해왔다.

그런데 해체론적인 읽기를 따라 다시 꼼꼼히 본문을 읽어보니 수상한 점이 보인다. 지혜의 출처가 솔로몬이 아닐 수 있다는 말이다. 본문에서 말하는 지혜란 생명의 논리이고 사랑의 언어이다. 그런데 그것이 솔로몬이 아니라 한 아이의 어미에게서 나오고 있는 것이다. 지혜와는 전혀 상관없어 보이는 여인에게서, 마치 이데아가 코라에 기대어 자기를 실현했던 것처럼, 지혜가 흘러나온다. 솔로몬은 그저 흘러나오는 지혜를 맡겼을 뿐이다. 이처럼 해체론적인 읽기는 동일성의 원칙에서 벗어난 것이 어떻게 실제로는 그 원칙을 성립시키기 위한 내부적 필수

요건이 되는가를 보여준다. 그 결과 지혜는 솔로몬으로 상징되는 상층부의 전유물이 아닌 일반 민초들의 영역으로까지 지경을 넓히며 그 외연의 확장을 도모할 수 있었다.

해체론이
노리는 것

글의 서두에서도 밝혔듯이 해체는 파괴와 동일어도 아니고, 한국 보수주의자들이 빨갱이라는 말을 대할 때 보이는 공포와 적대감이 되어서도 안 된다. 오히려 해체론은 우리 생각에 새로운 창을 내어 인식의 지평을 넓혀 오늘의 우리를 다시 바라보게 한다. 또한 해체론은 우리로 하여금 깨어서, 미쳐 돌아가는 이 시대와의 불화에 동참할 것을 권유하고, 그전에 그럴 수 있는 상상력을 제공한다. 그리고 해체론은 해체론이 타깃으로 삼는 대상의 조밀함과 견고함의 정도가 세면 셀수록 더 집요하고 파괴적으로 도전장을 내밀어 그것들이 지니고 있는 과다한 특권과 위압적인 체계를 흔들어놓는다. 결국, 요약하면 해체론은 의미의 폐쇄와 무언가로부터 흘러나오는 억압된 권위에 대한 도전이다. 그 무엇은 민족(혹은 국가)일 수도 있고 체제일 수도 있으며, 이념일 수도 있다. 그리고 당연히 종교도 성서도 예외는 아니다.

■ 에필로그

신학여정에서 만난 사람들

처음으로 내 이름이 박힌 책이 출판된다. 글쎄 앞으로 얼마나 더 많은 책을 세상으로 띄워 보낼지는 모르겠지만, 처음으로 책을 내는 지금 이 순간보다 더 설레지는 않을 것 같다. 이렇듯 모든 '처음'이라는 말에는 인간에게 무엇인가 알 수 없는 심기와 기운을 제공하는 신비한 마력이 깃들어 있다. 그리고 그것은 '처음'임에도 불구하고, 그 '처음'이 어딘가로부터 연유하고 있다는 강한 믿음을 설정케 한다. 처음으로 책을 내는 이 순간 그동안 나와 함께했던 사람들, 나를 움직이게 했던 많은 사건들이 생각나는 것은 이 처음이 거기에서부터 기인하거나 최소한 그곳을 거쳐 왔다는 것에 대한 반증이고 예의일 것이다.

나의 모태,
경동

나는 경동교회에서 계속 자라며 신앙생활을 하다가 나이 서른이 되던 해에 '출가' 했다. 지금은 별처럼 아련한 나의 수많았던 젊은 날과 함께했던 경동교회의 사랑하는 선후배들에게 이 책의 출판을 제일 먼저 알린다. 아름다웠던 교회 계단에서, 교육관 23, 33호실에서, 하늘이 뻥 뚫려 있었던 옥상예배당에서, 너무나 그리운 교회 본당에서 그리고 장충동 족발집 골목 구석구석에서 우리는 서로 포개어진 채로 서로의 시간을 오랫동안 갉아먹으며 자랐다. 시간이 많이 흐른 지금, 왜 이토록 그때가 몸서리치게 그리운 것일까? 참, 보석처럼 빛났던 기쁜 우리 젊은 날이었다.

지금도 강원용 목사님의 설교만 생각하면 심장이 터질 것 같다. 신과 인간과 세상에 대한 이야기를 들려주며 나를 얼어붙게 했던 강 목사님! 지금 살아 계셨더라면 이 책을 읽고 예의 그 카랑카랑한 음성으로 내게 한 말씀 하셨을 텐데…… 그분의 코멘트를 들을 수 없는 지금, 슬프다. 유학하는 틈틈이 격려와 채찍을 해주고 계신, 우리를 주례해준 경동교회 박종화 목사님은 우리 부부의 든든한 버팀목이다. 목사님과 함께 있으면 복잡했던 마음이 '쿨' 해지고, 약했던 마음은 강해진다. 그래서 그립다.

지금은 샌프란시스코에서 이민목회를 하고 있는 따스했던 장효수 목사님과 서울에서 민중교회를 섬기고 있는 냉철했던 신동환 목사님은 청년 경동 시절 우리의 멘토였다. 내게는 뜨거움과 차가움을 동시에 바라는 마음이 있다. 나중에 내가 그나마 미지근하지 않게 된다면 당연히 이 두 분의 공로고 그림자다.

아!
한신······

　　　　　　　　한신은 나를 너무나 혼돈스럽게 했고, 무너지게 했으며 그 과정에서 나를 새로 태어나게 했던 학문과 삶의 공동체다. 그곳에는 많은 선생님들과 동지들이 있었다. 김재준, 문익환, 안병무······. 이분들은 내가 어려서부터 멀리서 숨죽여 지켜보면서도 그분들의 옷깃만 잡아도 무언가 내게 알 수 없는 일들이 일어날 것이라는 예감을 불러일으켰다. 이제야 혈루병 걸렸던 여인이 예수의 옷자락을 잡고자 했던 심정과 잡고 난 후의 전율을 이해할 수 있을 것 같다.

　　침을 튀기면서 당신이 갖고 있는 신학적 열정을 토해내던 김창락 교수님을 보면서 나는 참 행복했고 신났었다. 신학하는 자의 열려 있음을 실천하고 계신 김경재 선생님을 나는 초등학교 5학년 때 처음 뵈었다. 그때나 지금이나 내게는 태산 같으신 분이다. 전혀 목사 같지 않았고 전혀 윤리학자 같지 않았던 돌아가신 고재식 교수님! 그럼에도 불구하고 나는 한신에서 그분의 강연을 들으며 윤리로 빠져들었다. 이제야 그분의 빈자리가 총 맞은 것처럼 느껴진다.

　　'신학하는 사람이 저렇게 멋있을 수 있구나!' 하는 감동을 내게 주었던 채수일 선생님을 닮을 수 있다면······. 독일에서 막 귀국한 그분을 처음 뵌 이후로 지금까지 나는 그 꿈을 꾼다. 내가 너무 큰 욕심을 내는 것일까? 나의 다듬어지지 않고 정리되지 않은 생각들이 상하지 않고 잘 흘러갈 수 있도록 다독여주면서 지켜준 한국에서의 지도교수인 강성영 선생님의 배려와 인내가 없었다면 나의 사유가 지금처럼 자유롭지 못했음을 이제야 뒤늦게 깨닫는다.

현재 시카고에서 미국장로교회PCUSA에 소속된 한인 이민 교회를 섬기고 있는 친애하는 오영택 목사, 드루 대학에서 예배학으로 박사과정에 있는 씩씩한 김남중 목사, 그리고 하이델베르크에서 학위를 마치고 한국으로 돌아가 왕성하게 활동하고 있는 전철 박사와의 오래된 한신에서의 사귐도 내게는 큰 위안이고 선물이다.

국내외 곳곳에서 하나님 나라를 이 땅에 실현하기 위해 애쓰고 있는 나의 사랑하는 형제와 자매인 한신대 신학과 95학번 희년 동지들의 수고와 눈물에 이 책이 조금이나마 용기와 미소가 될 수 있다면, 유학 나왔다는 평계로 아우들과 함께하지 못하고 있는 못난 맏형으로서 그나마 사죄할 궁색한 평계거리가 하나 생긴 셈이다.

지금 여기,
시카고

시카고로 유학 와서 1년 동안 난 매일 뛰었다. 매 순간 무서움과 공포가 나를 덮쳤기 때문이다. 아마 뛰지 않았더라면 난 미쳤을 것이다. 덕분에 1년 동안 10Kg의 살을 뺐지만……. 그때부터 지금까지 나를 격려해주고 있는 고마운 분들이 있다. 맥코믹 시절 나의 지도교수였던 캐시Cathey 교수는 내게는 빨간펜 선생님이었다. 유학 초기 미국적 글쓰기, 미국적으로 신학하는 방법을 내게 가르쳐준 분이다.

민중신학과 통일운동에 대한 뜨거운 열정을 갖고 계신 이재원 교수님! 그녀의 긍정적인 에너지가 없었더라면 난 어쩌면 한국 가는 짐을 일찍 챙겨야 했을지도 모르겠다.

현재 시카고 신학교에서 나를 가르치고 있는 제닝스Jennings 교수는 미국에서 가장 진보적인 신학자요, 데리다와 지젝을 어떻게 신학적으로 풀어내야 하는지를 내게 일러준 분이기 이전에, 진심으로 외국인 학생들을 대하는 앎과 삶이 일치하는 신학자라는 점에서 나의 큰 스승이다. 시카고 신학교 슈나이더Schneider 교수의 파워풀한 강의는 매번 나를 얼어붙게 한다. 특별히 그녀는 내게 니체로부터 시작되는 전복의 음모와 그 지도를 일러준 도발적인 학자다. 노스웨스턴 대학과 게렛 신학교에서 윤리학을 가르치고 있는 켄 벅스Ken Vaux 교수는 다인종, 다문화, 다종교 사회에서 기독교 윤리가 지향해야 할 바를 일러준 노련한 학자다. 그리고 내가 추구하는 신학에 아낌없는 응원을 해주신다.

나는 유학 온 이래로 줄곧 시카고에서 청년 담당목사로 사역하고 있다. 함께 모여 예배를 드리며 내 설교를 듣고 있는 청년들은 대부분이 나와 비슷한 유학생이거나, 혹은 미국 온 지 얼마 안 되는 이민자들이다. 매주 그 친구들의 맑고 불안한 눈동자 앞에 서서 설교를 하면서 나는 하나님 앞에서 떨고 있는 나 자신과 대면한다. 지금 회상해보니 그들 하나하나가 하나님의 은혜였다.

이제는 형님이 되어버린 백용석 목사와 어려운 고비를 함께 넘긴 구약을 전공한 김진양 박사, 그리고 따뜻하고 순수한 김우창 전도사와의 사귐과 우정도 나중에 시카고를 기억할 때 아름다운 추억으로 남을 것이다. 한국의 진보적 신학 전통을 미국 신학계와 교계에 알리고자 시카고 신학교 내에 개소된 한국기독교연구소 Center for Study of Korean Christianity 동료 연구원들과 함께했던 시간들은 나의 고단한 유학생활 가운데 마취제 같은 역할을 하였고 앞으로도 그러하리라. 그분들에게 감사의 말을 전한다.

원래 너무 아프면 아프다는 말을 못 하고, 너무 슬퍼도 슬프다는 말을 못 하는 법이라고 하던데……. 시카고에서의 인연을 회상하는 마지막으로, 미국에서 유학하는 내내 나의 멘토이자 지도교수이자 은사인 서보명 선생님에 대한 감사와 소회를 밝히려는 지금, 오히려 나는 그분에 대해 아무것도 생각나지 않고 어떠한 표현도 못 하겠다. 그래서 이대로 아무 말 않고 끝을 맺는다. 오히려 이것이 그분에 대한 예의일 듯싶다.

'제3시대'를 꿈꾸며

'제3시대그리스도교연구소'는 한국 땅에서 진보적 신학을 여전히 믿고 꿈꾸는 사람들에게 마지막 자존심 같은 곳이다. 이 책으로 오직 하나님만 바라보고 세상이 제시하는 온갖 교묘한 허상과 소음들에 맞서 거슬러 올라왔던 연구소를 향한 나의 흠모와 채무감이 조금이나마 표현되고 상쇄될 수 있다면 영광이겠다.

연구소 주변에서 어슬렁거리며 뼈대고 있던 나를 웹진〈제3시대〉로 끌어들인 김진호 목사와는 유학 나와서 연을 맺었다. 당신의 젊은 날을 송두리째 신학하는 올곧음에 바친 그분의 시간과 성과에 고개 숙여 경의를 표한다.

어려운 출판사 사정 가운데 졸고를 세상에 내놓기로 결단한 김영호 사장에게 감사한다. 동연출판사는 무슨 믿음에서인지는 모르겠으나 한국의 척박한 출판 풍토 속에서도 꾸준히 진보 진영 신학자들에게 장을 제공하고 벗이 되어주는 특별하고도 기이한 공간이다. 이 책의 출판이 이러한 동연의 행보에 보탬이 되고 그 의지에 위로와 용기가 되었으면 하는 마음 간절하다.

그리고,
가족……

가족들만 생각하면 언제나 울컥하다. 어딘가 모자라는 이 오빠 때문에 항상 기도하는 사랑하는 누이동생 승연, 든든히 집안을 지키는 은철 형에게는 언제나 미안하고 고맙다. 순박한 성결교 장로님과 권사님이신 장인어른과 장모님이 이 책을 읽고 놀라지 않을까 벌써부터 걱정이 된다. 딸을 호강시켜주지 못하는 무능한 사위인지라 난 두 분께 면목이 없다.

김희선은 내게는 준엄하고 따뜻한 신학적 동지이자 거울 같은 존재다. 내게 무슨 복이 있어 이 여인을 아내로 맞이하게 되었는지……. 앞으로 남아 있는 새털같이 많은 날들을 학자로서 맹렬히 여성을 억누르는 체제에 맞서 분연히 저항하고, 목회자로서 상처받은 여성들과 함께 울고 웃고 싶다는 그녀의 당찬 각오와 열정, 그리고 기도에 나도 동참할 수 있어 기쁘다.

마지막으로 아버지 이동준 목사님과 어머니 곽영선 권사님께 이 책을 수줍게 내민다. 초등학교 때 글짓기 상장을 타고는 바람을 가르면서 엄마, 아빠에게로 달려가 그것을 보이며 자랑하던 기억이 난다. 빙그레 웃던 두 분의 표정이 지금도 눈에 선한데…… 시간이 그렇게 많이 흘렀다. 책을 탈고하는 이 순간 그 옛날 글짓기 상장 받고 두 분에게로 달려가던 기억이 떠오르는 건 왜일까? 평생 한결 같은 마음으로 주님의 교회를 섬겼던 두 분에게 기쁨이 되고, 아들을 위해 가슴 졸이며 애타하셨던 두 분의 시간에 이 책이 조금이나마 위안이 된다면 나로서는 더 바랄 것이 없겠다.

To be Continued

하이드파크Hyde-Park가 내려다보이는 서늘한 시카고 대학 도서관 5층에서, 미시건 호수가 손에 닿을 듯 펼쳐지는 화사한 노스웨스턴 대학 도서관 2층에서, 해리포터의 주인공들이 튀어나올 듯 동화 같은 시카고 신학교 도서관에서 이 글들은 쓰여졌다. 그곳에 앉아서 길게 가쁜 숨을 몰아쉬었던 시간들, 창밖을 바라보며 하루 종일 '멍 때렸던' 시간들, 내 지식의 얄팍함과 내 표현의 경박함으로 좌절했던 순간들, 그래서 몸과 마음이 아팠던 시간들을 이제 잠시 접는다. 탈고를 마치려는 이 순간 3년 동안 내 스스로에게 주문을 걸었던 그 공간들이 못 견디게 그리운 것은 왜일까? 서둘러 글을 마무리 짓고 그 자리들을 둘러볼 생각이다. 그곳들을 순례하며 이 책을, 그리고 이 책에 헌

정되었던 시간과 마음을 세상으로 띄워 보내는 예식을 치러야겠다.

갖가지 이유로 경계 밖으로 내몰려 고난받는 사람들과,
지금 이 시간에도 그 경계를 허물려고 노력하는
많은 신앙인들의 눈물과 고투와 기도 위에
주께서 함께하기를 기원하며…….

2011년 겨울 시카고에서
이상철

■ 참고문헌

Agamben, Giorgia. *Homo Sacer: Sovereign Power and Bare Life*. Stanford: Stanford University Press, 1998.
_____. *The time that remains: a commentary on the letter to the Romans*. Calif: Stanford Univ Press, 2005.
Badiou, Alain. *Ethics*. translated and introduced by Peter Hallward. New York: Verso, 2001.
_____. *Saint Paul: the foundation of universalis*. California: Stanford University Press, 2003.
Baudrillard, Jen. *Simulations*. New York: Semiotext, 1983.
Benjamin, Walter. *Walter Benjamin: Reflections*. Edited by Peter Demetz, New York: Harcourt Brace Jovanovich, 1978.
_____. *Walter Benjamin: Illuminations*, with an introduction by Hannah Arendt, Fontana, 1973.
Chomsky, N. *World Orders, Old and New*. London: Pluto Press, 1997.
Deleuze, G. & Guattari, F., *Anti-Oedipus: Capitalism and schizophrenia*, Trans. Robert Hurley, Mark Seem, and Helen Lane. Minneapolis: University of Minnesota Press, 1983.
Derrida, Jacques. *Acts of Religion*. Edited by Gil Anidjar. New York: Routledge, 2001.
_____. *Deconstruction in a Nutshell*. Ed. John D. Caputo. New York: Fordham University Press, 1997.
_____. *Ethics, Institutions, and the Right to Philosophy. of Religion*. Trasns. Peter Pericles Triphonlas. Maryland: Rowman & Littelfield, 2002.

_____. *Specters of Marx*. tr., Peggy Kamuf. New York: Routledge, 1994.

_____. *Writing and Difference*. tr., Alan Bass. Chicago: University of Chicago, 1978.

_____. *Adieu to Emmanuel Levinas*. Trans. Pascale-Anne Brault and Michael Naas. Stanford, CA: Stanford University Press, 1999.

Foucault, Michel. *Discipline and Punish: the Birth of the Prison*. Random House, 1979.

_____. *The Archaeology of Knowledge*. New York: Pantheon, 1972.

_____. *The Order of Thing: An Archaeology of the Human Sciences*. Translated by Les Mots et les choses. New York: Pantheon Book, 1970.

_____. *The Care of the Self - Vol 3 of The History of Sexuality*. Translate by Robert Hurly. New York: Pantheon Books, 1986.

_____. "On the Genealogy of Ethics: An Overview of Work in Progress" in *The Foucault Reader*. Edited by Paul Rabinow. New York: Pantheon Books, 1984.

Harvey, David. *The condition of Postmodernity*. New York: Blackwell, 1989.

Heidegger, Martine. *Being and Time*. Trans. John Macquarie and Edward Robinson. London: SCM Press, 1962.

Horkheimer, M and Adorno, T. *Dialectic of Enlightenment*. New York: Herder and Herder, 1972.

Jennings, Theodore W., Jr. *Reading Derrida/Thinking Paul*. Stanford: Stanford University Press, 2005.

_____. *Transforming Atonement: A Political Theology of the Cross*. Minneapolis: Fortress Press, 2009.

Joh, Anne. *Heart of The Cross: A Postcolonial Christology*. Louisville: Westminster John Knox Press, 2006

Johnson, Elizabeth. *Quest for the Living God: Mapping Frontiers in the Theology of God*. New York: Continuum, 2007.

Kant, Immanuel. *Critique of Practical Reason*. tr., Mary Gregor. Cambridge: Cambridge University Press, 1997.

_____. *Critique of Pure Reason*. tr., Werner S. Pluhar. Indianapolis, IN: Hackett, 1996.

Karen Baker-Fletcher. *Dancing with God: The Trinity from a Womanist Perspective*. Chalice Press, 2006.

Keller, Catherine. *God and Power*. Minneapolis: Fortress Press, 2005.

_____. *Face of the Deep: A Theology of Becoming*. New York: Routeldge, 2003.

Kotsko, Adam. *Zizek and Theology*. New York: T&T Clark, 2008.

Lacan, Jacques. *Ecrits: A selection*. translated by A. Sheridan. New York: W.W. Norton, 1977.

_____. *Seminar VII: The Ethics of Psychoanalysis*. Trans. Dennis Porter. New York: W.W. Norton & Company, 1992.

Levinas, Emmanuel. *Totality and Infinity: An Essay on Exteriority*. Trans. Alphonso Lingis. Pittsburgh, PA: Duquesne University Press, 1969.

_____. *Entre Nous: On Thinking-of-the-Other*. Trans. Michael B. Smith & Barbare Harshav. New York: Columbia University Press, 1998.

_____. *Levinas Reader*. edited by Sean Hand. Oxford: Blackwell Publishing, 1989.

Luxemburg, Rosa. *The accumulation of capital*. New York : Monthly Review Press, 1968.

Lyotard, J. F. *The Postmodern Condition: A Report on Knowledge*. Trans. Geoffrey Bennington and Brian Massumi. Manchester: Manchester University Press, 1984.

Milbank, J. *Theology and Social Theory: Beyond Secular Reason*. Malden: Blackwell, 1991.

Nancy, Jean Luc. *Dis-enclosure: the deconstruction of Christianity*. New York: Fordham University Press, 2008

Nietzsche, F. "On Truth and Lie in an Extra-Moral Sense" in *the Portable Nietzsche*. Edited by Walter Kaufmann. New York: The Viking Press, 1968.

_____. "Thus Spoke Zarathustra" in *the Portable Nietzsche*. Edited by Walter Kaufmann. New York: The Viking Press, 1968.

Sartre, J. P. *Existentialism*. Trans. Bernard Frechtman. New York: Philosophical Library, 1974.

Sarup, Mardan. *Jaques Lacan*. Toronto and Buffalo: University of Toronto Press, 1992.

Schneider, Laurel C. *Beyond Monotheism: A theology of Multiplicity*. New York: Routeldge, 2008.

Schneider, Laurel C. and Keller, Catherine. ed., *Polydoxy: Theology of Multiplicity and relation*. New York: Routeldge, 2011.

Seo, Bo-Myung. *A Critique of Western Theological Anthropology: Understanding Human Beings in a Third World Context*. New York: Edwin Mellen Press, 2005.

Taubes, Jacob. *The Political theology of Paul*. California: Stanford University Press, 2004.

Tracy, David. *On Naming the Present: God, hermeneutics, and Church*. New York: Orbis Books, 1994.

Trelstad, Marit. ed., *Cross Examinations: Readings on the Meaning of the Cross Today*, Minneapolis: Fortress Press, 2006.

Vaux, Kenneth. *America in God's World: Theology, Ethics, and the Crises of Bases Abroad, Bad Money, and Black Gold*. Oregon: Wipe & Stock, 2009

Westhelle, Vitor. *The Scandalous God: The Use and Abuse of the Cross*. Minneapolis: Fortress Press, 2006

Zizek, Slavoj. *The Puppet and the Dwarf: The Perverse Core of Christianity*. Cambridge: MIT Press, 2003.

_____. *The Sublime object of Ideology*. London; New York: Verso, 1989.

Zupancic, A. *Ethics of the Real: Kant, Lacan*. New York: Verso, 2000.

강성영. 《생명·문화·윤리: 기독교 사회윤리학의 주제탐구》. 오산: 한신대학교 출판부, 2006.

강원돈. 《物의 신학: 실천과 유물론에 굳게 선 신학의 모색》. 서울: 한울, 1992.

고재식. 《기독교윤리의 유형론적 연구》. 서울: 대한기독교서회, 2005.

김경재. 《이름없는 하나님》. 서울: 삼인, 2002

김진호. 《반신학의 미소》. 서울: 삼인, 2001.

김창락. 《귀로 보는 비유의 세계》. 천안: 한국신학연구소, 1997.

_____. 《성서읽기 역사읽기》. 천안: 한국신학연구소, 1999.

니체 저/곽복록 역. 《비극의 탄생》. 서울: 범우사, 1989.

_____/김태현 역. 《이 사람을 보라》. 서울: 청하, 1992.

_____/김태현 역. 《도덕의 계보학》. 서울: 청하, 1992.

데이비즈 하비 저/최병두 역. 《신자유주의: 간략한 역사》. 파주: 한울, 2007.

루돌프 불트만 저/허혁 역. 《기독교 초대교회 형성사》. 서울: 이화여자대학출판부, 1993.

루카치 저/반성완 역. 《소설의 이론》. 서울: 심설당, 1998.

본회퍼 저/손규태 역.《기독교 윤리》. 서울: 대한기독교서회, 1974.
_____ /고범서 역.《옥중서신》. 서울: 대한기독교서회, 2000 개정3판.
서보명.《대학의 몰락》. 서울: 도서출판 동연, 2011.
안병무.《민중신학이야기》. 천안: 한국신학연구소, 1990.
알렉산드르 꼬제브 저/설헌영 역.《역사와 현실 변증법》. 서울: 한벗출판사, 1981.
요한네스 힐쉬베르거 저/강성위 역.《서양철학사》. 대구: 이문출판사, 1983.
움베르토 에코 저/이윤기 역.《장미의 이름》. 서울: 열린책들, 1989.
위르겐 하버마스 저/이진우 역.《현대성의 철학적 담론》. 서울: 문예출판사, 1994.
이동준.《기독교신앙과 사회윤리》. 서울: 쿰란출판사, 2009.
임마누엘 레비나스 저/강영안 역.《시간과 타자》. 서울: 문예출판사, 1996.
_____ /양명수 역.《윤리와 무한》. 서울: 다산글방, 2000.
자끄 라깡 저/민순기 외 역.《욕망이론》. 서울: 문예출판사, 1994.
자크 데리다 저/박성찬 편역.《입장들》. 서울: 솔, 1992.
자크 데리다 외/진태원, 한형식 역.《마르크스주의와 해체》. 서울: 도서출판 길, 2009.
장윤재.《세계화 시대의 기독교신학》. 서울: 이화여대출판부, 2009.
장일선.《다윗 왕가의 역사이야기》. 서울: 대한기독교서회, 1997.
장자 저/오강남 풀이.《장자》. 서울: 현암사, 1999.
제3시대그리스도교연구소 엮음.《시대와 민중신학 제10집: 차별금지법의 국면에서 인권으로 신학하다》. 파주: 평화나무, 2008.
제프리 버튼 러셀 저/최은석 역.《악마의 문화사》. 서울: 황금가지, 1999.
조태연 외.《뒤집어 읽는 신약성서》. 서울: 대한기독교서회, 1999.
채수일.《역사의 양심 양심의 역사》. 서울: 다산글방, 1997.
캘빈 S. 홀 저/백상창 역.《프로이트 심리학》. 서울: 문예출판사, 1997.
테일러 저/이정우 역.《아리스토텔레스》. 서울: 종로서적, 1986.
폰 헤르만 저/이기상 역.《하이데거의 예술철학》 중 "예술작품의 근원". 서울: 문예출판사, 1997.
프로이트 저/이윤기 역.《종교의 기원》. 서울: 열린책들, 1997.
프로이트 저/박찬부 역.《쾌락의 원칙을 넘어서》. 서울: 열린책들, 1997.
필립 뉴웰 저/정미현 역.《켈트 영성 이야기》. 서울: 대한기독교서회, 2001.
한스 요나스 저/이진우 역.《책임의 원칙》. 서울: 서광사, 1994.
헤겔 저/임석진 역.《정신현상학》. 서울: 분도출판사, 1981.

탈경계의 신학
– 시카고에서 띄우는 신학 노트

2012년 2월 6일 초판 1쇄 인쇄
2012년 2월 14일 초판 1쇄 발행

지은이 | 이상철
기　획 | 제3시대그리스도교연구소
펴낸이 | 김영호
펴낸곳 | 도서출판 동연
편　집 | 조영균 디자인 | 이선희 관　리 | 이영주
등　록 | 제1-1383호(1992. 6. 12)
주　소 | 서울시 마포구 망원2동 472-11 2층
전　화 | (02)335-2630
전　송 | (02)335-2640
이메일 | ymedia@paran.com
홈페이지 www.y-media.co.kr

ISBN 978-89-6447-166-1　03810

Copyright ⓒ 이상철, 2012

이 책은 저작권법에 따라 보호받는 저작물이므로 무단 전재와 복제를 금합니다.
책값은 뒤표지에 나와 있습니다.
잘못된 책은 바꾸어 드립니다.